顧問税理士のための
相続・事業承継の実務に必要な視点60

税理士
白井一馬 ㊢

中央経済社

はしがき

2020年のはじめに国内で新型コロナウイルス感染症が確認されてから，それまでの価値観では理解できない急激な変化が生活，仕事，家族のあり方まであらゆる部分で進んできた。

イタリアをはじめ欧州の急激な感染者数の増加と医療崩壊は，日本には関係ないという思いが勘違いだったことを嫌でも思い知らされることになった。あっという間に国内でも感染者増を経験することになった。世界経済がどれだけ毀損するのか予想もつかなかった。安倍首相の決断による小中高校などの臨時休校要請，政府によるマスクの配布騒動，身近に起きる集団感染，政府による百貨店等への休業要請，外国人旅行者の消滅，テレワーク，相次ぐクラスター発生の報道，不安のなか強行した東京五輪，幾度ものワクチンの接種など，誰も予想しなかった社会へと一気に変質した。

それは５年間で起きるべき変化を１年で推し進めるものと受け止められた。廃業すべき事業者のリタイア時期が早まり，事業承継すべき会社とそうでない会社が割り振られると思われた。

税理士実務においても税務調査は延期され，確定申告期の申告相談会も中止された。職員のテレワークが必要とされ自宅等の税理士事務所以外の場所で税理士業務を行ってもよいことになった。それまでの考え方ではあり得ないことだ。しかし結局テレワークとは何なのか，今後も必要なのかわからないままコロナ禍は終わりを迎えようとしている。

ある意味で税理士業界は変わらなかった。多くの顧問先は生き残り，期限が決められた申告業務を税理士は淡々と進めてきた。これからも変わらぬ税理士業務が続いていくのだろう。今，税理士業界はインボイス制度で盛り上がっている。相変わらずの業界だと思う。

ところがふと，コロナ禍の大変な時期に自分がどういう思いで生きていたのか記憶が薄れかけていることに気付く。税理士が振り回された持続化給付金なども懐かしい気さえしてしまう。いや，コロナ禍以前の生活も思い出せない。変わった生活はコロナ前に戻るわけではないのだ。当時の実感が急速に薄れてくことにちょっとした怖さを感じる。コロナ禍以前と感染者増の波を繰り返すコロナ禍の只中，そしてウクライナ戦争と円安によって押し上げられた物価高，ChatGPT の登場による税理士業務が奪われることへの不安と業務への活用の期待。価値観の断絶と変化の大きさに気分が追い付いていかない。人間，昔のことは忘れる能力が備わっている。しかし，忘れてしまったらコロナ禍で経験したことが無駄になってしまう。

予測しない環境の変化と変わらない税理士実務が折り重なって税理士は日々の業務を進めている。それは変化への対応と変わらない本業を維持してきた関与先の経営者も同じだろう。現在の状況下で相続・事業承継について何が語れるのか。そのようなことを考えながら本書の執筆を進めた。この先どんなことが起こるかはわからない。しかし，経営者は会社を存続させ，いずれは相続が起き，事業承継も必要になる。関与先とともにこれからも存続していくための知識と知恵を，筆者なりに考えながら相続と事業承継の実務を書き進めてみた。

まだまだ実務には面白いことがたくさんありそうだ。次はどのようなテーマが登場するのか。読者の皆さんとともに期待したいと思う。

2023年10月

白井一馬

目　次

Chapter 1　環境変化が激しい時代に必要な考え方

Chapter 2　近年の相続税改正

Chapter 3　取引相場のない株式

Chapter 4 配偶者居住権

Chapter 5 民法改正

Chapter 6 不動産

Chapter 7 小規模宅地特例

Chapter 8　一般社団・財団法人

Chapter 9　信　託

Chapter10　法人税

Chapter11　持分会社

Chapter12　自己株式・種類株式

Chapter13 消費税

Chapter14 組織再編税制

Chapter15 グループ法人税制

Chapter16　事業承継税制

Chapter 1

環境変化が激しい時代に必要な考え方

Q1　これからの時代の資産税アドバイス

コロナ禍で先が不透明になりました。それに加え，長寿化・少子化社会の到来により，事業の拡大は望めず子供が事業を承継しない時代です。税理士はどのような視点で資産税のアドバイスを行う必要がありますか。

《1》 少子・高齢化時代の相続と事業承継

コロナ禍は時間の流れを早め５年の変化を１年で推し進めた。さらにコロナ前，コロナ禍，コロナ後では時間の流れが分断されたような感覚で，コロナ禍の実感が急速に失われる不安，あるいは恐怖を感じてしまう。「三密」「不要不急」などの言葉が生まれたことが昔の出来事のように思える。経験が生かせない時代を生きている不安を感じる人が少なくないと思う。

事業承継や相続に関してどのように対処すべきか。コロナ禍の前に子供に事業承継をしたことを悔やむ先代経営者も現れるだろうし，今後経済不況になることがあれば事業承継は断念して廃業する事例は大きく増加するだろう。先代経営者の引退時期が早まり，廃業時期も早まり，成功するも失敗するもその結果は早期に判明することになる。

つまりは今まで先送りしてきたが今後はそれが許されず，否が応でも悪い結果を見せつけられることになる。事業承継税制を利用し，自社株の贈与税を納税猶予したところ，経営継続要件に縛られているために廃業を選べない悲劇的な事例が聞かれるようになるのだろうか。

しかし，時間の流れを早めたといっても長寿化の時代だ。廃業や事業承継の時期を早めるということは，先代経営者の引退後の人生はより長くなってしまうことを意味する。中小企業の経営が困難になるにもかかわらず，その後に備える安定した収入を確保しなければならない。大変な難題が突きつけられることになった。

結局，相続・事業承継をアドバイスする税理士は，よりスピード感をもって経営者が抱える問題に向き合い，早急に方向性を示すことが求められることになる。ゆっくり考えましょうというわけにはいかない。

《2》 後継者難の時代とは

なぜ，子供は親の事業を継がなくなったのか。むしろ経営者が子供に事業を継がせようとしなくなった。私の顧問先社長は，大学を卒業しいったんは上場企業で勤務したのだが，「いつまで遊んでいるのだ」と親から呼び戻され，安い給料で家業の会社の経験を積むところから始めた。しかし，今，自分の息子が優良上場企業に就職したことを喜び，継がせようなどとは考えておらず，自分の代で廃業することも見据えている。

昭和の時代であれば，売上は拡大し会社の資産は増え，雇用も拡大した。社会の需要は増え続け，新しい事業分野が出現し，将来も右肩上がりが予想されるのだから，廃業を考えることはあり得なかった。

筆者が子供だった昭和の頃，お金持ちといえば「地主」だった。農家に嫁いだ女性は羨ましがられた。歴史をたどれば貴族が農民を使って土地を開墾し，「荘園」を私有財産とした奈良時代以降，土地を持つ者が支配層であり権力の源泉になった。それは現代まで続き昭和の時代は不動産の価値が毎年上昇し，収益物件の家賃収入も値上がりした。資産家とは不動産を保有する人物を指した。不動産を換金するという選択はなかった。子供や妻にそのまま相続することが当たり前だったのだ。

しかし，平成バブルの崩壊で土地神話は崩壊，地価が下がる時代になり，地主は衰退し，農業では食べていくことができない農家が増えた。財産の主役は現預金と優良企業の株式へと入れ替わった。中小企業でもM&Aが驚くほど増えた。経済危機になるほどM&Aの成約数は増える。後継者がいない経営者は将来不安から売却を進め，買い手企業にとっては買収のチャンスになるからだ。ところがコロナ禍では地価は下がらなかった。むしろあらためて土地の価値を認識させられた。さて今後は何が最も価値のある資産になるのだろうか。

後継者難とは，子供がいても会社を継がないということだ。そこで事業承継のタイミングや手法を語っても意味がない。それならM&Aで会社を手放すことを考えるほうが有益だ。雇用も継続できるし事業を現金化したら経営者の老後資金が確保できる。相続する財産も預金が中心になれば遺産分割で揉めることもない。他社がM&Aで買いたいと魅力を感じるほどの会社を作り上げることが理想だろう。

《3》 財産を集約・シンプル化する時代

従業員持ち株会を積極的に組成した時代は終わり，逆に株式の買取りについて相談を受けることが増えた。節税のために借入で購入したアパートは売却して借入金を返済し，分社化した企業グループを合併や解散などでリストラするといった資産の集約化が資産税業務の主要テーマになっている。経営権を確保し，財産を柔軟に活用できるようにするためには，後継者や子供に財産を集中させておく必要がある。そのために信託などの新たな制度が利用されている。

平成から令和の時代になっても，「集約・シンプル化」が相続・事業承継のキーワードであることは変わらない。しかし，財産を分散・複雑化させるのは簡単でも，集約・シンプル化するのは難しい。同族会社の株式はオーナーから従業員へは安い配当還元価額で分散できても，それを再び買い戻すには高い原則評価での買取りが要求される。借入で不動産賃貸業を開始するのは簡単だが，空室が増えて含み損を抱えた物件を売却して残債を返済するのは容易ではない。節税のためにグループ会社を設立するのは簡単だが，事業会社やオーナーと複雑な貸借関係が生じてしまった会社を解散するのは難しい。

多くの中小企業では，会社に内部留保が集中しており，株式以外には主な個人財産がないというオーナーは珍しくない。経営者にとって，いざという時に頼ることができるのは自己資金のみだ。真面目な経営者は役員給与をあまり取らないようにするため，同族会社株式が相続財産に占める割合が高くなっていく。事業の拡大と先行投資が必要という企業でない限り，身の丈経営を行っていれば会社の借入金は減少し内部留保が蓄積される。株式を相続した際の納税資金対策が一番に重要だ。

《4》 税理士は税法を通じて社会に貢献

財産の価値が右肩上がりの時代なら専門家の対策は限られていたと思う。条文を読み込み市販の書籍で勉強し，節税手法を考えるだけでよかった。バブル期なら必要なのは大胆な節税を実行する度胸だった。会社を分社化して増やし，同族会社の株式は評価が上昇する前に後継者に贈与し，従業員持株会を作って株式を分散し相続財産から外しておくといった対策だ。

それに対し，令和の時代の対策は資産家の数だけあるように思う。専門家が経営者の人生に寄り添い伴走するのだとすれば，走るペースや方向性，コースはいろいろだから税理士もそれに合わせつつ，方針の修正や時には立ち止まって話し合うことが必要になる。

節税は必要な対策の１つでしかない。事業を承継するのかしないのか，なぜ子供に承継する必要があるのか，事業の将来性はどうなのかを考えるために，専門家は幅広い知識を持ち，きめ細かい日常判断を積み重ねるための良きアドバイザーであることが求められる。

しかし，税理士が役に立つことができるのは税法の知識と申告業務を通じてであろう。資産や経営を税法というフィルターを通してみたとき，経営者や他の専門家には見えない色づけがされ問題点が浮かび上がってくる。そしてそれを解決するツールもまた税法なのだ。税法という切り口で社会に参加している謙虚さを知るのが専門家であり，それが強みでもあるのだと思う。

チャット GPT のインパクトは想像以上のものだと思う。

チャット GPT に意思が生まれて事務所経営をするなどということはあり得ない。チャット GPT を使って既存の業務を変えていく税理士と，その競合に負ける税理士で格差が生じる未来が待っているということだろう。そうであればライバルの税理士に勝てば生き残ることができる。

しかし，金融機関や課税庁がチャット GPT を使った会計ソフトや申告ソフトを無償提供をしたら税理士業は消滅してしまう。

Q 2　経営者を引退した後の人生

引退した後も長生きする時代になり税理士には何が求められるでしょうか。

《1》 不動産賃貸業への転業

財産の運用で重要なのは不動産だ。引退後は役員報酬を受け取ることはなくなる。年金を除けばその後の収入は不動産賃貸業が現実的な選択肢になる。長くやってきた会社であれば会社名義で不動産を取得していることも多く，M&Aで事業譲渡等を実行したのであれば，不動産を残して不動産賃貸業へと転業することも多い。まずは元オーナーが引き続き不動産賃貸業を経営し，後継者に経営を任せていくことになる。もちろん，M&Aによる株式譲渡で得た現金をもとに新たに不動産を購入することもあるだろう。

不動産賃貸業は，本業の事業を引退した後，年金以外で生活資金を得るための唯一の手段といえる。元オーナー経営者が70代になっている場合に不動産賃貸業を新規に開始することはあまり考えられないかもしれないが，M&Aで会社を手放した元オーナーが50代であるような場合は，不動産の取得は有力な選択肢になる。もちろん元オーナー経営者が高齢になっていても，子供に残す財産として不動産賃貸業を始めることは考えられる。

不動産賃貸業には取得，維持管理，売却，買換え，さらには相続時に多額の税負担が生じ所得税，法人税，相続税を横断する知識が必要となる。また，不動産管理会社を利用した法人成りなどすべての判断に税務のアドバイスが求められることになる。

配偶者や子供に不動産賃貸業をスムーズに承継することは重要だが，後継者にも不動産賃貸業者としての経験や資質が必要となるため，早い段階で経験を積んでもらうことが望ましい。修繕業者への手配や内装のセンス，巡回清掃，電球消耗品等の取り替え，受水槽清掃や植木剪定の手配，家賃滞納への対応などは配偶者や子供に任せるとよい。管理業者に任せていては余分なコストがかかり利益が出ないし，他人任せの物件はどうしても維持管理がおろそかになってしまう。仲介業者とのつきあい方も重要である。仲介業者はすべてのオーナーを平等に扱うことはない。仲介業者が紹介できる物件にすること，いや，優先的に紹介したくなる魅力ある物件にしなければならない。そのためにも特に配偶者や子供が仲介業者とは良好な関係を築くことが重要である。

また，実務感覚として，不動産賃貸業をするにあたっては配偶者の協力が必要だ。事業経営を引退している場合，自分が中心になって経営することも考えられるが，仲介業者や修繕業者との連絡，さらには家賃の督促は女性のほうが円滑に進む。不動産賃貸業が上手くいっているのは，毎週物件を見に行き楽しんで経営を助けてくれる妻の存在が大きいのは不動産所得の確定申告をしている税理士であれば実感できると思う。

《2》 M&A実行後の財産運用

M&Aで会社売却資金を確保した元オーナーは，どのように財産を運用し相続に備えるべきか。近年の低利回りと値下がりリスクを考えると，株式投資などの金融資産だけというのも不安だ。資産規模にもよるが，5億円を超えるような資産を持つ場合は，やはり金融資産，外貨，不動産の3区分に投資するのが常道だろう。しかし，いずれを選択するにしても課税関係の把握は必要不可欠である。資産管理会社を設立するのか，その場合，家族のだれを役員にするのか，法人税はどうなるのか，管理会社の株式は誰に保有させるのか。法人税の問題だけでなく相続を見据えて考える必要もでてくる。さらに譲渡，買換えの際の措置法の特例，法人成りの際には借地権や地代家賃の設定，修繕時の処理など運用の際の課税問題は多い。相続や贈与の場面では不動産の相続評価，小規模宅地特例が課題になる。遺産分割は相続人が話し合うべき問題であるが，小規模宅地特例や配偶者の軽減など相続税の負担が遺産分割に影響するのは常識といえる。税理士の役割はむしろオーナーの現役時代よりも重要になってくる。

また，M&Aといっても実行する年齢によってその後の人生は相当に違ってくる。80代であればM&Aで得たお金は相続を意識したものになるだろうし60代であればまだまだ自分の人生のために管理運用する必要がある。節税の視点だけで実感の伴わない計算上の収支のみに基づく手法では，経営者が求めるアドバイスはできない。財産が右肩上がりの時代は，節税に主眼が置かれたであろうから，専門家としても節税の手法を考えていればよかったと思う。しかし，地価が上がらない令和の時代は人生を意識した観点を第一にしなければならない。相続税の節税のために借入で購入した収益物件は，空室が増え価値が値下がりしてしまえば節税分の利益などすぐに吹き飛んでしまう。売却してもローンが残ってしまうことになりかねない。

経営的なアドバイスは税理士にはできないが，課税関係は財産運用の判断に直接的な影響を与える。そして目先の節税だけでなく数十年先の相続税などのことまで見据えた税務のアドバイスは税理士にしかできない。日常的な判断にこそ税務のアドバイスが不可欠である。利害関係者としてでなく納税者本人と同じ目線で考えることができるのは顧問契約ゆえに可能なことである。経営の第一線を引退した後の人生において，顧問税理士の役割はむしろ大きくなる。

《3》 子供ではなく妻に財産を残す

財産はいかにして子供に承継するか。この考え方は昭和の時代のものだろう。昭和の時代であれば人生50年の時代なのだからまだ養育費が必要な子供の生活保障を第一に考える必要があった。遺留分制度は家督相続の時代にあっては，戸主が処分できる財産を制限して家督相続が損なわれないようにする趣旨だった。それが戦後は相続人の平等を保障するために，遺贈や生前贈与で特定の相続人に財産が集中することを制限するための制度になった。高齢化の時代になった現在では，親が亡くなったときに相続人となる子は60歳・70歳という時代である。子は経済的に独立しているのだから，遺留分を生活保障と位置づける必要がなくなっている。そもそも子供は親の財産の構築に貢献していない。令和の時代は配偶者の老後のことを優先的に考える時代になっているように思う。子供への承継は二次相続の問題として考えればよいのだから，子供の権利を損なうことにはならない。

専門家が相続対策というとき，子供にいかに有利に移転し，相続税が節税になるかを考える。このことに疑問を持つこともない。配偶者の税額軽減や二次相続の税負担といった計算やテクニックで税法を語るだけではだめだろう。税負担よりも老後の生活を確保することが重要であり，専門家は人生を語らなければならない。優秀だと思う税理士は自身の税理士業を通じて他人の人生を学び，自分の人生から顧問先に語れるべきものを皆さん持っている。

引退して受け取った役員退職金は子供に残すことを重視しない。高齢化が進む現在，子供はすでに自立しているのであるから，ともに財産を築いた妻に財産を残す。

遺留分の問題があるという意見があると思うが，そもそも遺産を法定相続分で分割する義務はない。母と子供たちが遺産分割協議をし遺産の大半を母親が取得するのは税理士には日常の光景だ。何も子供のことを軽視するわけではない。二次相続があればいずれ財産は子供に移転する。このときに子供たちが話し合えばよい。一番重要なことは揉めない子供たちを育てることだというのが，申告業務をしている税理士に共通する思いではないだろうか。

意思が存在しなくても意思があるかのような文章を作れるのがチャットGPTだ。つまり人間とチャットGPTが区別できなくなる問題にどう人間社会は対処すべきなのだろうか。チャットGPTを利用するのではなく依存するようになったら人間の知性は退化してしまう。

Q3 昭和の時代と資産税～そして平成・令和へ～

相続税の視点からみた昭和の時代とはどのような時代だったのですか。

《1》 昭和の時代を振り返ってみれば

税理士が従来の考え方に引きずられ，時代に即した対処ができないことがある。借入で賃貸物件を購入する相続税の節税などはその典型だ。これらは昭和の時代の右肩上がり経済の価値観から離れられないことが原因だと思う。

昭和の時代が土地の値上がりと所得拡大の時代だったとすれば，バブル経済崩壊後の平成の時代は，土地の値下がりと所得縮小の時代だ。筆者は平成の時代しか知らず，昭和の時代を語ることはできない。あくまで書籍等や他人から聞いた知識でしかないことをお断りしつつ，昭和の時代の節税を確認しておきたい。なぜならそれが平成から続く令和の時代を認識するために必要だと思えるからだ。

ただ，コロナ禍以降は先が読めない時代になってしまった。さらにウクライナ戦争で円安になり物価が押し上げられるなど誰も想像していなかった。過去の連続性の先に将来を予測するという整合性に欠ける時代になってしまった。しかしだからこそ，過去を認識することで今現在を分析する重要性はむしろ高まっているはずだ。

戦後から1970年代にかけて40年近くの間インフレ経済が続いたが，インフレ経済での相続税対策は，将来の資産の価値上昇による相続税負担を抑えることにあった。経済の基本となる財産は土地だった。すべての物価の上昇を支えたのは土地の値上がりだ。とはいえ，バブル経済をむかえる以前の時期は，「相続税対策」や「事業承継」などという言葉は一般的ではなく，課税当局もそれほど目くじらを立てることもなかったという。相続税の節税のために借金をして賃貸ビルを建築するのは，ごく一部の資産家だけだった。資産税専門の税理士という言葉は存在しなかった。

同族会社の株価を引き下げるために組織再編成を行うなどとは誰も考えなかった。そもそも合併や現物出資などの組織再編成は中小企業には無縁だった。税金はあくまで結果に過ぎず，それを正しく計算するのが税理士の役割だった。

《2》 地価高騰とともに加熱した節税意識

納税者の意識が変化したのはバブル期だという。1980年代前半にプラザ合意をきっかけとして東京都心を中心に地価が上昇し始めた。東京では，午前に買った土地が午後に値上がりするといわれるほどの地価高騰となり，土地の転売が繰り返された。価格競争が過熱したが購入需要が冷めることはなかった。都心での土地の供給が少なくなると，まず都心部の周辺へと広がり，土地の買い占めが広まった。それが周辺地域に波及し，日本全国へと土地の値上がりが広がっていった。資産家に土地が行き渡ると，サラリーマンが土地の販売相手になった。最後には地方から出てきた学生までがマンションなどの不動産の販売先になっていった。

資産家や経営者にとって，将来いくらになるか予測できない相続税は恐怖だった。相続税は超過累進税率を採用しているため，資産価値の上昇よりも相続税の上昇度合のほうが高くなる。同族会社の敷地が10億円になり，何億円もの相続税が課されてはたまらない。事業用資産を売るしかなくなってしまう。地価高騰時代，財産の増加を抑えるための相続税対策は，残される家族のための生存対策だったのだ。節税の提案をしない税理士が苦情をいわれた時代だ。バブルによって地価が高騰し，一般サラリーマンがマイホームに手が届かない時代になると，資産家が節税目的の不動産を購入することが一般的になった。地価高騰に対抗する節税意識が「税金を払うのはバカらしい」という納税意識の低下につながった。最後には資産家だけでなく一般の人までが実勢価格と路線価評価額の乖離を利用し，借入金で賃貸物件を購入したり，変額保険などの金融商品を購入し，節税のためだけにワンルームマンションを購入するといったことが当然のように行われるようになった。相続税が人生の最終の清算としての税金ではなく取引の目的に転換してしまったのだ。

今もタワーマンション節税の否認事例が登場し話題になるが，バブル景気の時期は今とは比較にならないほどの節税ブームが到来し，銀行はいくらでも節税に必要な資金を融資してくれた。稼いだ現金を定期預金で保有していると「宗教でもやっているのですか」と揶揄されたと聞く。そうした価値観は，より大胆な節税を加速させた。また，持株会を作って自社株を分散する対策が流行した。事業承継対策は，株式を分散しつつ，いかに会社支配を確保するかが課題だった。さらに株価を引き下げるために，自社株を別の法人に現物出資し，それを著しく低い価額で受け入れさせ，人為的に含み益を作り出して，評価差額に対する法人税相当額を利用して評価額を圧縮した。A社B社方式だ。ワンルームマンション投資，賃貸アパート投資による所得の家族への分散や減価償却費を計上することによる給与所得との損益通算を目的とする不動産投資が流行した。

この状況を放置することができなくなった課税庁は，路線価と実勢価格の乖離にメスを入れた。負担付贈与通達や，相続開始前3年以内に購入した土地の取引価格での評価規制が実施された。株式保有特定会社の株価評価の特例，養子縁組の人数制限などの規制が行われたのもこの頃だ。

《3》 バブルの崩壊

急上昇した地価は，政府による不動産関係の融資に対する総量規制の影響をきっかけに一気に下落した。そうなれば土地を担保にしていた株式などの有価証券も急落は免れない。

相続税の実務の現場にも異常な事態が生じた。路線価と実勢価格の逆転現象による相続破産が報道され社会問題化した。悲惨な結果をもたらしたのが変額保険による資産家向け相続税対策スキームだ。変額保険は，運用する株価が上がれば保険金額が増え，借金で保険料を払えば債務控除もできる。相続時に支払われる保険金には非課税枠もある。損するはずがないと保険会社が仕掛けた提案を受け入れ，自宅を担保に銀行から資金を借り入れて何億円という高額な変額保険に入った人たちが少なくなかった。バブル経済の崩壊により自宅売却に追い込まれた人たちが次々に破綻していった。

その後，日本は先進国に先駆けてデフレの時代を経験することになる。納税者も税理士も「土地神話」が崩れたことで，相続・事業承継の両方について，価値観の転換を迫られることになった。土地が値下がりを始めると，企業は含み損を抱えるようになる。業績の悪化は不良債権を生み出し，中小企業においても，回収不能となった売掛債権の貸倒損失，貸倒引当金（当時は債権償却特別勘定）の計上，ゴルフ会員権の売却による損出しを顧問税理士と検討するのが中小企業にも当たり前のように見られる決算の光景となった。

バブル時代に土地の値上がりを前提として構築された税制は，経済の逆回転によって今までにない課税の問題を生み出した。節税において検討すべきは含み損の利用になった。値下がりした土地や有価証券をグループ会社や個人に売却して譲渡損を計上するわけだ。平成13年に創設された組織再編税制や自己株式取得の自由化は，含み損を利用した大胆な節税を可能にした。

さて，コロナ禍を経験したこれ以降の時代は先が読めないだけに，より「今」を認識し空気感を自分なりに言語化しておく必要があると思う。変化する時代に抗わず価値観のバージョンアップを意識し，それまでの思い込みを乗り越える勇気が求められる。

税理士の仕事は画一的なので他人の事務所も同じだと思っていたが，最近はわからないと思うようになった。実は随分違うのではないだろうか。他の税理士は税務調査などどのように対応しているのか意外と想像がつかない。だからこそ実務は面白い。

税理士制度は日本とドイツしかない。日本の税理士制度の場合，税務行政の民間委託。民間が徴税を担うのは江戸時代から続く日本の伝統。村に連帯責任があり代表者が年貢を納めるところまで責任を負った。警察や納税の行政単位が5人組だった。江戸時代，役人や武士の数は少なく，納税，警察や軍隊は，民間の協力前提で機能していた。現在の行政も全く同じ。税理士の協力なくしては，適格請求書制度もマイナンバー管理も税務職員だけでは不可能。

多様性を認める社会は強い。さまざまな企業文化，遺伝子を持った人たちが集まれば，生き残ることができる。税理士業界がそうだ。科目合格制を採用しているためさまざまな経歴の人がいる。批判があるが国税 OB を認めていることも業界の多様化に貢献している。異端児が多い業界のほうが生き残る確率は高くなるはずだ。税理士業界がまだまだ魅力的な業界だと思えるのはその多様性にあると思う。

Chapter2

近年の相続税改正

Q４　マンションの相続税評価の見直し

マンションの評価額が改正されることになりました。どのように変更されるのですか。実務にどのような影響がありますか。

《１》　マンション評価の改正

マンションの相続税評価については，令和５年度税制改正大綱において「市場での売買価格と通達に基づく相続税評価額とが大きく乖離しているケースが見られる。現状を放置すれば，マンションの相続税評価額が個別に判断されることもあり，納税者の予見可能性を確保する必要もある。このため，相続税におけるマンションの評価方法については，相続税法の時価主義の下，市場価格との乖離の実態を踏まえ，適正化を検討する。」と記載され近く通達改正が予想された。

その後，マンション評価に関する有識者会議が行われ「マンションに係る財産評価基本通達に関する有識者会議について」の資料が国税庁より公表された。改正後は統計から出された指数を使って理論的市場価格を算出し，その60％をもってマンションの評価額とする。従来の相続税評価額が理論的市場価格の60％以上であれば補正はない。要するに以下で算出した乖離率が1.67以下の場合は補正はなく，現行の相続税評価額のままで評価する。改正は令和６年１月１日以後の相続等又は贈与から適用される。

現行の評価額×乖離率×0.6＝改正後のマンションの評価額
（理論的市場価格）

乖離率＝①×△0.033＋②×0.239（小数点以下４位切捨て）＋③×0.018＋④×△1.195（小数点以下４位切上げ）＋3.220

現行の評価額は建物（固定資産税評価）と敷地利用権（全体の相続税評価×

敷地権割合）を合わせた金額である。乖離率に用いる「3.220」は定数であり，これに4つの要素の指数を増減させることになる。

乖離率は以下の4つの要素を指数にして，従来の相続税評価を補正することになった。具体的には，築年数，総階数，所在階，敷地持分狭小度の4つの指数だ。

① 築年数 …… 築年数が古いほど乖離率が小さくなる
② 総階数指数＝総階数÷33（1.0を超える場合は1.0）……階数が多いほど乖離率が大きくなる
③ 所在階 …… 高い階ほど乖離率が大きくなる
④ 敷地持分狭小度＝当該マンション一室に係る敷地利用権の面積÷当該マンション一室に係る専有面積 …… 敷地利用権割合が小さいほど乖離率が大きくなる

乖離率は地域による違いを反映したものにはなっていない。4つの要素が同じであれば大阪と東京のマンションは同じ乖離率になる。

《2》 改正はどのような意味を持つのか

いわゆるタワマン節税を防止するためにタワーマンションの評価見直しの議論が過去に盛り上がったが，評価通達の改正では，区分所有している居住用のマンション全体の評価が見直されることになった。2階建て以下の低層集合住宅や区分所有の二世帯住宅で親族の居住用のものは対象にならない。また，事業用テナント物件なども対象外となる。

実勢価格と相続税評価額が乖離しているのは区分所有しているタワーマンションだけではない。どんな不動産も実勢価格と相続税評価額の乖離を利用した節税に利用され得る。また，テナント物件や工場用地でも乖離が大きい不動産はいくらでもある。そのように考えるとタワーマンションだけ評価方法を改正することは，現実的ではない。そもそもタワーマンションを定義すること自体が難しい。

今回の通達改正は区分所有のマンションの評価の改正だから，1棟のマンションを保有する場合には適用しない。したがって総則6項をめぐり最高裁判決の対象になったマンションは１棟のマンションだったから改正の対象にはならない。

またマンションであっても理論上の実勢価格を超えるような物件については相続税の節税が可能になるだろう。改正後の評価額が２億円だったとすると実勢価格が４億円の物件であれば十分な節税になる。この点については総則６項を適用し個別に合理的な方法により算定することが今後もあり得るということだ。

《３》 具体的な評価

事例

父親に相続が開始し，相続人は以下のマンションを取得した。従前の評価額は２千万円である。

築20年で10階建てマンションの８階

敷地利用権の面積60㎡　専有面積70㎡

このようなマンションだと改正後は評価額が上昇することになる。したがって通達改正後はかなりのマンションの評価が上がることになる。

２千万円×1.752×60％ ＝2,102万円

乖離率

1.752＝①20×△0.033＋②0.3×0.239（小数点以下４位切捨て）＋③８×0.018＋④0.85×△1.195（小数点以下４位切上げ）＋3.220

①　築年数　20

②　総階数指数＝10÷33＝0.30303…

③　所在階　8

④　敷地持分狭小度＝60÷70＝0.85714…

事例

父親に相続が開始し，相続人は以下のマンションを取得した。従前の評価額は５千万円である。

築５年で30階建てマンションの25階

敷地利用権の面積20㎡　専有面積50㎡

このようなタワーマンションだと評価はほぼ２倍になる。実勢価格が仮に２億円だとすれば9,732万円という評価額はまだ低いといえる。現実には南向きかどうか，海の近くの物件であれば海が見える側かどうかで価格は異なる。20階よりも10階のほうが高いこともある。そう考えるとこのくらいの改正が限度なのだろう。

５千万円×3.244×60％＝9,732万円

乖離率

3.244＝①５×△0.033＋②0.9×0.239（小数点以下４位切捨て）＋③25×0.018＋④0.4×△1.195（小数点以下４位切上げ）＋3.220

①　築年数　5

②　総階数指数＝30÷33＝0.90909…

③　所在階　25

④　敷地持分狭小度＝20÷50＝0.4

Q５　相続時精算課税のリスクと利用価値

相続時精算課税のリスクと利用価値について教えてください。

《１》　相続時精算課税はどのような場面で利用されるのか

相続時精算課税が利用されているのはどのような場面だろうか。

事業経営者であれば，先代経営者が引退して役員退職金を支給するなどして，類似業種比準価額が大きく引き下がったところで贈与を実行し，低い評価額で将来の相続税の対象となる財産額を固定してしまうという手法だ。後継者以外の相続人にも生前贈与を実行して遺留分を放棄してもらえば，贈与後の後継者の経営努力で株式の価値が増加しても，遺留分の問題が起きないだけでなく，価格固定効果から価値増加部分が相続税の対象にならない。キーエンス創業家の株式の贈与が否認された事例では，株価の引下げスキームが否認され1,500億円もの申告漏れが指摘されたが，相続時精算課税を選択したうえで後継者への贈与が行われていたようだ。

また，事業承継税制による納税猶予制度を適用する際には，相続時精算課税を選択しておくのが不可欠になっている。万が一，納税猶予打切りになったときは，相続時精算課税に乗り換えることで暦年課税の負担リスクが回避できる。

しかし，中小企業が将来も安定して経営できるとは限らない。常に倒産のリスクを心の片隅で意識するのが中小企業の経営者だ。いくら評価額を低く固定したといっても，仮に将来債務超過になり株価がゼロ同然になれば，相続時精算課税を行ったがゆえに本来負担することのなかった相続税が生じてしまう。コロナ禍を経験した今，値下がりの可能性がある資産について相続時精算課税を利用してまで贈与するとは思えないところだが，資産の規模が大きい人が相続時精算課税を節税目的で利用することはほとんどないと思う。

相続時精算課税は平成15年に創設されたが，これがその後に繋がる相続・事業承継税制に利用できる多様な制度の先駆けであったように思う。贈与税の自社株納税猶予は，先代経営者が死亡すると贈与株の評価額が遺産に加算されて相続税の対象となるが，この課税の仕組みは相続時精算課税の仕組みをそのまま導入したものだ。

不動産を贈与する場合だと，多額の税負担が生じる暦年贈与を甘受するわけにはいかないので相続時精算課税を選択することが基本になる。とくに相続時精算課税を利用して賃貸不動産を生前贈与することもよく提案される手法だ。将来の不動産所得を生前贈与できる効果が期待できるからだ。しかし，贈与した不動産が，火事や震災で滅失した場合は，家賃を相続人に帰属させる効果がなくなるだけでなく，贈与さえしなければ，滅失した財産に相続税が課税されることがなかっただけに，やはり納税の必要がなかった相続税負担が生じてしまうことになる（ただし災害による再計算の特例あり。**Q 6** 参照）。

相続時精算課税は弁護士が提案するツールにもなっている。相続時精算課税が創設される前だと，民事上の問題で生前に贈与税が課税されるリスクがある場合，税負担を避けるために，遺言書を作成するしかなかったのだが，現在は相続時精算課税を検討するのが弁護士にとっては当たり前になっている。

また，子供が浪費家であったり行方不明になっていたり収監されているような場合，しっかり者の孫に財産を確実に移したい，そのようなときは相続時精算課税が重宝される。

《2》 相続時精算課税はリスクが高い

相続時精算課税のリスクは贈与財産の値下がりだけでない。連帯納付義務についても念頭に置いておく必要がある。受贈者が将来，相続税を納められない事態になれば，他の相続人に連帯納付義務が生じてしまう（相法34①）。

また，自宅を精算課税贈与する場合，その敷地には相続時に小規模宅地等の特例が使えない。同居する子に住宅や事業用の宅地を贈与する場合，相続時精算課税を選択すると親に相続が発生したときに居住用宅地等の減額特例が使えなくなってしまう。

精算課税贈与を選択した際の思いもしない課税のリスクが，受贈者が先に亡くなってしまうことだ。

たとえば父親から２億円の土地の贈与を受けた子が父親よりも先に死亡してしまうと，精算課税による義務と権利は子供の相続人が引き継がなければならない。そうするとその土地は実際の相続財産として子供の相続人に相続税課税されるだけでなく，将来，贈与者である父親が死亡したときに精算課税に伴う２度目の相続税が生じることになる（相法21の17）。子供はすでに亡くなっているので，この相続税は子の相続人が承継しなければならないというわけだ。

２世代に渡って土地が移転しているのだから二重課税ではない。仕方ないといえばそれまでだが，子が亡くなり孫が土地にかかる相続税を払った直後に，祖父が亡くなり，もう一度相続税を払えといわれて納得できる納税者はいないだろう。生前贈与を実行していなければ，このような二度の負担は生じることはなかった。孫は代襲相続人として祖父から土地を取得するのみだった。生前贈与対策を考えるとき，贈与者よりも先に息子が死亡するとは税理士含め誰も想定しない。税理士が積極的に相続時精算課税を勧めたような場合だと責任問題になるおそれがある。リスクの説明を受けていれば利用しなかったのに，といわれてしまうと税理士の責任が問われかねない。

《３》 みなし贈与が相続時精算課税によって課税された事例

事例

父親は同族会社に対する貸付金を放棄した。これにより子供が持つこの同族会社の株式評価額が上昇したが，評価上昇分は父親から子供への経済的利益の移転によるみなし贈与と認定された（令和４年３月16日裁決）。

父親は同族会社の株式を子供に贈与し相続時精算課税を選択して贈与税を申告した。その２年後に父親は同族会社に対する債権を放棄した。これがみなし贈与（相法９）と認定された。子供が持つ株式の評価額が上昇したが，評価額上昇部分は父親から子供への経済的利益の移転によるみなし贈与と認定された。父親の相続が開始していたため，みなし贈与部分の金額を相続税の課税価格に加算する更正処分が行われた。

実務においては租税回避でない限り相続税法9条によるみなし贈与が認定されることはまずない。その点，この事例は父親が亡くなる前に相続税の節税目的で債権放棄が行われており，そのことが租税回避だと認定されたのだ。相続税の課税価格への加算による更正処分が行われた（相基通21の15－3）。

この事例もそうだが，贈与税の申告漏れは相続税の税務調査で露呈することが多い。本事例はミス事例というよりも，相続時精算課税を利用したリスク対策として参考にすべきだ。暦年課税であれば取り返しのつかない税負担になってしまう。相続時精算課税を選択していれば相続税の課税ですむ。つまり，オーナー等が持つ会社への貸付金の放棄を検討する際には，既存株主にみなし贈与が認定されるリスクに備え相続時精算課税を選択しておくのだ。

しかし，暦年課税であれば申告期限から6年で贈与税の時効が成立する。相続時精算課税だと，債権放棄から相続開始まで何年が経過しようと，みなし贈与が認定された限りは相続税の課税価格に加算しなければならない。時効が期待できないのだ。本事例では債権放棄が行われたのが平成23年であり，相続税の調査があったのは令和3年だから，暦年課税であれば申告の必要はなかった。相続時精算課税を選択したために相続財産への加算が必要になった。スキームが否認され暦年課税による贈与税が課されるリスクを避けるために税理士が相続時精算課税をアドバイスしても，納税者は暦年贈与のままで実行し時効になることを期待する。税理士にとっては悩ましい場面だ。

Q 6　相続時精算課税の110万円非課税枠の創設

相続時精算課税の110万円非課税枠が導入されましたが実務への影響を教えてください。

《1》　相続時精算課税に110万円非課税枠を導入

【改正内容】

- 毎年110万円までは課税しない
- 暦年贈与の基礎控除110万円とは別枠
- 贈与者の相続時に110万円部分は持戻しなし
- 2名以上から贈与を受けたときは110万円を取得資産の評価額で按分
- 土地建物が相続税の申告期限までに災害により被害を受けたときは相続時に再評価
- 令和6年1月1日以後の贈与について適用
- 事前に話題になった相続税・贈与税一体化（暦年課税廃止）は見送り

令和5年度税制改正で創設された110万円非課税枠。大きな改正ではないと思えるかもしれないが意外な意味を持つ改正なのかもしれない。それは後ほど検討する。

110万円非課税枠が暦年贈与とは別枠で創設され，贈与者の死亡時にも持戻し計算は必要ない。つまり相続直前の贈与については，暦年贈与における7年内の生前贈与加算（令和5年度税制改正後）と違って，110万円以下の精算課税贈与であれば相続税の対象にならないということだ。相続時精算課税を選択した子供3人に毎年110万円ずつ贈与し10年後に相続が開始したら，3,300万円が非課税になる。相続直前7年間の贈与に関しては暦年贈与よりも有利になる。

仮に現金110万円の贈与であれば贈与税の申告は必要なく，贈与者死亡時の持戻し計算も不要だ。この場合は相続時精算課税選択届出書の提出のみとなる。

事例

①　現金１千万円を贈与した
②　５千万円の土地を贈与した

【改正後の①の取扱い】

贈与した年：特別控除2,500万円以内であるため納税なし（申告は必要）
贈与者の相続時：890万円（＝１千万円－110万円）を持ち戻す。

【改正後の②の取扱い】

贈与した年の贈与税：（５千万円－110万円－2,500万円）×20％＝478万円

事例

両親からの贈与についていずれも相続時精算課税を選択した。

贈与者の相続時：4,890万円（＝５千万円－110万円）を持ち戻す。

父と母からの贈与についていずれも相続時精算課税を選択する場合は，非課税枠を相続税評価額で按分する。父から土地3,000万円の贈与を受け，母からは現金1,000万円の贈与を受けた場合は次のようになる。贈与者の相続時に持戻し計算でも按分した非課税を使うことになる。

【父からの贈与の非課税枠】

$$110万円 \times \frac{贈与者ごとの贈与税の課税価格}{すべての贈与者から取得した財産の課税価格の合計額}$$

【父からの贈与の非課税枠】

$$110万円 \times \frac{3{,}000万円}{3{,}000万円 + 1{,}000万円} = 82万5{,}000円$$

【母からの贈与の非課税枠】

$$110万円 \times \frac{1{,}000万円}{3{,}000万円+1{,}000万円} = 27万5{,}000円$$

事例

父からの贈与については相続時精算課税を選択し，母からの贈与は暦年贈与で申告する。110万円基礎控除はどうなるか。

両者の110万円非課税は別枠なので最大220万円が控除できる。非課税枠は併用すれば220万円を使えることになる。

《２》 災害による被害には再計算を認める

事例

土地建物を精算課税を選択して贈与したが，贈与後に災害により被害を受けたため，価値が大幅に下落した。

令和５年度税制改正では，土地建物が贈与の日から贈与者死亡による相続税の申告期限までの間に震災・風水害・火災などの災害により被害を受けて評価が下落した場合には，贈与者の相続時に再評価して持戻し計算をする救済措置が認められた（措法70の３の３，措令40の５の３）。土地建物の災害のみが対象であるため，たとえば非上場株式の下落は対象外だ。したがって株式を評価しようとする場合に法人が所有する土地建物の災害については救済措置はない。またこの特例の適用には税務署長への申請が必要となる。

救済措置には相当程度の被害があることが要件で，災害時における災害がなかったものとした場合の評価額（想定価格）から10％以上の被害があることが要件となっており，保険でカバーされる金額は被害額から控除して判定する。

たとえば，精算課税贈与で取得した貸付用物件が入居者による火災で被害を受けた場合だと，被害額から保険金を除いて判定するため実際に利用できるケースは少ないだろう。また土地が災害を受けて評価額が下がることも滅多にない。今後，対象資産を拡大する改正も期待できるとなると，この改正は大きな一歩だが，実務でこの特例が申請できる事例は限られそうだ。

《3》 なぜ主税局は相続時精算課税制度を普及したいのか

事例

相続税の税務調査で，被相続人が亡くなる10年前に預金１億円を相続人の口座に移していることが露呈した。

税務調査官は以下のいずれかによる修正申告を慫慂するだろう。

① 「１億円は子の名義を借りているだけで被相続人の預金である（名義預金）」
② 「１億円は贈与が成立しておらず貸付金である」
③ 「１億円は子が勝手に引き出したものであり不当利得返還請求権が生じている」

これに対し，贈与税の時効（除斥期間）は６年（相法36）なので相続人と税理士は生前贈与の成立を主張する。

④「贈与が有効に成立しておりすでに時効だ」

相続時精算課税を選択していれば税務署にとってはやりやすい。時効で申告が不要ということにはならない。相続時精算課税では贈与税が課されてなくても選択以後の贈与はすべて持戻し計算が必要になるためだ（相基通21の15－1）。

同族会社を経営する経営者が株主名簿を書き換えて長年にわたり子供に株式を移転していると調査で揉めやすい。預金であれば入出金を追うことができるが非上場株式の贈与は内部処理だからだ。時効を期待して密室処理で贈与を実行する納税者が多いことも事実だ。それゆえに調査官は吹っ掛けることが多くなってくるし，そうなると納税者とも感情的に揉めやすい。しかし，相続時精算課税を選択すれば時効は期待できなくなる。名義財産か生前贈与かを問う必要がなくいずれにしても持戻し計算が必要になる。相続税の負担が必要になり課税当局にとっては税務調査が進めやすくなる。

将来的には暦年課税を廃止し相続時精算課税に一本化したいのが課税当局の本音ではないかと思えてくる。その布石として110万円非課税枠による誘因で相続時精算課税を選択する納税者が大きく増加することを期待しているのではないだろうか。基礎控除の縮小で一般家庭を含めた相続税の申告件数が増加している。税務調査の効率化と強化が本当の狙いなのだとすれば今回の改正は腑に落ちる。

令和３年分の暦年贈与税の申告件数は前年比9.4％増の48万８千人とのことだ。申告納税額は50.5％増の2,840億円と大幅に増えている。相続税と贈与税の一体化を目指す改正が行われ，暦年贈与税が廃止されるとの話題が昨年に出てきたため，110万円の非課税枠を利用しようという思惑から申告の増加があったのだろう。

生前贈与加算が７年に延長されたが，諸外国を見ると，たとえばフランスは過去15年分，ドイツは過去10年分の贈与に課税しているとのこと（相続税・贈与税に関する専門家会合（第１回）令和４年10月５日）。

日本でも10年あるいは15年にすべきだという意見が税制改正の議論で出ていた。過去10年・15年の生前贈与をフランス等の国ではどうやって把握しているのだろうか。

Q 7　生前贈与加算を 7 年に延長

暦年課税における相続財産への加算期間（相法19）が見直され，「死亡前 3 年以内」から「死亡前 7 年以内」に延長されますが，税理士の実務に変化はあるでしょうか。

《1》 生前贈与加算を 7 年に延長

生前贈与加算（相法19）による加算期間が現行の 3 年から 7 年に延長された。併せて，延長した 4 年分の贈与については総額で100万円までは相続財産に加算しないことになった。令和 6 年 1 月 1 日以後の贈与について適用される。

令和 6 年 1 月以後の贈与が改正の対象になるので，7 年間の贈与が加算対象になるのは令和13年 1 月 1 日以後に開始した相続からだ。したがってしばらくは 3 年内の加算のままで，令和 9 年 1 月以後の相続から加算期間が伸びて令和13年 1 月以後の相続でようやく 7 年前までが加算対象になる。

なお，改正前は加算対象者が拡大されるのではないかとの見方があったがこの点は変更がなく，従来どおり相続又は遺贈によって財産を取得した者が加算対象となる。相続人でない孫は改正後も加算対象にはならない。

息子に毎年110万円を10年間贈与した後，父親に相続が開始したら改正後は相続開始前 7 年以内の贈与が加算対象になり延長された 4 年間については100万円が控除される。

（110万円× 7 年）－100万円＝670万円……相続財産に加算

令和 4 年11月に政府税制調査会から公表された「資産移転の時期の選択に中立的な税制の構築等について」では，資産移転の時期の選択に中立的な税制の構築に向けて本格的な検討を進めるとのことだった。そうすると暦年課税が廃止され相続時精算課税のみになるかもしれないと話題になり，経済雑誌等でも駆け込みで暦年贈与を実行しておくべきという特集が組まれるなど，実務界が盛り上がりを見せた。

さらに，日税連の税制審議会による「資産移転の時期の選択に中立的な相続税・贈与税のあり方について」では現行制度の見直しを基本としつつ，暦年課税については「５年以内」ないし「７年以内」へ加算の対象期間の延長を検討すべきとし，相続・遺贈による財産を取得しない者も加算対象にすべきと提言された。

令和５年度税制改正では生前贈与の加算期間が７年以内に延長されたが，加算対象者の拡大はなかった。今回の改正は暦年贈与を利用した駆け込み節税を防止する意図があったはずだ。そうであれば遺産を取得しない孫も加算対象者とすべきだった。

なぜ生前贈与加算について対象者を見直す改正はなかったのか。加算対象者を生前贈与を受けたすべての者に拡大すると，たとえば，被相続人から援助を受けた愛人や被相続人から債権放棄を受けた債務者なども無制限に加算の対象となり，相続税の申告が必要になってしまう。あるいは若年世代への生前贈与を抑制することは政府として避けたかったのかもしれない。

暦年課税と相続時精算課税を併用すれば非課税枠は受贈者１人当たり220万円になる。祖父母が，子供とその配偶者さらに孫の計12人に贈与すれば年間2,640万円が非課税で贈与できる。とくに孫は相続税の申告が不要なのだから節税効果が高いのは事実だ。主税局がこのような贈与を奨励しているとは思えない。

生前贈与による税負担の有利不利をシミュレーションする専門家が増えるだろう。しかし，節税の前に，そもそも生前贈与が必要なのかどうかを考えてみる必要がある。生前贈与を急ぎ財産を子供たちにあげてしまったら長寿リスクを抱えてしまう。本人自身が長寿に備え，老後の財産を確保しなければならない。超高齢まで生かされてしまい生活資金が枯渇する長寿リスクが叫ばれる時代だ。高齢者は財産を維持してこそ周囲に迷惑をかけずに生きていくことができる。それは節税よりも重要なことだ。

《2》 令和5年度改正の論点と今後の実務

事例

私は余命宣告された。子供に精算課税を選択してもらい贈与すべきか。それとも孫に贈与するほうが良いのか。

相続時精算課税の論点を交えて今後の実務を検討してみる。

この事例では，子供（相続人）への暦年贈与だと7年内加算が適用される。しかし相続時精算課税を選択すれば持戻し計算は不要なので110万円以内の贈与はすべて非課税だ。また，孫（相続人でない場合）への暦年贈与では7年内加算の適用はない。相続人へは精算課税贈与，孫へは暦年課税贈与という流れができることが予想される。

事例

私は60歳だ。長期間にわたる生前贈与をしたい。子供には相続時精算課税を選択してもらうべきか。

贈与から7年内に相続が起きなければ生前贈与加算は適用されない。相続時精算課税を選択すると必ず持戻し計算が必要になる。そのため長期間をかけた贈与では暦年贈与が有利という考え方が基本になる。しかし，高齢だから相続が近いとは限らないし，若くても病気や事故はいつでも起き得ると想定せねばならない。

長生きするなら暦年課税が有利だと税理士からアドバイスを受け，この5年間，暦年贈与で子供たちに500万円を贈与してきたとする。しかし余命1年の宣告を受けたらすべて生前贈与加算の対象だ。人生がExcelの計算どおりにいくはずがない。

事例

80歳の依頼者から子への贈与について，相続時精算課税を選択すべきか暦年贈与が良いのか相談された。

暦年課税か相続時精算課税かで以下のような違いが生じる。

1　暦年課税を選択する場合

- ７年以上生きると加算は不要なので節税効果が享受できる。
- その場合は相続税の税率差を活かした節税ができる。
- 贈与税が無申告だと申告期限から６年経過で時効になる。
- ７年以内の贈与は生前贈与加算の対象（改正で延長される４年分は100万円控除）。

2　相続時精算課税を選択する場合

- 無申告による時効は期待できず，すべて加算が必要。
- ７年以内に亡くなっても毎年110万円までは持戻し計算が不要。

メリットとデメリットがあることになるのだが，理想の世界に住めば，亡くなる８年前までは暦年贈与を実行し，その後は亡くなるまで精算課税贈与を実行するということになる。神様でない限りベストな贈与計画の立案は不可能だ。

《３》 孫が代襲相続人になったら７年内加算が適用される

事例

祖父は孫に暦年課税で毎年贈与を実行してきた。しかし祖父よりも先に子が死亡してしまったため，孫は代襲相続人として祖父の遺産を取得することになる。

孫に生前贈与加算が適用されることになる。孫は実際の遺産を取得しない限りそもそも生前贈与加算の適用がないのだが，この事例のように代襲相続人に

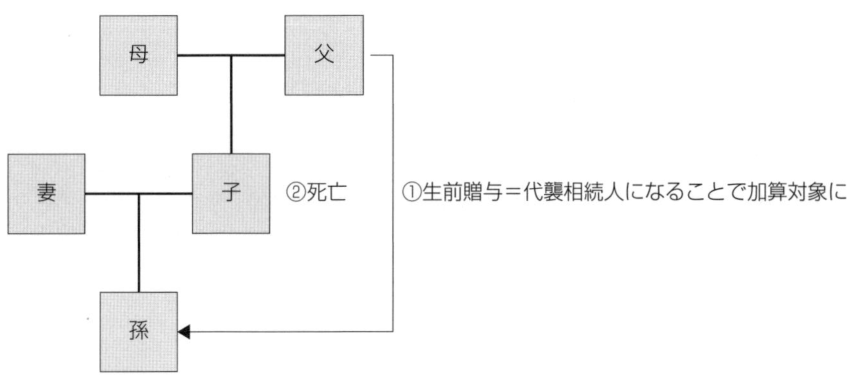

昇格したことで加算対象になるわけだ。

孫は相続人として遺産を取得するため７年内加算が適用される。祖父母に３年間は元気でいてもらう前提で対策ができたとしても７年先となれば予測不能な未来だ。

親が持つ駐車場を使用貸借して子供が地代収入を受け取る。これが認められるのであれば親から子への所得の分散や家族への分散が可能になってしまう。実質所得者課税の原則（所法12）の問題だが，大阪地裁令和３年４月22日判決は，親から与えられた土地の使用収益権に基づき，子は第三者との間で賃貸借契約を締結し，本件各土地の賃借人から各駐車場収入を得ることになると判示してこれを認めた（東京税理士界令和４年９月１日号）。

このような使用貸借による所得の移転が認められたら，これまでの相続税対策が大きく変わる。土地だけでなく収益建物や株式を使用貸借して家賃や配当金を子供に与えることも可能になってしまう。

控訴審の大阪高裁令和４年７月20日判決は，子供は単なる名義人であってその収益を享受せず駐車場業による収益は親に帰属するとし納税者敗訴となった。親子間の土地使用貸借契約の成立は認めたが，親が所有権者として享受すべき収益について相続税対策を目的に子に無償で処分したものと判断した。常識的な結論に落ち着いたわけだが，いったん父に帰属した賃料相当の経済的利益を父親が子に無償で与えたわけだから，子には贈与税（相法９）が課される問題もあるだろう。

マンション評価が改正された。乖離要因に基づき補正することになるのだが，現実はともかく，実勢価格と相続税評価はかけ離れてますって通達で正式に認めてよいものだろうか。通達評価は間違いだと宣言してるようなものだ。

タワマン節税を防止しようと思えば平成８年に廃止された旧措置法第69条の４の取得価額課税を相続評価とする条文を復活させればよいのだが，違憲性が指摘されて廃止された経緯を考えると復活はできないのだろう。

筋の悪いスキーム，たとえば相続直前の銀行借入によるタワマンの取得で，50億円の財産を持つ人が３億円を圧縮するのと，３億円の財産を持つ人がゼロにするのは悪質度は同じなのか。感覚的には３億円をゼロにするほうが否認リスクは高いだろう。しかし，財産が５千万円の人だとゼロにしても問題にならないのではないか。租税回避の否認は手法だけでなく金額も大きな要素になる。総則６項を巡る令和４年４月19日最高裁判決はそのあたりも考えさせられる事例だった。

Chapter3

取引相場のない株式

Q８　取引相場のない株式の知識は多岐にわたる

取引相場のない株式についてアドバイスするにあたっての視点を教えてください。

《１》　多くの場面で株式の評価が求められる

事例

株式を評価する場面とはどのような場合があるのか。

相続・贈与があったときの財産評価基本通達に基づく評価以外の場面でも，税理士が評価を求められることは多い。税理士が評価を担当する場合，やはり税法上の適正価額を意識することになるので所得税や法人税の通達の知識も不可欠になる。

財産評価基本通達とそれを修正した所得税・法人税の通達の評価手法をしっかりイメージできていないと，相談段階で概算することができず，また，特定の評価会社に該当することを失念したまま打ち合わせを進めてしまうと後が大変だ。業績が悪化したので株価は下がるものと説明していたら，比準要素１の会社に該当しており株価が上がることもある。実際の入力段階でソフトに正しい評価額を教えられてヒヤっとする思いをすることになりかねない。

仮に節税を目的に税理士が積極的に評価を圧縮する手法を提案，実行したところ誤りがあり評価額が上昇となると，予想外の税負担を強いることになり損害賠償の対象になってしまう。こういうケースは過少申告になってしまうので税理士賠償責任保険の対象にならないことが多く，十分に注意したいところだ。

事例

子供は後継者にならないので，古参従業員に会社経営をゆだねることにし，株式を買い取ってもらうことにした。

従業員が個人で買い取る場合はその従業員が買取り後の同族株主になるので，原則的評価で買い取ることが基本になる。低額買取りだと買主側に贈与税がかかることになる。

また，従業員に事業承継する場合は株式の買取り資金が問題になる。資金が準備できない場合は別会社を設立し融資を受けてオーナーから買い取ることが多いが，その場合は所得税基本通達59－6の範疇となるため小会社評価が基本になるだろう。

もっとも，従業員がもともと株主ではないのであれば，他人間の取引であり必ずしも贈与税の対象になることはないと思う。要するにM&Aであるから財産評価通達による評価はあまりうるさくいう必要はないようにも思う。仮に，廃業すると退職金や設備の処分費用，法人税等の負担が多額になってしまうことを考えると，多少低額でもオーナーの手取りは廃業するより多くなるのであれば，原則的評価よりも低額だったとしても，それは経済合理的な譲渡価格といえるだろう。

事例

子供が後継者にならないので，仲介会社の紹介で自社をM&Aすることにした。

昔では考えられないほど非上場会社のM&Aが増えている。経済状況が不安になるとM&Aはむしろ増加するので，自社の譲渡を考えるオーナーはさらに増えると思う。

M&Aで第三者に会社を譲渡する場合，時価純資産が基本になり，優良企業であれば1年から3年程度の利益がのれんとして加算されることが多い。財産評価通達の評価がそのまま採用されることはないが，税法基準は恣意性がなく，もっとも浸透した評価手法なので，スタート時の土台として財産評価通達による評価を税理士が依頼されることも多い。

自分の会社をM&Aで譲渡するのであれば，株式をオーナーに集約しておく，問題のある社員を残さないなど，不良資産や簿外負債を整理し長年の企業活動で着いた垢を落としておくことが肝要だ。

事例

金融機関が保有している自社株を買い取ることになった。

金融機関に自社の株式を保有してもらっていると買取りを求められることがある。オーナー個人が買い取ったり，自己株式として会社自身が買い取ることもある。買値は金融機関主導にならざるを得ないことも多いだろう。なお，自己株式として買い取る場合，支払う対価は税法上みなし配当金になるので源泉徴収が必要になる。もちろんオーナーが支配する別会社が買い取ることもあるし，最近では一般社団法人を受け皿にすることもある。

事例

休業中あるいは清算中の会社の株式を相続した。

開業前または休業中の会社は純資産価額によって評価する（評基通189－5）。少数株主であっても配当還元方式は選択できない。

また，解散決議後，清算中の会社は残余財産の見込み額を相続・贈与時から分配が見込まれる日までの期間の複利現価で評価する（評基通189－6）。そのため実勢価格を使った時価純資産で評価する必要があるのか気になるが，清算が長期にわたる場合は相続税評価額による純資産価額とする解説があるのでこちらが基本になるだろう（国税庁　質疑応答事例　財産評価「長期間清算中の会社」）。

清算中の会社を相続し，残余財産の分配を受けると手取り額がほとんど残らないこともある。純資産価額方式による評価で相続税の負担があることに加え，みなし配当課税による所得税の負担があるためだ。

清算中の会社を相続し評価額4億769万円で相続税が課税され，その後，会社から残余財産の分配を受けて，それを配当所得3億5,813万円と計算された事例がある（平成27年４月14日大阪地裁)。これだと手取りはなくなってしまう。いくらなんでも気の毒だと思うし二重課税だとして訴訟になったのもやむを得ないのだが，これは二重課税にはあたらない。

所得税法９条１項16号では，相続・贈与により取得するものは所得税が課されないことになっているが，残余財産の取得は相続を原因として取得したものではないとして裁判所も二重課税にあたらないとした。

税法の理屈としては，資産課税としての相続税と，分配された内部留保利益に対して課される所得税とでは課税対象が異なる。仮に相続前に被相続人が残余財産の分配を受けていれば，所得税が課税された手取りの現金が遺産になり相続税が課されることになる。異なる稼得に対する課税だから二重課税にはならない。

《２》 専門家のアドバイスが必要なのが取引相場のない株式

高額の相続税を負担する相続税の申告では，成功したオーナー経営者の株式が遺産になっている事例のほうが多い。成功者の財産が土地から非上場株式に変わった。さらに，経営者の相続対策では，土地を保有しているとしても会社が保有していることが多いため，不動産の組み替えや処分も株式対策の一環として行われる。

株式の対策をするためには相続税法に限らず幅広い知識が必要だ。財産評価通達，自社株納税猶予制度，自己株式と種類株式，組織再編成，会社法に民法，M&A，一般社団法人，信託などすべての分野の知識が必要といっても過言ではない。そして，すべては税法基準だ。課税関係が不明であればいくら便利な手法も実行できない。

Q９ 株主区分の判定が明暗を分ける

取引相場のない株式の評価についての注意点を教えてください。

《１》 時代の変遷と同族会社株式の評価

昭和の時代は戦後の創業者が被相続人になる時代だったので，相続人は全員が同族株主であって，相続で取得した株式は原則評価だった。３代目・４代目の相続が生じる平成の時代になると株主区分の判定が難しい会社が増えてきた。経営者が傍系に代わり，さらにその後の相続で株式の分散が６親等まで進むと中心的な同族株主の判定が必要になり，相続税を意識した遺産分割のアドバイスには税理士にとって細心の注意が必要になる。中心的な同族株主がいる会社かいない会社かで，配当還元で評価できる同族株主が決まるからだ。

なお，同族会社とは30％以上の同族株主グループが該当するが，単独で50％以上の同族株主グループがいると他のグループは49％保有していても少数株主となる。

【中心的な同族株主グループがいる会社】

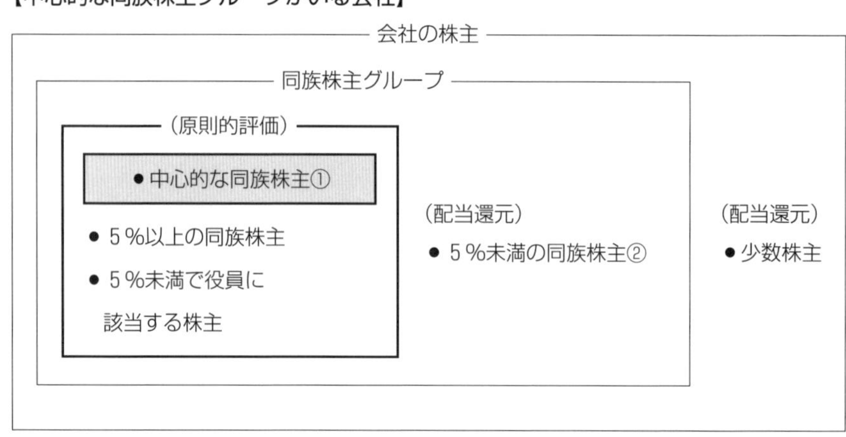

そして令和の時代，親族間で事業承継しない事例がより増えてくるだろう。コロナ禍を経験した今，会社が将来も存続すると楽観する中小企業は少ない。子供に事業承継はしないという経営者がさらに増えるはずだ。しかし，子供が別の人生を築くことができなければ承継する道を選ばざるを得ない。高齢者が元気な長寿化社会では現役時代が伸び，それでも事業承継をするとなると，親子がともに経営に携わる年数は長くなる。いさぎよく任せて後継者に口出ししないと考えている先代経営者や，経営への執着に折り合いをつけ会社と距離感を取っている経営者は上手く事業承継ができていると感じることが多い。

《2》 重要なのは株主区分の判定

非上場株式の評価は，相続人や受贈者が同族株主などの原則的評価となる株主か，配当還元評価が可能な少数株主なのか，その株主区分の判定をまず行う。

次に，原則的評価について，会社規模により類似業種比準方式か純資産価額方式あるいはその併用方式かが決まる。ただし会社資産の大半が土地であるなどの特定の評価会社は，純資産価額方式により比重を置いた評価を行う必要がある。この場合評価が高くなることが多い。

株主区分の判定については，相続税や贈与税の評価では取得後の議決権で持株判定を行うので，どのように遺言を作成するか，遺産分割協議をアドバイスするかは税理士の知恵によるところが大きい。逆に，税負担が有利になるよう納税者からアドバイスを求められたにもかかわらず，税理士が評価通達の解釈を誤り，配当還元評価が適用できたはずの納税義務者が原則的評価方法になってしまうと責任が問われるミスになってしまう。

《3》 中心的な同族株主グループという概念

中心的な同族株主（①）は，夫婦・親子・兄弟という一体となって会社支配に関与する近しい家族株主だ。株主総会は日頃の食事会だという親族株主グループだ。具体的には納税義務者とその配偶者・直系血族・兄弟姉妹・一親等の姻族の議決権割合の合計が相続による取得後25％以上となる場合の株主をいう。

兄弟合わせて25％以上であれば中心的な同族株主だが，次の世代になると，いとこ同士は議決権を合算して判定する必要はない。いとこの一人が中心的な同族株主（①）であれば，もう一人のいとこは５％未満になるよう遺産分割すれば，相続の際は配当還元評価で申告できる（②）。アドバイスを誤り原則評価になってしまう失敗事例が増えてくるのがこの世代以後の相続だ。

注意すべきは，自分（納税義務者）が「中心的な同族株主」に該当するかは自分の傘で判定することだ。「同族株主」かどうかは株主の誰かを起点に納税義務者が６親等内の同族株主に該当するかで判定するのとは異なる。「中心的な同族株主」は，自分の傘の上下の直系血族，隣の配偶者，左右の兄弟姉妹の議決権の合計で判定する。したがって，自分が親から株式を相続したときは中心的な同族株主に該当しても，自分が死亡し，配偶者が株式を取得したときは中心的な同族株主に該当しないということが考えられる。夫の配偶者が「中心的な同族株主」になるかどうかは夫の兄弟姉妹の議決権を含めて判定する必要はないからだ。

【中心的な同族株主に該当するかは自分の傘で判定】

日常の食事会で会社経営を話し合うのが中心的な同族株主

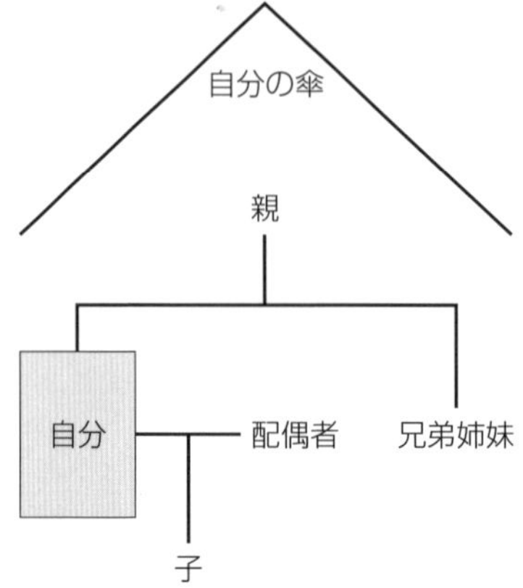

《4》 同族株主のいない会社でも原則評価になる

同族株主が存在しないという中小企業は意外と多い。その中で議決権割合が15％以上のグループは，同族株主と同等の支配力があると考えられることから，支配株主として原則的評価方式で相続税・贈与税を申告する必要がある。

同族株主がいる会社の場合と対比させれば理解できる。同族株主のいる会社なら30％基準で同族株主だったが，これが半分の15％で支配株主ということになり，中心的な同族株主なら25％だったが，これが中心的な株主なら10％になる。

中心的な株主（①）は株主１名で判定するので，若干の注意が必要だ。たとえば，13％を有する父と，３％を保有する母がいたとする。母に相続が発生し，子が３％を相続したときに，子は15％以上の株主グループには所属するが，父親の持株と合算する必要はないため，①の中心的な株主には該当しない。中心的な株主（父）がいる会社なので，子は②の株主として配当還元価額で相続税を申告することになる。

【同族株主のいない会社（中心的な株主がいる場合）】

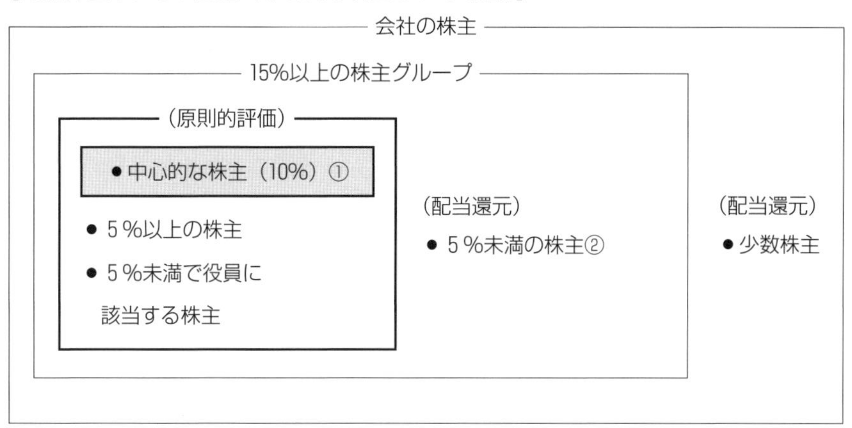

Q10 自社株評価の事例と対策の注意点

株価評価の具体的事例を教えてください。

《1》 株価の分散は簡単だが

オーナーから従業員に割り当てる際の評価は配当還元評価で問題はない。しかし，定年退職する従業員から株式を買い取る際，オーナーやその家族が買い取ろうとすれば原則評価で買い取る必要がある。配当還元価額で買い取ると，オーナーにみなし贈与課税が生じてしまう（相法７）。従業員は，もともと旧額面で社長から譲り受けたのだから，同額での売却には異議がないのだが，それでも税務上は買主に贈与税の認定が行われる（仙台地裁平成３年11月12日判決）。同族会社の株式は，入口は簡単だが出口で困難を伴うのだ。

配当だけを期待する従業員が買い取る場合と，会社支配の立場にある支配株主であるオーナーが買い取る場合の適正評価額は異なる。取引相場のない株式には一物二価を採用するのが税務の考え方だ。

東京地裁平成19年１月31日判決では，代表取締役が特別の関係がない116人の株主から株式を買い受けたことに対し，相続税法７条の著しく低い価額の対価で取得した場合に該当するものとして贈与税が認定されている。判決では，「租税回避の問題が生じるような特殊な関係にあるか否かといった取引当事者間の関係および主観面を問わないもの」と解し，贈与税の決定処分を容認している。分散は容易だが集約が難しいのが非上場株式だ。

持株会を作るのであれば資本金の１割程度の配当は実施する必要がある。しかし配当金の支払は利益処分なので損金にならないことから，配当金相当を従業員給与として支給することがある。しかし買取りの際に揉めてしまうと時価で買い取る必要が出てくる。持株会の株主は，株式の保有によって相応の利益を得ることができて，退会時には投下資本の回収を図ることで，財産形成ができなければならない（東京地裁平成10年８月31日判決　判例時報1689号148頁）

からだ。配当をせず退職時は配当還元価額で買い取るようなことはしてはならない。節税の前に良き経営者であることを心がけるべきだ。

《2》 議決権のみで判定する不思議

財産評価通達における同族株主の判定は，議決権のみで判定する。無議決権株式を発行している場合や会社が自己株式を保有している場合（会社法308②）は，分母にも分子にも含めない。

なぜ議決権基準を採用しているのだろうか。議決権基準だと節税が簡単にできてしまう。オーナーの株式をすべて無議決権株式に転換してしまえば，配当還元評価ができる。そして相続後，議決権を復活させてしまえば良い。このような当局への挑戦はもちろん否認されるので実行はできない。しかし，なぜ誰にでも思いつく節税が可能な判定基準を採用しているのだろうか。

これに対し，法人税の同族会社の判定では，議決権割合と発行済株式数の割合の両方で判定し，いずれかの方法で50％超に該当するとその会社は同族会社に該当する。財産評価通達も法人税と同じようにすべきだと思う。

それはともかく，議決権数に影響を及ぼす取引として自己株式の取得や，会社同士での株式の相互持合いなど，議決権が行使できなくなる取引には要注意だ。株式の4分の1以上の相互持合いがある場合は，相互保有株式には議決権がないこととされている（会社法308①）。この点を失念し，少数株主が配当還元方式を利用できなくなった事例がある。最終的には再分割が認められ納税者が救済されたが（東京地裁平成21年2月27日判決），財産評価通達を細かく確認すれば防ぐことができた事例だ。したがって，組織再編成などによって，子会社が親会社の株式を保有するに至った場合などは要注意である。

また，相続税の申告期限までに遺産分割協議が調わず，未分割で申告する場合は，各相続人ごとに旧来から所有する株式数にその未分割の株式の全部を加算した議決権割合で株主区分の判定を行う。仮に100株が未分割である場合は，相続人全員が既存の持株に100株を加算して株主区分を判定する。配当還元評価を予定する親族株主も，いったん原則的評価で申告しなければならない場合があり得る。申告期限内の遺産分割が見込めない場合，株式だけでも分割しておくという税理士のアドバイスが必要だろう。

《3》 株式保有特定会社の緩和で株価対策が容易に

財産評価通達は，取引相場のない株式について，「市場が存在しない株式の市場価格」を算定せよといっているわけで，そもそも理論矛盾がある。しかし過去には財産評価基本通達を否定した判例は見あたらない。通達基準を否定すると，よるべき基準がなくなってしまうからだ。

しかし，総資産に占める子会社株式の保有割合が25.9%という大会社について，株式保有特定会社としての評価が否定された事案が登場した（平成25年2月東京高裁判決）。平成2年に株式保有特定会社の評価が創設された当時に比べ，独占禁止法の改正による持株会社の解禁などを背景に，現在では25%を基準に評価を区別するのは不合理との判断だ。結局，国は上告を断念したが，通達の改正が行われ，大会社においても株式保有割合を中会社や小会社と同じ50%とする改正が行われた。

この改正によって，オーナーが支配する兄弟会社2社を株式保有特定会社に該当させずに親子会社にすることが容易になった。たとえば株式交換を実行して兄弟会社を親子関係にする。あるいは会社法で創設された株式交付制度を使っても良い。1社分の株式が個人財産から外れてしまう便利な節税になる。ただし，条件があり，完全親会社が類似業種比準方式で評価できないと意味がない。株式保有特定会社に該当してしまうと純資産価額方式で評価しないとい

【株式交換実行前】

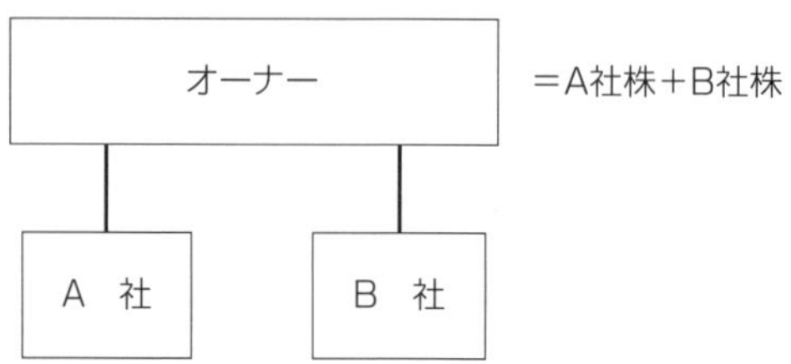

【株式交換実行後】

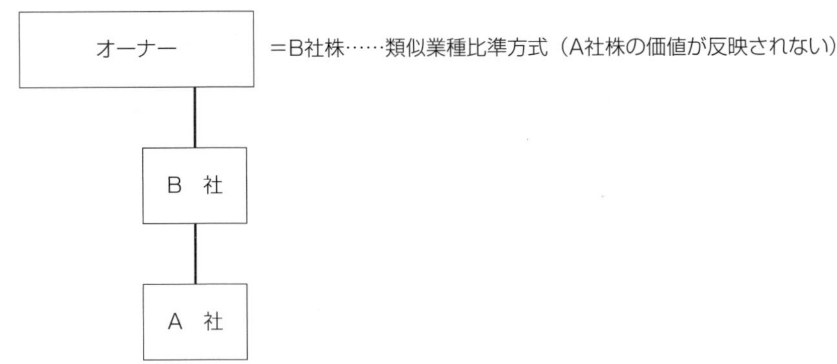

けない。そうすると，完全子会社株式の評価が反映されてしまうからだ。

改正後は総資産の50％までは株式になっても株式保有特定会社になることはない。そのためこういった節税行為が実行しやすくなっている。

免除が予定される債務につき相続税の債務控除が認められず，さらに相続後の債務免除に対し一時所得課税された事例がある（東京地裁令和５年３月14日判決）。

父親が債務16億円について銀行と訴訟，６億３千万円を支払えば９億７千万円を免除するとの和解が成立したが父親は返済することなく死亡した。父親の死亡で債務を承継した母親は６億３千万円のうち100万円を残して死亡，息子が残り100万円を返済し９億７千万円の免除を受けた。税務署は９億７千万円について債務控除を認めず，さらに相続後に債務免除を受けた息子に一時所得課税を認定した。東京地裁は，二重課税に当たるとの納税者の主張を認めなかった。

たしかに父親が生前のうちに債務免除を受けたら一時所得課税があるし，債務をそもそも承継することはないのだから，税務署の処分と同じ税負担になる。とはいえ納税者としては理屈はともかく常識感覚として受け入れがたいだろう。

Q11 最近の株価対策の失敗事例

最近の株価対策の失敗事例を教えてください。

《1》 専門家が挑戦したくなる株価圧縮策

テクニックを駆使して本来あるべき評価額を大きく引き下げる手法は課税庁としては見過ごせない。

平成バブル期の株価対策といえばＡ社Ｂ社方式だ。金銭出資でＡ社を作り，その会社の株を極端に低額でＢ社に出資する。当時は時価以下主義で低い金額での出資が認められていた。これによりＢ社が受け入れるＡ社株式の簿価が極端に低くなりＢ社の貸借対照表には含み益が計上される。評価差額に対する法人税が控除できるのでＢ社の株価は半分近くにまで減少する。さらにＢ社株式を別会社に低額で出資すれば，評価差額に対する法人税が控除できる。これを繰り返すことで数10分の１に評価額を引き下げることもできた。

Ａ社Ｂ社方式の問題は，現物出資による評価額に対しては法人税相当額の控除を禁止することで解消した。また，総資産のうちに株式が一定以上を占める会社は株式保有特定会社として純資産価額（あるいはＳ１＋Ｓ２方式）によって評価することになった。

《2》 株価対策が否認された事例

（1） 上場株式を非上場株式に入れ替える

今，利用されているのは，個人が持つ上場株式を非上場株式に入れ替えて類似業種比準方式を活用する方法だ。高額の上場株式を保有するオーナー株主であれば，この上場株式を資産管理会社であるＢ社に現物出資する。なぜ現物出資かというと売買したら現金が個人財産になってしまい意味がないからだ。さらにこの現物出資で取得したＢ社株式を別のＡ社に現物出資する。あるいは株式交換でもよい。Ａ社株式を類似業種比準方式で評価できれば株価は大きく圧縮される。A社の配当・利益・簿価純資産で計算する類似業種比準価額には，上場株式の価値が反映されにくいからだ。

【対策前】

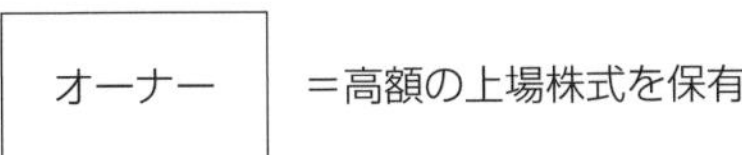

【対策実行後】

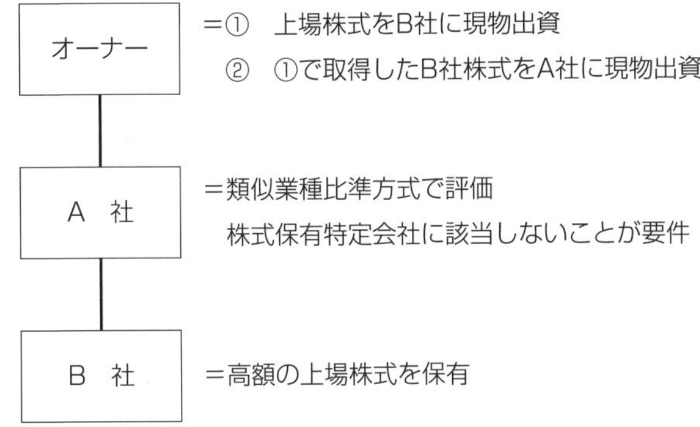

A社が大会社に該当すれば類似業種比準方式が採用できる。そのためには事業を行う必要がある。金融資産や不動産を保有させ，株式保有特定会社にも土地保有特定会社にも該当しないようにするのが課題となる。

(2)　キーエンスの事例

上記手法が否認される事例の報道がいくつも登場している。いずれもオーナーが保有する上場株式を現物出資を使って非上場株式に入れ替えた事例だ。

まず，平成28年9月に，センサー機器大手「キーエンス」の創業家において，贈与税の申告につき1,500億円の申告漏れが指摘された事例だ（産経新聞2016年9月17日　キーエンス創業家，1500億円申告漏れ　株贈与，300億円追

徴課税　大阪国税，資産管理会社の評価減認めず)。

この事例では，A 社が転換社債を通じて B 社に出資する形態を作った。社債は株式保有特定会社の判定上分子に計上する必要がなかったので，A 社が株式保有特定会社に該当することを避けたわけだ。そこで平成29年の通達改正で，転換社債（新株予約権付社債）を株式保有特定会社の判定基準に加えることになった。

(3) 旧トステムの事例

同じ発想の手法を否認された事案が平成26年12月にも報道されている（朝日新聞　2014年12月8日　トステム創業者長女，遺産110億円申告漏れ　国税指摘)。この事例では，創業者は住生活グループ（現 LIXIL）の株式を220億円で売却し，入金した資金で購入した金融資産を B 社に保有させる手法だった。A 社株式を類似業種比準価額によって評価し，B 社が持つ多額の金融資産の価値が A 社株の評価に反映されないようにして相続税を申告した。

ちなみにこのトステムの創業者は平成3年に A 社 B 社方式による株価圧縮を利用して株式の贈与を受けた手法が否認されている。血は争えないのか，本事例の20数年前にも極端な株価対策が否認されているのは興味深い。

(4) HOYA の事例

最近報道された事例が，平成27年，HOYA の元社長の相続につき，遺族が評価した金額が総則6項によって否認された事例だ。東京国税局は約90億円の申告漏れを指摘し，過少申告加算税を含め約50億円の相続税が追徴された（読売新聞オンライン　2021年4月18日)。

当時元社長は，保有していた百数十億円分の HOYA 株を亡くなる直前に家族の資産管理会社に現物出資した。さらに HOYA 株は資産管理会社が支配する子会社に寄附されている。この寄附に対してはグループ法人税制が適用され受贈益課税が生じない。

報道から読み取る限り，資産管理会社は設立後3年以内の会社に該当したようで，純資産価額方式で評価したようだが，子会社が大会社に該当したらしく，類似業種比準方式で評価されたがこの評価が否定されたわけだ。

元社長が90歳のとき，亡くなる前年の2014年に一連のスキームが実行されていて，節税以外に目的がないスキームだと認定されたわけだ。

《3》 中小企業でも実行できる

中小企業でも同じことは実行できる。たとえばA社とB社の2社を経営するオーナーであれば，A社の株式をB社に現物出資すればよい。

親子会社にすれば1社分の株式が個人財産から外れることになる。親会社が大会社に該当し，かつ株式保有特定会社に該当しないようにすれば類似業種比準方式で評価できるので，子会社株式（A社株式）の価値は親会社株式（B社株式）の評価には反映されないことになる。しかもこの場合，現物出資ではなく株式交換を使ってもよい。完全支配するオーナーであれば適格要件を満たすことは簡単だ。これでオーナーの譲渡益課税は繰り延べられる。

《4》 株式保有特定会社外しの事例

非上場株式の相続税評価について「株特外し」を否認したうえで総則6項を適用した事例がある（令和3年8月27日裁決）。

相続開始前に行われた被相続人による多額の現金出資により総資産の持株比率を引き下げたが，この行為が「株特外し」と判断され，財基通189なお書により株式保有特定会社とされた。この「なお書」では，課税時期前において合理的な理由もなく評価会社の資産構成に変動があり，その変動が株式保有特定会社と判定されることを免れるためのものと認められるときは，その変動はなかったものとして当該判定を行うものとされている。

さらに現金など流動性の高い資産の割合が96.7％と高い数値であったため，総則6項により「S1＋S2」による評価方法も否認された。つまり純資産評価が強制されたことになる。高齢の被相続人が亡くなる直前に実行しており，金融機関の担当者に相談したメールのやり取りが残されているなど節税目的が露呈してしまっている。

金銭出資という経営者の自由な行為を否定するのは問題ないのかという気がしないでもない。これが否認されるのであれば，株式交換で資本関係を組み替えたり，多額の役員退職金の支払によって類似業種比準価額を引き下げる手法に問題はないのだろうか。

税務調査で一番問題になりやすい名義預金の問題。これに関し，夫婦間の資金移動について，みなし贈与を認定した珍しい事例があった（令和３年７月12日裁決）。夫の預金を妻名義の口座に振り込み，株式や投資信託の売買を行っており所得税の申告も妻名義で行っていた。税務署はみなし贈与（相法９）であるとして贈与税の決定処分及び無申告加算税の賦課決定を行ったが，審判所は，夫婦間においてはよくあることで，妻が夫の預金を管理していただけだとして原処分の全部を取り消した。

夫婦間の資金の移動は，名義預金として相続税の対象になるのが実務だろう。相続財産とすると配偶者の税額軽減により納税ゼロになる規模だったからみなし贈与と認定したのだと思うが，さすがに無理があったと思う。

Chapter4

配偶者居住権

Q12 配偶者居住権とは何か

配偶者居住権とは何ですか。また，実務の利用法について教えてください。

《1》 配偶者居住権が創設された理由

平成29年の民法改正によって配偶者居住権が創設された経緯はこうだ。まず，平成25年９月４日の非嫡出子の相続分差別を違憲とする最高裁決定により非嫡出子の相続分が嫡出子と同等になった。そうなると非嫡出子が主張できる相続分がこれまでよりも増えるため，配偶者が自宅を相続できないケースが出てくる。そこで配偶者の相続分を増やす民法改正が議論された。だが，この改正はパブコメでの反対意見が多く結局頓挫した。代わりの方策として導入されたのが被相続人の残した居宅に配偶者が一生涯住み続けることができる配偶者居住権だった。

なお，配偶者短期居住権が別途規定されており（民法1037），こちらは遺産分割が決まるまでの間若しくは相続開始後６か月間について遺産分割協議等を要することなく自動的に発生する暫定的な権利であり，遺産分割手続きにおいても相続税の申告においてもゼロ評価となる。配偶者居住権を設定する場合はそれまでの分割協議の間，配偶者は配偶者短期居住権によって無償で居住することができる。

これに対し，配偶者居住権は遺産分割・遺贈・死因贈与契約によって設定され，配偶者は被相続人が残した居宅で一生涯の居住権が確保できる。配偶者居住権が創設された趣旨は次のように説明される。たとえば，主な遺産が自宅しかない家族について，配偶者が自宅を相続するとそれだけで相続分を満たしてしまい現預金が相続できない。あるいは前妻の子と後妻が相続人だと前妻が自宅を相続したら遺留分で揉めてしまう。そこで配偶者居住権を活用する。具体的には所有権を子供に取得させ，居住権を別の財産として配偶者が取得すればこういった問題は起きないという説明だ。

しかし，子供は配偶者が死ぬまで利用も処分もできない所有権を取得することになる。子と配偶者の不仲が続けば修繕費等で揉めることは避けられず，配偶者居住権の設定自体がトラブルの元になるだけだ。そもそも仲の良い家族であれば自宅は母が相続するのは当然で預金も母が相続する。いずれ二次相続で自宅と預金の分割を子供たちが決めることになるのだから，子供は相続分で文句をいわない。むしろそのような遺産分割が実務家にとっては通常だろう。

《2》 税法の取扱い

配偶者居住権は相続税法で評価方法が定められている（相法23の２）。将来，配偶者居住権が消滅する時点の評価額の現在価値が所有権として評価され，それを通常の土地建物の相続税評価額から差し引いた残額が配偶者居住権になる。配偶者居住権が存続する期間は，配偶者の年齢に基づく平均余命を使う。

相続税評価２千万円の建物に対し80歳の配偶者が居住権を設定するとしよう。設定時点の建物の残存耐用年数が23年とする。厚生労働省が男女別に作成する平均余命は80歳女性だと12年だ。そうすると12年後には建物の残存耐用年数は11年（＝23年－12年）になっている。あと23年使える建物２千万円の12年後の評価額は956万円（＝２千万円×11年/23年）と考え，これに12年に応じた法定利率３％の複利現価率0.701を乗じて現在価値に割り戻した670万円が所有権の評価額だ。そして相続税評価額２千万円から所有権を引いた1,330万円が配偶者居住権の評価額ということになる。

敷地利用権は残存耐用年数を使わずに計算し，また土地の評価額は不変と考えることになっている。土地の評価額５千万円の場合，12年後も評価額は変わらず，その現在価値3,505万円（５千万円×0.701）が所有権で，更地評価額からこれを引いた1,495万円が敷地利用権の評価額だ。

この評価の考え方を前提にすると，時間の経過とともに配偶者居住権の価値が減じられていき，配偶者が亡くなる二次相続の時点で配偶者居住権がゼロとなるから，所有権は100に回復する。つまり配偶者の遺産にはならず相続税の対象になることはない。相続の時期が平均余命と違っていても再計算はしない。相続のときにおいては適正に見積もった評価額だからだ。

《3》 配偶者居住権は税務のツール

配偶者居住権が実務の色彩を帯びるのは税務の問題として考えた場合だ。配偶者居住権は譲渡できない財産であることから，創設時には評価しないことも予想されたが，平成31年度改正で相続財産として評価することになった。

事例

父に相続が開始した。一次相続では母親が相続したら小規模宅地特例が使えるが，子供は同居しておらず家なき子にも該当しないから二次相続では小規模宅地特例が使えない。そこで，子供が相続して配偶者居住権を設定すれば節税になるとアドバイスされた。

子供が親と同居していれば一次相続・二次相続とも小規模宅地特例（措法69の4③二）を使って2割の評価額で相続できるのだが，現代社会では小規模宅地特例を使えない家族が一般的になりつつある。配偶者居住権を活用すれば小規模宅地特例の代替的な節税手法として利用できることになる。

仮に敷地1,000について配偶者居住権の設定により生じる敷地利用権が600，所有権が400と評価されたとする。まず一次相続では，配偶者は敷地利用権600を取得するが配偶者の税額軽減で相続税の負担がないことがほとんどだ。子供は所有権400を取得し相続税を負担することになる。

二次相続においては配偶者居住権は相続財産にならない。民法上も税法上も配偶者の死亡と同時に消滅するからだ。結局，子は一次相続の相続税負担のみですむことになる。

仮に配偶者居住権を設定しなかったら，一次相続では小規模宅地特例（配偶者の特例）が使えても，二次相続では更地評価で子供が相続することになる。配偶者居住権の設定を積極的にアドバイスすべきか否か筆者自身迷っているうちに，配偶者居住権を設定したという税理士の話を多く聞くようになったが，本来の制度趣旨で利用したという話は聞いたことがない。すべて相続税の節減目的での設定だ。種類株式と同様，配偶者居住権は法律家よりも税理士のほうが詳しいと思う。税務の分野になっているといっても過言ではない。

さらに，子供が同居し小規模宅地特例が使える家族でも配偶者居住権を設定すればさらに節税効果が生じる。配偶者居住権を設定しても小規模宅地特例は使えるからだ。

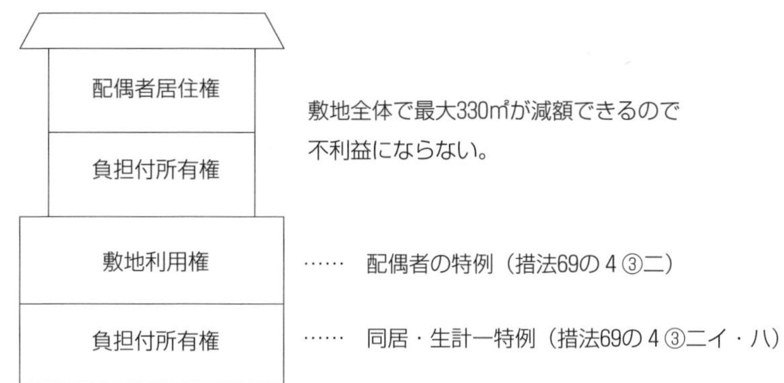

《4》 信託を使うよりも有利

自分の死後，自宅を妻に取得させ，妻の死後は子に取得させたい。そのような場合は，受益者連続信託を使って自宅を世代間で転々とさせるよりも，配偶者居住権を設定するほうが有利なことがわかる。

父親が自宅について受益者連続信託を設定，自分が死亡したときの最初の受益者を後妻にして，後妻死亡後は前妻の子を受益者とする。この場合，父死亡時，後妻死亡時にそれぞれ土地建物の遺贈があったものとみなすから評価額がそのまま相続税の対象になる。これに対し配偶者居住権を設定すれば上述したように一次相続のみの負担ですむ。

これは配偶者居住権が有利というよりも受益者連続信託の税負担が納税者に厳しいものとなっているのだが，同じ財産移転の効果が期待でき，税負担は配偶者居住権を設定するほうが有利になるのだ。

Q13 配偶者居住権の課税問題を検討する

配偶者居住権の課税問題を具体例を使って教えてください。

《1》 配偶者居住権の具体例

配偶者居住権の内容と課税関係を具体的事例で確認してみよう。

事例

夫が亡くなり自宅は息子が相続，妻（80歳）が配偶者居住権を設定した。

- 建物の評価額は２千万円，敷地は５千万円，合計７千万円
- 80歳女性の平均余命＝12年（厚労省の完全生命表）
- 木造建物の耐用年数33年（非事業用）
- 建物の残存耐用年数＝築10年につき23年
- 民法404条における法定利率３％

相続税における配偶者居住権の評価は以下のとおりとなる。

① 12年後の建物の残存耐用年数　11年（＝23年－12年）
② 12年後の評価額　956万円（＝２千万円×11年 /23年）
③ 12年に応じた利率３％の複利現価率　0.701
④ 建物の所有権の現在価値　670万円（＝956万円×0.701）：息子の財産
⑤ 配偶者居住権の評価　1,330万円（＝2,000万円－670万円）：妻の財産

また，敷地利用権の評価は以下のとおりだ。

① 12年後の評価額　５千万円（地価は不変との前提）
② 12年に応じた利率３％の複利現価率　0.701

③　敷地の所有権の現在価値　3,505万円（＝５千万円×0.701）：息子の財産
④　敷地利用権の評価　1,495万円（＝５千万円－3,505万円）：妻の財産

まとめると，相続税の申告をすべき財産は以下のとおりとなる。

妻＝配偶者居住権1,330万円・敷地利用権1,495万円（計2,825万円）
息子＝建物の所有権670万円・敷地の所有権3,505万円（計4,175万円）

合計7,000万円

さらに，配偶者居住権の設定に伴う敷地利用権と所有権は，要件さえ満たせば小規模宅地特例の対象になる。被相続人と配偶者，子供が同居していれば，敷地利用権には配偶者の特例による８割減額が適用できるし，同居している息子は敷地の所有権に８割減額が使える。

《２》 マンションと配偶者居住権

事例

夫がタワーマンションを購入して夫婦で居住している，夫が亡くなったので息子が所有権を取得，70歳の妻が配偶者居住権を設定した。建物と敷地利用権の相続税評価はそれぞれ１億円と１千万円だった。

小規模宅地特例は，マンションの場合だと敷地利用権の評価額は少ないため80％減をしても大した節税にはならない。その点，配偶者居住権は建物に関する権利なので配偶者居住権の分だけ建物の所有権が減じられる。

本事例ケースだと，妻が取得する配偶者居住権及び敷地利用権が７千万円で，息子が取得する建物と敷地利用権の所有権は４千万円ほどになる。本来の相続税評価１億１千万円が，配偶者居住権等の控除で４千万円にまで減じられてしまうわけだ。そして配偶者居住権等は配偶者の死亡でゼロになるから二次相続では相続税の対象にならない。

配偶者居住権が節税になるのは事実。しかし人は節税を目的に生きているわけではない。40年いや20年間あれば生活環境は大きく変わる，母が死亡すれば最終的に自宅は息子のものになる。そのような安心感を与えたら息子は母を大切にしてくれるだろうか。息子は先に死亡するかもしれないし離婚もあり得る。息子が破産する，刑務所に行くかもしれない。さらには居住権を取得した母親が認知症になり介護老人ホームに入所するかもしれない。そうなったら配偶者居住権を設定したことを後悔するだろうしトラブルの原因にもなりかねない。40年でなくとも20年の人生が保証できるのなら，配偶者居住権よりもよほど有効な対策ができるはずだ。

《3》 配偶者居住権の消滅と課税問題

事例

父が亡くなり自宅土地建物の所有権は子が相続し，妻は配偶者居住権を取得した。その後，自宅を売却することになった。

配偶者居住権はいつでも合意解除あるいは放棄することができる。問題は，配偶者居住権の消滅に伴い所有権は完全なものとなるので，所有者は経済的利益に対して贈与税が課されるという問題が生じる。要するに解除時点で配偶者居住権を再計算した評価額が贈与税の対象になる。

【配偶者居住権を解除すると贈与税】

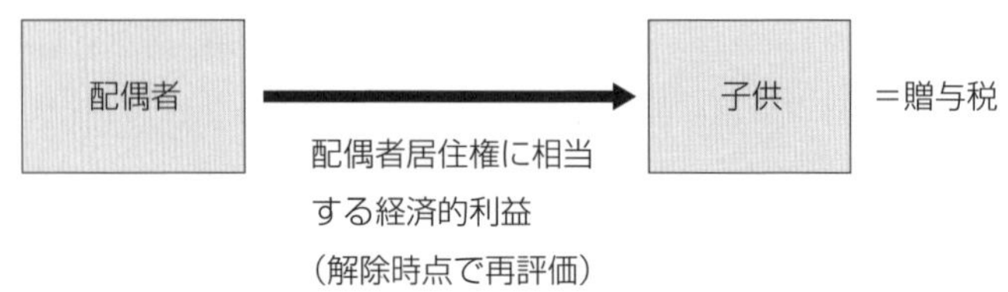

典型的には，配偶者居住権を合意解除してから土地建物を第三者に売却する場合だ。そのままでは贈与税が子供に課されるがこれを避けるには，所有者が

配偶者に適切な対価を支払えばよい。そうすれば贈与税課税はない（相基通９－13の２）。つまり子供が配偶者（母）に対価を支払って配偶者居住権（と敷地利用権）を消滅させるわけだ。

逆に配偶者が子供から所有権を買い取ってから他人に売却することもあるだろう。その場合も配偶者居住権は消滅する。

《４》 配偶者居住権と所得税

事例

配偶者（母親）に対し息子が対価を支払って配偶者居住権を消滅（解除）させてから，息子は自宅土地建物を売却した。所得税の計算はどのようになるか。土地建物は被相続人が亡くなる10年前に購入したもので，相続から２年後に配偶者居住権を消滅し，その翌年に第三者に売却した。

建物で解説する。土地については償却計算がないだけで同様の計算である。

母親は配偶者居住権等を消滅させる対価を息子から受け取る。消滅に係る譲渡所得は総合課税の対象になる。この際の取得費はどう計算するか。建物については被相続人から引き継いだ購入価額を配偶者居住権の設定の日（遺産分割のとき）まで減価償却し，配偶者居住権と所有権の相続評価額を使って按分する。被相続人の購入年月日を引き継ぐので，譲渡所得が長期か短期かは，遺産分割の日から消滅の日ではなく，被相続人が取得した日から消滅の日までの期間で判断する。この事例だと長期譲渡所得となる。このあたりは借家権と同じ考え方で，借家権を消滅してから建物を譲渡するときは長期譲渡所得になるのと同様だ。

次に，完全な所有権となった土地建物を息子が売却した際の取得費の計算はこうだ。建物については，①被相続人の購入価額を引き継ぎ譲渡の日まで減価償却する。②この価額から配偶者居住権の取得費をいったん差し引き，③母親に支払った消滅の対価を加算して減価償却費を控除する。要するに取得費は，子が相続した所有権部分と配偶者居住権等の消滅の対価部分からなるわけだ。

購入年月日も引き継ぐので消滅から譲渡までの期間が5年以下だとしても短期譲渡所得にはならない。この事例では全体が長期譲渡所得になる。

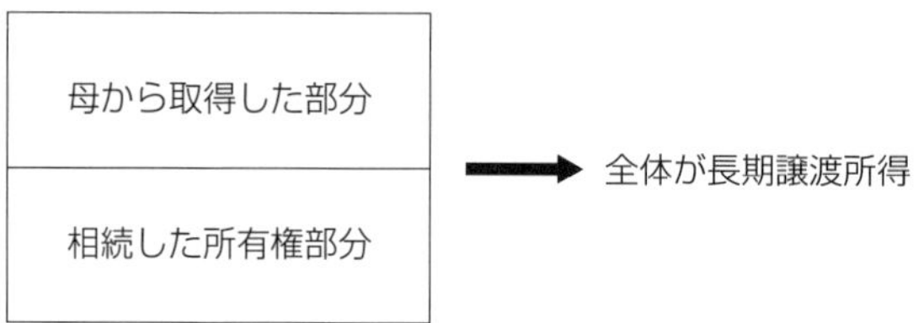

税制改正の議論として持株会社型での子会社も外形標準課税に取り込むことが検討されている（第18回　税制調査会（2022年10月12日）説明資料［地方法人課税］総務省）。事業税の計算は会社単位で行う。したがって持株会社が子会社を通じて事業を行っていると，持株会社のみが外形標準課税の対象になり子会社の事業は対象にならない。直接事業を行っている会社だと会社全体が外形標準課税の対象になることと比較すると問題があるというわけだ。

外形標準課税を避ける目的で持株会社形態を選択する事例が見受けられるのかもしれない。これまで資本金基準の見直しが議論されてきたが，持株会社形態のグループにおいて子会社も外形標準課税に取り込むことが検討されている。

Chapter5

民法改正

Q14 民法改正と税理士実務(遺留分制度の見直し・特別受益の持戻し免除)

遺留分制度が大きく変わりました。税理士の実務にどのような影響がありますか。自宅土地建物を生前贈与か遺贈した場合は持戻し免除の意思が推定されるとのことですが具体的な取扱いを教えてください。

《1》 遺留分制度の見直し

(1) 遺留分侵害による請求が金銭債権となる

民法改正によって遺留分制度が見直された。改正は2点あり，①改正前は遺留分権利者からの請求があると侵害の範囲で遺産が共有になっていたが，改正後は遺留分権利者は金銭の請求のみできることになった（民法1046）。

また，②相続人に対して行われた生前贈与については，年数の制限なく過去の贈与のすべてが遺留分算定の対象になっていたが（最高裁平成10年3月24日判決・判例時報1638号82頁），相続人に対する贈与について遺留分算定の基礎に含まれるのは相続開始前10年間に限定されることになった（民法1044③）。

まず①について検討する。改正自体は価額弁償が行われることが多いという実務に沿ったものといえるのだが問題が多いと思う。

金銭の支払のみが請求できるため裁判手続きのうえ期限が付され，支払がない場合は遅延損害金を請求できる（法定利率年3％，民法404②）。ただし遺留分義務者は支払期限の延長を裁判所に申し立てることができる（民法1047⑤）。支払ができなければ固有財産を処分したり銀行借入をしてでも金銭で支払う必要がある。改正前の制度では固有財産に権利が及ぶことはなかった。遺留分権利者からすれば共有状態が長期化してしまう問題は避けられる。また，同族株式など換金性の乏しい財産が共有になることなく金銭の支払が請求できる。遺産をもらえなかった相続人（遺留分権利者）の保護を強める改正は正しいという思考だと思うが，それには疑問がある。改正前の制度だとすべての遺産が遺留分侵害の範囲で共有になり，その分割について相続人同士が話し合う必要があった。被相続人の遺産をどう承継するのかという問題なのだから当事者双方に責任があるはずだ。改正前の制度のほうが優れていたと思う。

改正が正しいという立場からは，遺留分侵害による金銭を請求された者としても資金さえ準備できれば早期解決可能になるという意見がある。しかしそもそも金銭で支払う選択（価額弁償）は改正前の制度でも認められていた。さらには遺留分権利者が現物財産を欲しい場合でも，現物の返還を受ける権利はなく金銭で支払を受けることしかできないので一概に有利とはいえない場面もあるだろう。

(2)　金銭に代えて現物資産の所有権を移転したときの課税問題

当事者の合意で金銭の支払に代えて現物を移転させることは可能だ。たとえば金銭の支払に代えて土地を移転させると代物弁済に該当する。遺留分義務者の固有財産だけでなく，贈与や遺贈で取得した財産を引き渡した場合でも譲渡所得が生じる（所基通33－1の6）。そうすると所得税は遺留分義務者が負担することになってしまう。

事例

父親に相続が開始した。長男は次男に対し5千万円の遺留分侵害額に相当する金銭の支払を請求した。次男は金銭の支払に代えて，遺贈で取得した時価4,500万円の土地を引き渡した。長男はこの土地を5,500万円で他人に売却した。

この事例だと次男に譲渡所得が生じる。譲渡対価は土地を渡したことにより消滅した債務の額5千万円となる。被相続人から引き継いだ取得費を使って計算することになる。一方，土地を取得した長男は5千万円が取得費となるためこの事例だと譲渡所得は500万円ですむ。

改正前であれば所得税の負担は長男だった。つまり，遺留分減殺請求による土地の移転は相続の範疇で処理されていたため次男に譲渡所得が生じることはなかった。長男が売却した際には被相続人から引き継いだ取得費を使って譲渡所得が生じる。

改正後は次男が負担することになったのは不合理だ。土地を取得するのは長男なのだから長男が所得税を負担すべきだ。税制改正を期待するなら，次男は遺贈を放棄して長男が土地を取得したものして譲渡所得を計算するようにすべきだろう。

(3) 代償分割と同様の圧縮計算が認められる

遺留分侵害額請求に基づいて，遺留分を侵害した者から遺留分権利者に金銭が支払われるときは，代償分割に準じた処理が認められる。その際の相続税の課税価格の計算は以下のようになる。

- 金銭の支払を受ける相続人（遺留分を侵害する贈与等を受けた者）
  相続又は遺贈により取得した現物財産 ＋ 遺留分侵害額（圧縮計算許可）

- 金銭を支払う受遺者（遺留分を侵害する贈与等を受けた者）
  相続又は遺贈により取得した現物財産 － 遺留分侵害額（圧縮計算許可）

遺留分侵害額は相続時の実勢価格に基づき決定されることから，代償分割の場合と同様に遺留分侵害額の圧縮計算を認めることで相続人間の相続税負担のバランスが調整される。

遺留分侵害額請求の基因となった財産が特定され，かつ，その財産の相続開始時における実勢価格を基に遺留分侵害額が決定されていることが圧縮計算の要件となる。

$$\text{遺留分侵害額} \times \frac{\text{遺留分侵害額請求の基因となった財産の相続税評価額}}{\text{遺留分侵害額請求の基因となった財産の相続開始の時における時価}} = \text{圧縮後の金額}$$

（4）遺留分算定の基礎となる生前贈与は10年以内のものに限られる

遺留分侵害額の算定の基礎となる相続財産に含める贈与は，相続開始から10年以内のものに限るとする期間制限が設けられた。

改正前は，相続人への贈与については1年以内に限定されず（民法1030），すべて遺留分算定の基礎に算入されることになっていた（最高裁平成10年3月24日判決）。たとえば再婚することにした父親が，後妻と子供たちで遺産争いが起こらないように，再婚前に相続時精算課税を使って子供たちに生前贈与をして事実上の生前遺産分割をすませておこうと配慮しても，父親の死後，再婚した妻から子供たちに遺留分侵害額請求が可能だった。改正後は生前贈与から10年が経過すれば請求はできなくなる。10年という期間制限を設けただけという意味では妥協だが，正しい改正だといえるだろう。

また，たとえば事業承継税制への影響として，株式を多額に生前贈与することにより遺留分を侵害する可能性があるが，生前贈与してから相続まで10年が経過すれば遺留分侵害が請求されるリスクが軽減される。ただし，遺留分の侵害を知って贈与した場合は遺留分算入の対象になる（民法1044①）。専門家を交えて実行するのだから，侵害を知っていたと認定されるリスクはある。

小規模宅地特例の対象になった宅地を遺留分侵害額請求を受けて引き渡した場合，従来は，別の宅地に小規模宅地特例を差し替えて適用して更正の請求を認めるのが実務だったが（国税庁　質疑応答事例　相続税・贈与税「遺留分減殺に伴う修正申告及び更正の請求における小規模宅地等の選択替えの可否」），改正後は代物弁済として引き渡したにすぎないため，選択替えはできなくなった。また，遺留分権利者が取得した宅地は遺贈による取得に該当しないため小規模宅地特例を適用する余地はなくなる。

なお，遺留分侵害額を請求された者の更正の請求期限は従来と変わらない。遺留分侵害額の請求に基づき支払うべき金銭の額が確定した日の翌日から4月以内となる（相法32①二）。

《2》 特別受益の持戻し免除の意思表示の推定

配偶者居住権に次ぐ配偶者の保護方策2弾として遺産分割に関する見直しの改正があった。

生前贈与又は遺贈によって配偶者が取得する自宅土地建物は特別受益の対象にならず，遺産分割協議の際には，配偶者は自宅を持戻し計算することなく他の財産について相続分を確保できる。

具体的には先妻の子と揉めないように，自宅だけは後妻に贈与しておきたい。このようなニーズに応えて，①婚姻期間20年以上の夫婦間で居住用建物又は敷地につき，②遺贈又は贈与があった場合は持戻し免除の意思表示があったものとする推定規定が創設された。改正前は，通常は遺言書に記載することで持戻しをなくすことができたが，改正後は生前贈与あるいは遺贈があれば特別受益の持戻し免除の意思表示があったものと推定されるようになった。

贈与税のいわゆるおしどり贈与（相法21の5，21の6）を参考に作られた制度だ。

（おしどり贈与）

1　夫婦の婚姻期間が20年以上であること
2　居住用不動産又は居住用不動産を取得するための金銭を贈与したこと
3　贈与の翌年3月15日までに居住すること

民法と税制によって，持戻しなし，かつ税負担を軽減して自宅を配偶者に取得させることができるようになったわけだ。

しかし，実務ではおしどり贈与を利用する例はほとんど聞かない。基礎控除110万円とあわせて2,110万円の控除では都内の居住用財産だと贈与税の負担が必要になるし，贈与なので登録免許税と不動産取得税も高額だ。

相続で妻に取得させれば小規模宅地特例の居住用特例が使えるし配偶者の1億6千万円の軽減も使える。不動産取得税等も相続のほうが軽減される。そもそも夫婦のどちらが先に亡くなるかわからないし，贈与後に妻が先に亡くなり夫が相続することになれば無意味だ。

相続後に遺産の除外を納税者から打ち明けられた税理士は，かならず修正申告をアドバイスする必要がある。

亡き夫の遺産を申告せず相続税を脱税するニュースはよくあるが，重加算税が課されている事案だと仮装隠ぺいが認定されたということだから，修正申告においては配偶者の税額軽減が適用できない。バレたら修正申告すればよいというアドバイスを税理士は絶対してはいけない。修正申告を拒否し更正処分された場合も配偶者の税額軽減が適用できない。いずれも取り返しのつかない税負担になってしまう。

コンビニ ATM から認知症を患った母の預金を二男が勝手に引き出すこと1,902回。相続税の申告をしなかったその金額は14億円を超えるという。東京国税局の職員は，コンビニの店長と店員に二男の顔写真を確認してもらい頻繁に来店していたことを確認。母が二男に対し不当利得返還請求権を取得し，これが相続財産に含まれるとして長男と二男に相続税の更正処分等を行った。

東京地裁は法律上の原因なく利益を受け，そのために母に損失を及ぼしたものといえるから，母は民法703条，704条に基づき，二男に対する不当利得返還請求権を有していたと認めて処分を適法と判断した（東京地裁令和５年２月16日）。

税理士は調査が入り否認される可能性が高いと伝えていたようだ。二男は知らないと主張したがコンビニの供述でアウト。

二男の行動。14億円もの預金がなぜあるのか。人間社会は我々の想像を超える。

Q15 民法改正と税理士実務(預金の3分の1仮払い制度・特別寄与分)

遺産分割前に預金の支払を請求できるようになったと聞きました。具体的にどのような制度でしょうか。また特別の寄与者が金銭を請求できる制度が創設されたそうですが，従前の寄与分に対しどのように位置づけられますか。

《1》 預金の3分の1仮払い制度

(1) 預貯金は遺産分割の対象になる

事例

長男は，生前に5,500万円の現金贈与を受けていた。相続時に残っていた預金3,800万円は，長男と次男が当然分割し，それで相続は終了したと考えていたところ，これでは不公平と，次男は訴訟を起こした（平成28年12月19日最高裁大法廷判決）。

長男 ＝ 5,500万円（生前贈与）＋預金の半分1,900万円（当然分割）
次男 ＝ 預金の半分1,900万円（当然分割）

預金などの可分債権は当然分割とされ，遺産分割の対象にならないため遺産が預金のみだと特別受益が考慮されない。次男からすれば3,800万円はすべて自分のものだ。長男が贈与で取得した5,500万円は特別受益に該当せず，預金は当然分割で半分しか取得というのでは不利益だ。

最高裁は，預貯金は遺産分割の対象とならないとしていた従来の判例を変更し，相続開始によって当然に分割されることはなく，遺産分割の対象とすべきと判断した。

そうすると今後は，遺産分割について相続紛争になり，預金も分割できず相続税が納税できないことが起き得る。ただ，実務はこれまでも，銀行が法定相続分の払戻しに応じることはなく，払戻しを受けるには銀行への訴訟が必要だった。

（2） 預貯金の仮払い制度

預貯金の仮払い制度が創設され，単独で払い戻すことができることになった（民法909の２）。遺産としての預貯金債権のうち相続開始時の債権額の３分の１に相続分を乗じた額とされ，その上限は150万円だ（平成30年法務省令第29号）。そして払戻しを受けた債権は，一部分割により取得したものとみなされる。口座ごとに払戻しを受けることができ，同一の金融機関で150万円が限度となる。

事例

亡くなった父親の預金は以下のとおりだった。相続人は長男と次男の２名。
次男の払戻しを請求すると限度額はいくらか。

【仮払い制度の要件】

① 各相続人は口座ごと（定期預金の場合は明細ごと）に払い戻しを受けることができる。

② 家庭裁判所の判断を経ずに，金融機関から単独で払戻しを受けることができる。

③ 同一の金融機関からの払戻しは150万円が上限になる。

- A銀行の普通預金900万円，定期預金600万円
- B銀行の普通預金720万円

A銀行の普通預金900万円×1/3×1/2＝150万円
A銀行の定期預金600万円×1/3×1/2＝100万円
B銀行の普通預金720万円×1/3×1/2＝120万円

（請求できる上限額）

A 銀行からは150万円，B 銀行からは120万円の払戻しを請求できる。

しかしこの程度の限度額では相続税は賄えない。当面の生活費や葬儀費用を賄うための払戻し制度との理解だ。

《２》 特別寄与分は相続人でない親族の救済制度

事例

義母と暮らす次男（既に死亡）の嫁には子がいない。義母が亡くなると次男の兄弟（相続人）から家を追い出されてしまう。

従来の寄与分は，共同相続人に対する特別の貢献を寄与分として認めている（民法904の２）。これに対し相続人以外の親族が被相続人の財産の維持又は増加に無償で療養看護その他の労務の提供による貢献をした場合に認められるのが特別寄与料の支払請求制度である（民法1050）。金銭の支払請求に限っているため，被相続人の自宅の取得を請求するようなことはできない。

身の回りの世話をした次男の嫁に報いるための改正であり，相続権を持たない親族に対する最終的な救済と位置づけられる。したがって内縁の妻や同性のパートナーは範囲外だ。

相続を知ったときから６か月以内又は相続開始から１年以内に請求する必要がある。特別寄与料の支払について，相続人と協議が調わないときは家庭裁判所に対して協議に代わる処分を請求することができる。

民法上特別寄与分は相続・遺贈による取得ではないが相続税の取扱いについて寄与分を受け取った者には相続税が課税される。相続税法上は特別寄与者に対する遺贈とみなされる（相法４②）。また２割加算の適用がある。一方，支払い側では遺産から特別寄与料を控除する（相法13④）。

Chapter6

不動産

Q16 終活をめぐる不動産の位置づけ

不動産は自分の代での維持管理はもちろんのこと，誰にどのように継がせるのか，あるいは継がせないかを考える必要があり，税金の面でも多くのことを検討する必要があります。高齢になったとき不動産とはどのように向き合うべきでしょうか。

《1》 終活をめぐる不動産の位置づけ

近い将来，アパートは供給過剰になり，不動産賃貸業はさらに難しくなる。ただ，コロナ禍がはじまると賃貸経営が危機的な状況を迎えると思われたが逆に地価は値上がりした。マッキンゼー・グローバル研究所の「世界のバランスシートの大膨張」という調査報告書によると，GDPの世界合計の60%を占める10か国の資産は，正味資産の３分の２が不動産として蓄えられているとのことである。結局，すべての経済的な活動は土地のうえで行われる。もちろんコロナ禍による今後の影響やウクライナ戦争などの不安定な状況から不動産市況がどうなるかはわからないが，最も重要な財産であるのは間違いない。

不動産は，取得・運用・処分の場面でさまざまな税金の問題が少なからず生じる。不動産賃貸業は資産圧縮目的の節税対策として購入されることもある。不動産管理会社としての同族会社を利用した場合の管理料，土地に損失が生じた場合の負債利子の扱い，定期借地権を設定した場合の相続評価，修繕費などの資産計上の要否の判定，買換え特例，相続時の小規模宅地特例，預り保証金の評価などの税務上の取扱いの検討は欠かせない。

不動産の所有者の終活についても，税理士は最も頼りになる身近な専門家である。資産管理のアドバイザーとして税理士は重要な役割を担うことが期待される。これらの課題は相続人にどのように残すか，誰に承継させるかという場面を通じて相続人の問題となる。

《2》 不動産賃貸業は事業と理解し後継者が経験を積んでおく

税理士として不動産賃貸業の申告に関与していると，不労所得ではなく事業と認識しているオーナーが不動産賃貸業で成功している印象だ。入居者の募集や修繕，内装などは業者に依頼することになるが，実施する時期の判断，業者の選定，許容する資金の決定は，オーナー自ら行う必要がある。修繕業者への手配を外部の不動産管理会社に任せていてはよい物件にはならない。後継者にはこれらをできるだけ早い時期から経験させるのがよいだろう。

また，事業経営者が副業として不動産賃貸業をする場合，良き配偶者の存在が不可欠だろう。毎週物件を見に行き，仲介業者や修繕業者との連絡を任せる配偶者の協力がなければ上手くいかないといっても過言ではない。不動産の承継を相談されると，相続人に良好な夫婦関係にあるかがまず気になるのが本心だ。

相続後に子供たちが，相続した預金で賃貸用不動産を購入して不動産経営をすることを予定するのであれば，可能なら被相続人が生前のうちに不動産を購入しておくべきだろう。取得するための情報収集や交渉，資金の調達，専門家の協力の取付けなど，経営者としての経験が生きる。事業としての不動産賃貸業は，経営者としての経験がある先代経営者が始めるのが適しており，アドバイスができる元気なうちに後継者に経験を積んでもらうべきだろう。準備期間を経て引き継げば，すでに家族の資産としての歴史がある物件を後継者が引き継ぐことができる。

《3》 出口を想定しない不動産賃貸業はリスクの承継になる

不動産に限らず出口を想定しない投資はいずれリスクが顕在化する。不動産賃貸業の場合も例外ではない。いざというときに資金化できない物件を相続人に引き継ぐべきではない。

接道義務を満たさない物件などは建て替えができないことから更地にしても売却ができない。また，ペット飼育や入居人数の違約，建物に隠れた瑕疵のある場合も売却することできなくなってしまうため，そのまま後継者に相続してしまうことは，トラブルの承継になってしまう。

いざという場合の売却が可能とするためには，良い状態の物件を維持管理しておく必要がある。

最近の税務調査では，必要な資料は会社でコピーをとるのではなく，調査官が持参するスマホで撮影するようになった。コピーを断られる，会社の人に頼むより自分で撮影したほうが気が楽だし早い，現場でコピー代の授受はすべきでないなどの理由だろうか。

税務調査は若手調査官であっても税理士にとっては緊張感が伴う。なぜ彼らはベテランの税理士とも対等に渡り合えるのか。調査官は皆優秀なのか，税理士の力量不足なのか。そうではなく，税法を見る角度の違いだろう。調査官は疑うところからはじまる。税理士は信頼関係からはじまる。税理士は，社長の説明に対し「社長，それ本当ですか」とはなかなかいえない。調査官はすべてに証拠の提出を求めるから税理士には発見できないミスが露呈する。

Q17 最高裁６項の判決は今後の実務の指針になる

いわゆるタワマン節税についての最高裁判決は結局どのように位置づけたらよいのでしょうか。

《１》 最高裁判決が実務に及ぼす影響

令和４年４月19日の最高裁判決で実務は変わるのか。

被相続人は相続税について金融機関等に相談のうえ，甲物件と乙物件を借入で取得。どちらも１棟のマンションだ。その３年後，平成24年６月に被相続人は94歳で死亡した。相続税の申告においては，小規模宅地等特例適用後の課税価格と，本件借入金との差額６億5,900万円が他の財産から圧縮され，納税額はゼロだった。課税庁は評価通達６項を適用し，鑑定評価による課税処分を行ったという事例だ。相続人は平成25年３月に乙物件を５億1,500万円で売却している。

	取得価額	相続税評価額	鑑定評価額
甲不動産（平成21.1.30取得）	8億3,700万円	2億4万1,474円	7億5,400万円
乙不動産（平成21.12.25）	5億5,000万円	1億3,366万4,767円	5億1,900万円
合計	13億8,700万円	3億3,370万6,241円	12億7,300万円

今回，最高裁は弁論を開いた。そうなると高裁判決をひっくり返すのではないかと思われたところ，高裁判決をそのまま肯定している。なぜわざわざ口頭弁論を開催したのか。最高裁は，合理的な理由があれば６項による評価を認定することはできるが，租税の平等原則に違反してはならないことを示した。課税庁にとっても納税者にとっても今回の判決が今後の実務の基準であることを宣言するための口頭弁論だったのだろう。

なお，今回の最高裁判決の直後には，類似の判決が出ている（東京高裁令和３年４月27日判決，令和４年４月19日上告棄却）。癌による余命が宣告された

89歳の被相続人が多額の借入によって不動産を取得したというものだ。被相続人は平成25年６月に肺がんの罹患が発覚，銀行から相続税対策の提案を受け，８月に銀行借入で15億円の高級賃貸マンションを購入。平成25年９月に89歳で被相続人が死亡。相続人は相続税の申告にあたり当該マンションを約４億7,000万円と評価。平成30年に課税庁は総則６項を適用し，鑑定評価額10億4,000万円を時価と認定して更正処分を行った。

《２》 結局何が否認理由になったのか

節税以外に動機が説明できない手法に対しては６項の適用があることを再認識させられたのが最高裁判決だ。節税額が多額だとか，節税提案書があったとか個々の分析は意味がない。購入から３年が経過している物件について６項を適用するのはいかがなものかという意見があるが，購入時点では将来相続がいつの時点で生じるのか予測することができないのだから，被相続人が不動産を取得してから２年で相続が開始したらアウトで３年を生き延びればよいという理屈は存在しない。

なぜ90歳の被相続人が取得する必要があったのか，誰が利用しているのかという説明，要するに取得と維持のストーリーが必要になる。仮に同居する家族がその不動産で事業を営んでいれば評価額が圧縮されたとしてもそれは相続後の家族の生活を守るための購入なのだから否認されることはないはずだ。ただし，ストーリーに沿った矛盾のない事実があるかどうかが重要である。その事業で稼ぐ所得が固定資産税や金利も賄えないとなると購入する合理性が疑われることになるだろう。事業の必要性がありムリなく維持ができて相続後も事業の稼ぎが相続人や家族の生活の糧になっている，そのような整合性のあるストーリーが必要だ。

《３》 評価通達の改正で問題は解決するか

タワーマンションをはじめとした実勢価格が経済的実体を超えて高騰している現状がある。相続後に買値に近い価格で売却することを前提に購入するならば，高額であるほうがかえって節税効果が高くなってしまうことになる。

これを解決するには相続開始前３年以内に被相続人が取得した土地建物には取得価額をもって相続税の課税価格とする旧措置法69条の４を復活するのが手っ取り早いが，租税法律主義からの違憲性を指摘され廃止された経緯があり再登場は困難だろう。

なお，非上場株式の純資産価額の計算（評基通185）では，相続開始前３年以内に取得した不動産を実勢価格で評価すべき規定が残っている。そうすると法人が不動産を取得するという手法に関しては現状の問題点が顕在化することになる。たとえば被相続人が１億円を出資して法人を設立する。この法人がさらに１億円の銀行借入をして２億円でタワーマンションを購入する。３年間は実勢価格で評価しなければならないが，３年が経過すれば相続評価が可能になるので仮に相続評価が１億円になれば，法人の株式の評価額はゼロになる。

令和５年度税制改正大綱ではマンションの相続税評価について評価方法の適正化を検討することが記された。それを受けて，マンションの取引事例のうち65％は乖離率が２以上であることから，乖離を是正するために，現行の相続税評価額を前提としたうえで，市場価格との乖離要因から乖離率を予測し，その乖離率を現行の相続税評価額に乗じて評価する方法が議論された（国税庁「マンションに係る財産評価基本通達に関する有識者会議について」令和５年６月２日）。通常の評価額をマンションの個性によって２倍や３倍にするというわけだ。

しかし，節税を対象にしたマンションは実勢価格からも乖離しているのではないか。つまり，相続直前に現金をタワーマンションに変え，申告後に同水準の値段で売却して現金に戻してしまうのであれば，高額であるほど節税には有利になってしまう。あるいは１棟のマンションを保有する場合は改正後の通達は適用されない。マンション以外にも節税利用されている不動産がある。評価通達の改正はマンションの評価全般について乖離率を使った改正が行われるにとどまった形だ。

《4》 結局どのような事例が否認されているのか

タワマン節税で否認されている事例は，相続税評価額と時価が乖離しており，しかも相続後に換金されているような事例が多い。単純化すれば，仮に10億円の現金が相続のときだけ2億円のマンションに入れ替わっており相続後はまた10億円の現金に戻っている。10億円の現金を相続した場合と同じなのだから，課税当局からすればこれを否認したところで，抜け駆けによる節税効果が失われるだけで担税力に問題はない。

節税目的よりも上に来るべき財産運用・事業上の目的が必要だということである。それがなければ，もし6項や行為計算否認の適用は免れたとしても必ず税務調査で問題になる。「節税を期待するのは合理的であり，それを目的に資産を運用するのは当然の行為ではないのか」と納税者が主張するのはよいが，条文や通達の要件は満たしているのだから認められるべきだという説明以外に取得理由がないスキームに対しては，納税者に厳しい結果にならざるを得ない。

法人税に比べると個人の調査はより柔軟に扱ってくれる。そもそも税理士に依頼せず自分で申告している納税者が多いし，複式簿記で帳簿を付けているとは限らない。譲渡所得などはそもそも記帳を前提としないことなどが要因だろう。

Chapter 7

小規模宅地特例

Q18 「なぜ」で理解する小規模宅地特例

実務で有効利用する視点で小規模宅地特例の立法趣旨を教えてください。

《1》 なぜ相続人でない親族が適用できるのか

小規模宅地特例にはシンプルな趣旨がある。「なぜ」を切り口に立法趣旨を理解してしまえば小規模宅地特例は簡単だ。実務に登場する多くの事例を解説書や質疑応答の要件や字句で調べるのも必要だが，その前になぜそのような結論になるかという理屈がある。

小規模宅地特例は親族が取得することで適用できる。つまり，相続人でない孫や兄弟，子供の配偶者が遺贈で取得した宅地に適用できる。相続人以外の者が財産を取得する場合には，２割加算があったり，生命保険の500万円非課税枠が使えないなど，税負担が増えるのが相続税の特徴だが，なぜ小規模宅地特例は相続人でない親族にまで小規模宅地特例を認めているのだろうか。

事例

母は，かつて息子とその妻と同居していたが，不幸にも息子は10年前に死亡した。その後も，亡き息子の嫁とは同居を続け介護までしてくれたので，母は嫁に自宅を遺贈するために遺言を書いてあげようと考えている。相続人となる子供たちも同意してくれている。

遺贈で取得した自宅に相続税の負担があれば嫁はこの自宅を手放さざるを得ない。この場合は嫁の住まいの平穏を守っても租税正義に反するとはいえないだろう。しかし，考えてみれば嫁には相続分はなく民法上は何の保護もない。税法はこれを優遇する。小規模宅地特例の基準は「常識」なのだ。

《2》 なぜ同居親族でなければいけないのか

事例

昭和時代の実家の相続
父の居宅には，父と長男家族が同居している。長男が実家を相続するのは当然だ。

昭和の時代は，同居する長男が家を相続するのは当然だった。同居特例（措法69の4③二イ）と《**3**》の配偶者の特例が，特定居住用宅地の基本として制度設計されている。後で取り上げる家なき子特例や生計一親族の特例は，やむを得ず同居できなくなったが，実態は同居に近い場合の救済として位置づけられる。

たとえば，それまで別居していた長男が自宅を相続して，同居していた次男を追い出しても当然ながら小規模宅地特例を適用することはできない。長男はそれまで自分が住む家があったはずだから，自宅を相続したからといって相続税を優遇する必要はない。保護されるべきは被相続人と同居し生計を共にしていた次男ということになる。

なお，長男が借家住まいだった場合であっても，家なき子特例は使えない。家なき子特例は被相続人に配偶者と同居相続人がいないということが要件だからだ。小規模宅地特例は，相続直前に現に居住していた親族を保護するための特例なのだ。

《3》 なぜ配偶者には申告期限までの居住や保有の要件がないのか

事例

夫名義の自宅には，夫婦が同居していた。夫に相続が開始し，自宅と敷地は妻が相続した。相続後，妻は老人ホームに入居し，自宅は貸家にしてしまった。

配偶者が特定居住用宅地等の特例を適用する場合は，申告期限までの継続居住や保有の要件は存在しない。貸家にしても売却してもかまわない。

配偶者が小規模宅地特例を適用できるのは当然だと考えているわけだ。住まいは夫婦の財産であり，名義がどちらかは重要ではない。

民法改正は配偶者の保護方策を中心に行われた。超高齢化の時代，相続人はそれなりの年齢になっており経済的には自立している。高齢になった配偶者の保護を重視する方向性で改正が行われた。相続税では小規模宅地特例に限らず多くの規定で配偶者を保護している。税法は昭和の時代からすでに配偶者の保護を重視しているのだ。

《4》 なぜ家なき子でなければならないのか

事例

父親と子は同居していたが，子が地方に転勤することになり社宅住まいとなった。転勤から戻る前に父に相続が発生した。

いわゆる家なき子特例は，相続人は3年間持ち家（配偶者および3親等内の親族名義の持ち家を含む）がない家なき子であること，被相続人に配偶者または同居相続人がいないこと，取得した宅地を申告期限まで継続保有することが要件になっている（措法69の4③二ロ）。

ここでの家なき子とは，自分名義あるいは配偶者名義の家に相続開始時に居住していない親族である。また3年縛りが設けられ，相続直前に家なき子になるという節税策が防止されている。

また，被相続人に配偶者または同居相続人がいないことが要件となっている。要するに一人暮らしの被相続人が亡くなり，空き家になった実家を家なき子が相続することを想定した要件になっている。これは，配偶者や同居親族が取得すれば小規模宅地特例が適用できるからだ。これらの親族を追い出して家なき子が居宅敷地を相続しても，この特例は適用できないようになっているのだ。

なお，この特例には大きな改正があった。未成年の孫（孫はたいてい家なき子なので）に祖父母が居宅を遺贈する節税策が横行したことから，平成30年度税制改正で家なき子の要件が厳格化し，3親等内の親族の持ち家に住む者や，自分の持ち家を形式的に手放して家なき子になっておくといった見かけの家なき子は，この制度を使えなくなった。

《5》 なぜ親に送金するだけでは生計一親族になれないのか

事例

未成年の息子は実家で父親と同居していたが，父親が転勤で東京に勤務することになった。息子はその後も父親からの仕送り生活費で生活している（同一生計）。そして転勤が解消する前に相続が発生した。

生計一親族の特例（措法69の4③二ハ）は，被相続人名義の居宅に住む同一生計の親族がそのまま居宅敷地を相続した場合の特例だ。

この事例のような家族以外でこの特例が適用できる場面はほとんどない。今の時代，親名義の居宅に住む子供は親とは生計が別の場合がほとんどだからだ。この特例は適用したことがないという先生方も多いと思う。つまりこの特例は未成年の子を実家に残し，被相続人が実家を離れている間に相続が起きた場合の特例なのである。同居特例の救済として準備された制度であることが理解していただけると思う。

では同一生計親族を対象にしたのはなぜか。もし同一生計要件がなかったら，仮に被相続人が複数の土地を持ち，そこに家を建てて住む子供たちは全員が小規模宅地特例を使えることになってしまう。それでは優遇のし過ぎだから同一生計を要件にすることで，保護すべき取得者を限定しているのである。

家なき子特例の《4》の事例とよく似ているが，家なき子特例は被相続人が居住していた自宅敷地が前提なので1か所しか存在しない。家なき子特例は子供が実家を離れた場合が前提だ。これに対し生計一親族の特例は，被相続人が実家を離れているという特徴がある。

Q19 小規模宅地特例の平成25年の改正と実務への影響

平成25年度税制改正で小規模宅地特例の実務はどのように変わりましたか。

《1》 地価対策としての平成25年度改正

今，余裕資金を保有する都心の資産家から，確実に相続税の節税がしたいと相談されたら小規模宅地特例だ。これは平成25年度税制改正の影響が大きい。

なにしろ，賃貸物件に住む人が，居住用の小規模宅地特例が最大限適用可能な100坪（330㎡）の土地を時価１億円で購入すれば，相続評価が８千万円となり，80％減額後の評価額は1,600万円になる。なんと，8,400万円もの財産圧縮効果がある。安全で確実なこれ以上の相続節税はないだろう。

平成25年度税制改正で，特定居住用は330㎡に適用面積が拡大され，さらに特定事業用宅地（特定同族会社事業用宅地を含む）と特定居住用宅地は完全併用できるようになった。自宅に加え，同族会社に貸し付けるための土地を追加購入し，小規模宅地特例をフルに活用すれば，730㎡まで減額できることになった。

なぜ政府は，「節税してください」といわんばかりの大判振る舞いをしたのだろうか。それは地価政策だろう。現在の政府は，地価を上げ，物価と賃金を上昇させることを経済政策の目標にしている。そのため土地取得を促す手段に利用されたのが小規模宅地特例の改正だ。

筆者は税理士会などのセミナー講師をすることがある。地方のセミナーでは小規模宅地特例のテーマはあまり興味をもっていただけない。これは当然なのだ。そもそも小規模宅地特例は地価が高い都心の住宅敷地や事業用の敷地優遇するための優遇措置だ。都心の100㎡の宅地であれば単価が高いほど減額は大きくなり，減額できる金額に限度はない。それに対し単価の低い地方の土地であれば，いくら広くても選択できる面積に限度があるので減額できる金額は限られる。単価に限度はないが面積には限度がある。これが都心の自宅敷地を優遇する制度であることを意味している。

都心の単価が高く面積が小さい宅地： 　単価が上がるほど減額できる金額が増える 地方の単価が低く面積が広い宅地： 　面積に限度があるので減額できる金額は限られる

自宅敷地の保護を考えると，100坪まで限度面積を広げる必要性はない。にもかかわらず，大幅に拡大する改正を行ったのは，積極的な土地の購入を促し，地価を引き上げるという地価対策のためのものだったと考えられるのだ。

《２》 特定居住用宅地の適用面積拡充と事業用および居住用宅地の完全併用

平成25年度税制改正では，居住用宅地の特例がそれまでの240㎡から330㎡まで拡充した。自宅敷地を持つ場合であればもっと広い自宅に買い換えたり，賃貸に住む場合であれば自宅を購入すると相続税は大幅に節約になる。

さらに，特定事業用宅地及び特定同族会社事業用宅地と，特定居住用宅地を選択する場合は，これまでのような調整計算をすることなく，それぞれの適用対象面積まで完全併用が可能になった。最大で730㎡（＝400㎡＋330㎡）について80％の減額が可能になった。自宅に加え，事業用不動産を追加購入すれば節税になる。

なお，貸付事業用宅地を選択する場合には，選択できる面積の調整計算を行うことになる（措置法69の４②三）。被相続人が，事務所敷地と自宅敷地，さらに貸付物件を保有する場合なら面積調整が必要になるが，通常は，事務所敷地と自宅敷地を優先適用し，あまりの枠について貸付事業用宅地を適用することになる。貸付事業用宅地を優先適用すると，事務所や自宅に調整計算が生じて選択可能な面積が縮小し，不利になってしまうからだ。

《3》 被相続人が老人ホームに入所していた場合

特定居住用宅地の特例は，被相続人が居住している宅地が前提なので，本来，被相続人が住まなくなった自宅に小規模宅地特例は使えない。しかし，子と同居していた親に介護の必要性が生じたため有料老人ホームに入所した場合であれば，元の自宅には同居親族の80％減額が使える特例がある。あるいは一人暮らしの親が有料老人ホームに入所し相続後，自宅が空き家になった場合であれば，家なき子が相続すれば家なき子特例が適用できる。

これらは平成25年度税制改正で認められた。空き家になった事由が有料老人ホームへの入居である場合には，元の自宅は引き続き被相続人の居住用であることを認め，その要件を明確にした。高齢化社会に対応した改正だ。被相続人に介護が必要となり，要介護認定を受けて有料老人ホームに入居したということが要件になる。要介護認定は相続までに受けていればよいので，入居時点では健常であってもかまわない。したがって，健康なうちに老人ホームに入居し，要介護認定を受けないまま相続が発生すると小規模宅地特例は使えない。逆に，要介護認定を受けてさえいれば，保証金２億円の高級ホテル並みのサービス付の老人ホームへの入居でも問題ない。

入居後，空き家が賃貸されたり，別生計の親族が留守宅に引っ越してきたような場合には，小規模宅地に該当しなくなる（措令40の２③）。被相続人が戻るべき実家とは言えなくなったと考えられるからだ。

《4》 二世帯住宅の明確化

内部で行き来できない完全分離型の二世帯住宅について，小規模宅地特例の原則的な考え方を確認しておく。平成25年度税制改正では，完全分離型であっても，うちドアがある場合と同様，１つの家屋として建物全体が被相続人の居住用と認め，そこに住む親族が取得すれば同居特例を適用できるようにした（措令40の２④）。したがって右図の事例では長男が相続すれば同居特例が適用できる。

【完全分離型の二世帯住宅】

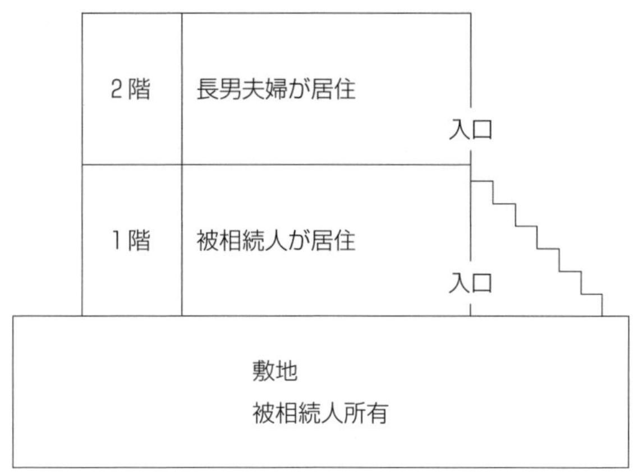

ただし，ここで問題が生じてしまう。それは分譲マンションだ。仮に，被相続人が101号室と102号室を所有し，101号室には被相続人が，隣の102号室には長男が住んでいたとする。二世帯住宅の取扱いをこの場合にもそのまま認めると，二部屋とも小規模宅地特例の対象になる。分譲マンションはそれぞれ独立に処分が可能なのだから，このような場合にまで，両方の敷地権に同居特例を認めるわけにはいかない。

そこで採用したのが，一棟の建物であっても区分所有していれば別の建物として扱うという基準だ。そうすれば101号室だけが被相続人の居住用になる。102号室は別途，生計一親族の特例が適用できるか否かを検討しなければならない。

しかし，区分所有の有無で区別するという基準は，区分所有登記した二世帯住宅にも適用されてしまう。上記の二世帯住宅が区分所有登記されていれば，1階だけが被相続人の居住用だったことになるため，2階部分の敷地には小規模宅地特例は一切使えなくなってしまう。合併登記，合体登記をするなど生前のうちに区分所有登記を解消しておくことが対策になる。

Q20 小規模宅地特例の平成30年,31年改正は租税回避防止の改正

実務で有効利用する視点で小規模宅地特例の改正趣旨を教えてください。

《1》 家なき子特例が節税利用できなくなった平成30年度税制改正

(1) 家なき子特例の改正

配偶者がおらず一人暮らしの被相続人の自宅について，相続時に小規模宅地特例を適用しようと思えば家なき子特例しかない。しかし子供たちは各自持ち家がある。そこで未成年の孫に自宅を遺贈することで家なき子特例が適用でき，しかも世代を飛ばすという節税が盛んに行われていた。子供が自宅を孫に贈与するなどして形式的に家なき子になるという対策も流行した。

平成30年度税制改正では家なき子特例（措法69の4③二ロ）の要件が厳格化，それまでのような節税は封じられた。

家なき子の要件はシンプルだ。相続開始前3年以内に本人又はその配偶者，3親等内の親族が所有する家屋に居住したことがなければよい。取得者が親族であれば適用できるので相続人ではない孫が適用することができるし，相続人が転勤で実家を離れていることを趣旨としているので，相続後の居住要件も存在しない。それゆえに便利な節税ツールとして重宝されてきた経緯があった。

家なき子に該当しない親族は下記であるが，③と④が平成30年度税制改正で加わった要件だ。

【家なき子に該当しない親族】

① 3年以内に自分の持ち家に居住したことがある親族
② 3年以内に配偶者名義の家に居住したことがある親族
③ 3年以内に3親等内の親族等の名義の家に居住したことがある親族
④ 相続開始時に居住している家屋を過去に所有したことがある親族

③は，取得者が相続開始３年以内に３親等内の親族や同族会社名義の家に住む場合だ。④は，友人に自宅名義を移転するなど③では防止できない行為を禁止している。

それまで行われていた節税策を検討してみると，以下の手法はすべて利用できなくなった。

イ　子と同居する孫に被相続人の自宅を遺贈しよう　……　③に抵触
ロ　自宅を同族会社に売却して家なき子になっておこう　……　③④に抵触
ハ　自宅を同居する家族に贈与して家なき子になっておこう　……　③④に抵触
ニ　東京の大学に通うため叔父さんの家に居候している　……　③に抵触
ホ　愛人に家を売却し，その後も引き続き住み続けている　……　④に抵触

しかし，ニの事例は厳しすぎるだろう。叔父さん（３親等）の家に住んでいるからといって，実家を相続したときに小規模宅地特例を適用できないのは不合理だ。このような結果もあり得ることを予定して改正しているのだから，節税に対する主税局の危機感は相当強かったのだろう。

事例

一人暮らしの被相続人が亡くなり，空き家になった大阪の実家を息子が相続した。息子は海外に住み自分名義の家を現地に所有している。息子が実家を相続すれば家なき子特例は適用できるか。

改正前だと，事例のように親族が海外に家を持つ場合でも，家なき子特例は適用できていた。家なき子になれないのは，国内に持ち家がある場合だったからだ。改正で追加された④は国内の家に限っていないため，家なき子特例は適

用できなくなった。改正を失念しないように注意が必要だ。

(2) 貸付事業用宅地の改正

余命宣告された被相続人が賃貸物件を購入して貸付事業用宅地の50%減額を適用できるよう相続直前に対策をする。このような節税策の防止として平成30年度税制改正で3年縛りが導入され，相続前3年内に開始した貸付事業用の宅地は，減額対象から除外されることになった。相続開始前3年以内に賃貸物件を購入した場合のほか，他用途から貸付事業に転用されたり，未利用の不動産につき貸付事業を開始した場合も該当する。

ただし救済措置があり，従来から事業的規模で貸付事業を行っている被相続人が追加で取得した貸付物件は除外されない。貸付事業用宅地の特例は200㎡が限度なので新規物件を追加したところで節税効果はほとんどないからだ。事業的規模の貸付事業とは，不動産賃貸業であれば5棟10室基準で判定し，さらに所得税で事業所得となる駐車場業や自転車駐車業が該当する。

《2》 事業用宅地にも3年縛りを導入した平成31年度税制改正

貸付事業用宅地に続き，特定事業用宅地は翌年の平成31年度税制改正で3年縛りの規制が入った。

貸付事業用宅地には，昔から事業的規模の貸付事業を行っていると救済措置があったが，特定事業用宅地にも救済措置がある。宅地の15%以上の評価額の建物や減価償却資産があれば3年縛りが適用されない。したがって，コンビニを開業するために土地を購入したり，コンビニを経営する者が別の場所に買い換えたといったような場合は通常15%基準はクリアできるだろう。そのため3年縛りといってもハードルは低い。規制されるのはたとえば，被相続人所有の遊休地に評価額が低い古い建物があり，そこで新たに事業を開始したような場合だ。

特定事業用宅地の3年縛りは，トランクルーム貸出業のような低額の投資で開業できる事業を相続開始直前に始めるといった節税策の防止にあると考えられる。仮に，高齢の父親が銀行借入で資金調達し新たに土地を取得する。その土地を使い，同一生計の息子がトランクルーム貸出業を始めるとする。トランクルーム事業は少額の投資で開始できる。これで生計一親族が事業を行っていることになり，改正前であれば特定事業用宅地に該当していた。父親の相続の際は息子が宅地を相続すれば土地が80％減額され，なおかつ借入金は債務控除ができていたというわけだ。

このような節税策については小規模宅地特例を禁止する方法と，債務控除を禁止する方法が考えられるが，この改正では３年以内に開始した場合に限って前者を採用したことになる。

落とし穴もある。たとえばコンビニを営んでいる被相続人が，亡くなる直前に駐車場として隣地を取得した場合，その隣地の上には建物等はないため15％基準は満たせず３年縛りが適用され，特定事業用宅地に該当しないことになってしまう。貸付事業用宅地だと，事業的規模の不動産貸付業を相続開始の３年よりも昔から営んでいる場合の救済があったが，特定事業用宅地には同様の救済措置は存在しない。

小規模宅地特例のうち，特定事業用宅地等と貸付事業用宅地等には３年縛りが導入された。しかし特定同族会社事業用宅地等の特例には３年縛りは存在しない。たとえば，無償で同族会社に貸し付けている宅地は特定同族会社事業用宅地等に該当しない。そこで相続直前に賃料を授受しても問題ないということだ。

Q21 有料老人ホームへの入居は長期入院扱いに

老人ホームについての小規模宅地特例について，具体例を教えてください。

《1》 老人ホームへ入居した場合と長期入院は同じ

被相続人が長期入院の末に亡くなった場合であれば，元の自宅は小規模宅地特例の対象だ。留守宅は被相続人の居住用宅地となる。そうであれば介護が必要になり有料老人ホームに入居した場合の取扱いも同様であるべきだろう。

平成25年度税制改正前は，被相続人が有料老人ホームに入居していた場合については質疑応答によって終身利用権の有無で判定していた。そのため被相続人が留守宅に家財道具を置いたまま空き家として維持し電気や水道の契約を継続していたとしても，終身利用権を取得していると生活拠点は老人ホームにあるとして，小規模宅地特例は認められなかった（平成23年８月26日東京地裁判決）。

平成25年度税制改正によって基準が変更され，改正後は終身利用権取得の有無を問うことなく，老人ホームに入所した被相続人が要介護認定を受けていればよいことになった。要介護認定は入所前に受けている必要はなく，亡くなる直前において受けていればよい（措令40の２②）。

ただ，そうするとおかしなことが起こる。要介護認定を受けることなく老人ホームに入居すると，老人ホームに生活拠点が移ったことになるのだが，死亡するまでに要介護認定を受けると留守宅が生活拠点として復活するという矛盾が生じる。納税者有利の取扱いなので文句はないが，老人ホーム入所後の留守宅に小規模宅地特例が適用できるか納税者から質問を受けたら，税理士としては，亡くなるまでに認知症になれば節税になるというおかしなアドバイスが必要になってしまうわけだ。被相続人が元気なうちに老人ホームに入居し，要介護認定を受けることなく死亡すると，元の自宅は特定居住用宅地に該当しないことになってしまう。

《2》 同居親族の特例の検討

事例

父と息子夫婦は，父が所有する自宅で同居していたが，父が老人ホームに入居し，その後相続が発生した。自宅は息子が相続した。

この場合は同居特例が適用できる（措法69の4③二イ）。要介護認定を受けている限り，老人ホーム入所後も被相続人の住まいは留守宅となるので，息子は同居していたことになる。

なお，元の自宅に新たに誰かが引っ越してきたり，貸付用にするなど事業用に転用したら特定居住用宅地等の特例は認められなくなる。被相続人が戻るべき住まいとはいえなくなってしまうからだ。老人ホームに住まいが移転したことになる。ただし，被相続人と生計を一にする親族が引っ越してくることは認められている（措令40の2③）。同居していた親族や，被相続人の同一生計親族であれば元の自宅への居住が認められる。

注意したいのは，仮に元の自宅に誰も使用していなかった空き室があり，別居していた子供がその空き室に引っ越してくるようなケースだ。昔から居住していた親族は同居特例が使えなくなってしまう。

《3》 家なき子特例の検討

事例

父と息子は父名義の自宅で同居していたが，息子が自宅を離れ大阪に転勤した。その後，父は老人ホームに入居したため空き家になった。息子が転勤から戻る前に相続が開始した。

この事例でも，要介護認定を受けている限り，被相続人は死亡するまで留守宅が生活拠点だったと認められるので，家なき子特例（措法69の4③二ロ）の要件を満たすことになる。

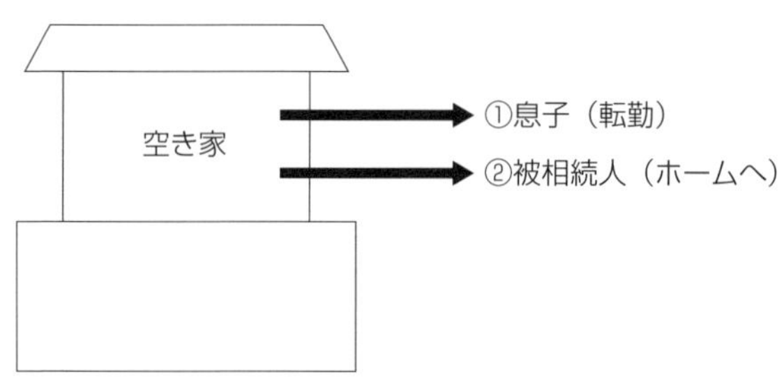

疑問が生じるのは，相続開始前に転勤が解消し息子が空き家に戻ってきた場合だ。《2》で説明したとおり，留守宅に別生計の親族が引っ越してきたら老人ホームに入所した場合の特例は認められなくなる（措令40の2③）。転勤中は生計が別になってしまうのが通常だろう。転勤から戻ってきた時点で被相続人の居住用ではなくなり，老人ホームに生活拠点が移転することになる。個人的見解としては家なき子特例の適用を認めるべきだが，確実に適用しようと思えば，被相続人に相続が発生するまで空き家にしておく必要があるのだ。これもおかしな対策であるが現行の条文だとしかたないだろう。

《4》 配偶者の場合

配偶者が被相続人の居住用宅地を取得すると無条件で小規模宅地特例を認める。要件は被相続人の居住用の宅地であったことのみである。要介護認定を受けている限り，老人ホーム入所後も留守宅は被相続人の居住用の宅地なので，この宅地を取得した配偶者には小規模宅地特例が認められる。

被相続人と一緒に老人ホームに入居し，相続後も空き家のままであっても，配偶者は特定居住用宅地等が適用できることになる。被相続人が要介護認定を受けている限り，一次相続で妻は特定居住用宅地の特例が選択できる。問題は二次相続だ。というのも妻は自分が自宅の所有者になってから一度も居住したことがないまま亡くなっている。それでも宅地は母が居住の用に供していたものとして，息子は同居特例を適用できるのだろうか。

設問

平成30年に，父と母は一緒に老人ホームに入居した。それまで住んでいた父名義の居宅には同居していた息子が引き続き居住している。
（一次相続）令和２年に父が亡くなり，自宅は母が相続した。
（二次相続）令和３年に母が亡くなり，自宅は息子が相続した。

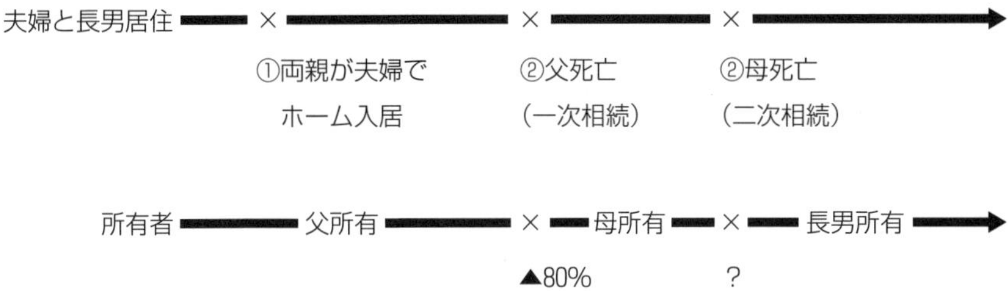

条文でははっきりしないないのだが，適用できるとする見解が公表されている（東京国税局文書回答事例「老人ホームに入居中に自宅を相続した場合の小規模宅地等についての相続税の課税価格の計算の特例（租税特別措置法第69条の４）の適用について」)。適用すべきでないとする理由はないので，常識的に考えて妥当な解釈だと思う。

Q22 二世帯住宅と小規模宅地特例の検討

二世帯住宅について事例を使って説明してください。

《1》 二世帯住宅は1つの家と考える

小規模宅地特例は建物の利用区分に応じて適用するのが原則だ。しかし，入り口が別で内ドアがなく内部で行き来できない完全分離型の二世帯住宅であっても，図のように1つの家屋と考える。

【二世帯住宅は1軒の家と理解する】

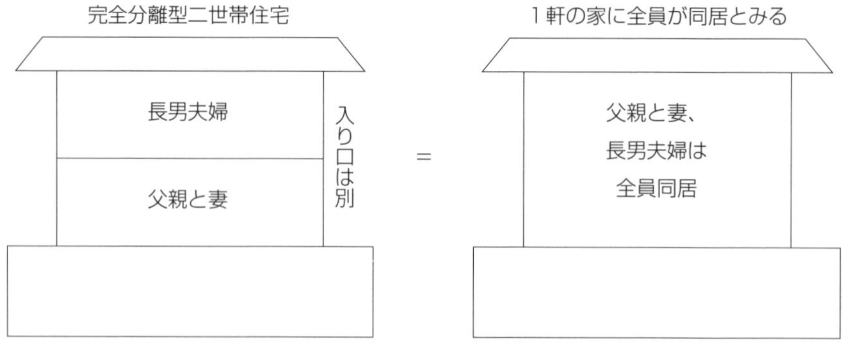

1棟の建物の内部で行き来できず，被相続人が1階に居住していた場合であっても，建物全体が被相続人の居住用と考え，建物に住む親族は同居しているものと扱う。そのため同居していた親族の誰が相続または遺贈によって敷地を取得しても同居特例が適用できることになる。

事例

今現在，父が所有する居宅には，父と長男夫婦が同居している。この度，居宅を二世帯住宅に建て替える計画だが，いわゆる完全分離型の二世帯住宅を計画している。

それまで同居していた家を二世帯住宅に建て替えたとしても，小規模宅地特例の適用の有無に影響はなく，子は同居特例（措法69の４③二イ）を敷地全体に選択することができる。

《２》 家なき子特例を選択する場合

では，二世帯住宅を相続するのが，別居する借家住まいの次男だったら，家なき子特例（措法69の４③二ロ）は適用できるだろうか。

事例

父が所有する二世帯住宅には父と長男夫婦が同居しているが，別居の次男が相続したい。

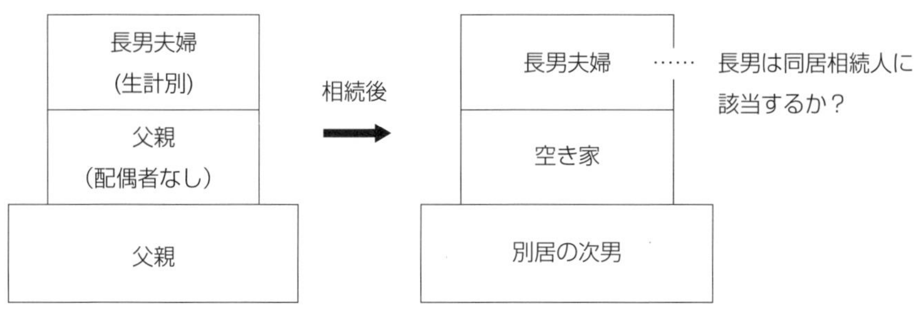

家なき子特例は，一人暮らしの被相続人が亡くなり，空き家になった実家を家なき子が取得する特例だ。ここでの一人暮らしとは，配偶者及び同居相続人がいないということだ。配偶者や同居相続人が取得すれば小規模宅地特例は適用できるので，これらの者がいない場合に限って，家なき子特定が認められる。

この事例では，長男が被相続人の同居相続人に該当するのであれば家なき子特例は適用できない。答えは，長男を同居相続人とは考えない（措通69の４－21）。１階で同居していた相続人がいなければ大丈夫だ。いずれ戻るべき実家として認められるのが家なき子特例だ。内部で行き来できない完全分離型なら，２階で居住する長男が次男によって追い出される心配はないだろう。次男にとっては１階が戻るべき実家なのだ。

さらに，家なき子特例として選択可能な面積は１階部分に対応する敷地に限らない。被相続人は家屋全体に居住していたものと考えるので，次男は限度面積内で敷地全体を家なき子特例の対象にできる。

結論として，長男が取得したら同居特例が選択でき，次男が取得すれば家なき子特例が選択できるということになる。

《３》 区分登記すれば母屋と離れになる

事例

現在，父が所有する居宅に，息子家族が同居している。この度，居宅を二世帯住宅に建て替える計画だ。建物は，父と息子で区分所有しようと考えている。小規模宅地特例の適用はどのようになるか。

二世帯住宅を区分登記すると，要するに分譲マンションなのだから，各々の部屋が別棟扱いになり，１階に対応する敷地と２階に対応する敷地とでそれぞれ小規模宅地特例の可否を判定する必要がある。

【区分登記している二世帯住宅は分譲マンションと同じ扱い】

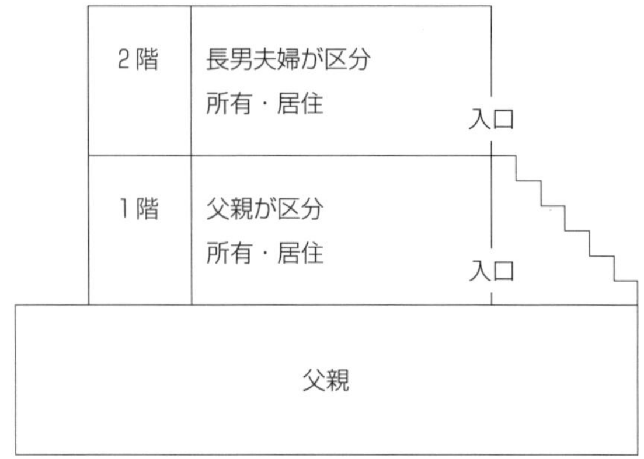

長男が宅地を相続するのであれば，1階に対応する敷地に適用できる可能性があるのは家なき子特例であるが，長男は自分が住む家を所有しているので適用できない。次に2階について，適用可能性があるのは生計一親族の特例だが，長男に収入がある限りは父親と同一生計になることはない。この家族の場合は小規模宅地特例が適用できないという非常に不利益な状況になってしまう。

別居する家なき子が取得すれば家なき子特例は適用可能だが区分登記しているので《**2**》とは異なり，1階対応部分の敷地しか減額対象にならない。

【同一の敷地内の母屋と離れの場合も同じ】

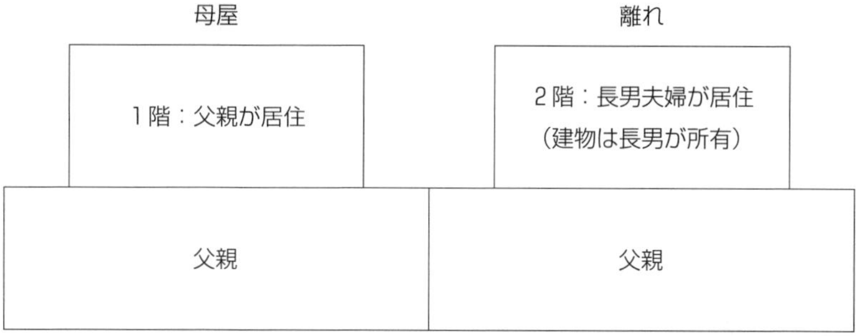

地方では広い敷地に親と子供がそれぞれ家を建てて住んでいることが少なくないが，この場合も区分登記している二世帯住宅と全く同じ理屈で小規模宅地特例は適用できない。

Q23 空き家譲渡特例と家なき子特例

父親が亡くなり空き家となった自宅を相続した子供はその自宅を譲渡しました。家なき子特例に加え，所得税についてはいわゆる空き家譲渡特例（措法35）が適用できると聞きました。両制度の関係について教えてください。

《1》 どちらも空き家に対する特例

一人暮らしの親が亡くなり，空き家になった実家を相続した持ち家のない相続人（家なき子）は小規模宅地特例（家なき子特例）が適用できる。そして相続した実家を空き家のまま，あるいはこれを取り壊してから譲渡すると譲渡所得の特例として空き家譲渡特例による３千万円控除が認められる。相続人が居住してから譲渡すれば従来の３千万円控除が適用できるのだが，居住することなく譲渡した場合に適用されるのが空き家譲渡特例だというわけである。

相続税　＝　家なき子特例（措法69の４③二ロ）
所得税　＝　空き家譲渡特例（措法35）

家なき子特例と空き家譲渡特例は，要件さえ満たせば両制度とも適用することができる。家なき子特例は相続後，居住の用に供することは要件になっておらず，また相続税の申告期限まで保有すればよいので，申告期限さえ過ぎれば譲渡しても適用することに問題はない。

なお，相続税の申告期限の翌日から３年以内の取得費加算（措法39）は空き家譲渡特例とは選択適用になっているので注意が必要だ。ただし取得費加算が３千万円を超えることは滅多にないので，多くは空き家譲渡特例のほうが有利になる。

《2》 取壊しを要求する空き家譲渡特例

空き家譲渡特例で最も特徴的なのは建物に関する要件である。昭和56年5月31日以前に建築された建物であることを要件としているのだが，これは旧耐震基準の時代に建築された建物であることを意味する。居住している人が亡くなったのを機に空き家となった居住用家屋を取り壊すことを目的とする政策税制なのだ。ただし耐震工事をして新耐震基準を満たしている建物についてまで取壊しを要求するのは不合理だ。そのため，取壊しもしくは新耐震基準に適合するかが要件になっている。

空き家を減らすための優遇措置という一般的な説明と「空き家譲渡特例」というネーミングが誤解を生んでいる。この制度の趣旨は「空き家になった旧耐震基準の建物を取り壊すこと」に尽きる。「取壊し譲渡特例」と呼ぶべき制度なのだ。

とくに開発業者に譲渡する時は建物を買主側で取り壊すことが多く，3千万円控除を使えないことが少なくなかった。昭和56年5月31日以前に建築された建物で耐震基準に適合する建物はまず見かけない。そうすると取り壊すことが実務では必須なのである。

【空き家譲渡特例の要件】（措法35③④）

- 相続又は遺贈により取得した居住用の家屋及び敷地であること
- 被相続人が一人で居住の用に供していた家屋であること
- 相続時から譲渡時まで空き家のままであったこと
- 譲渡価額が1億円以下であること
- 相続開始日から3年経過日の属する年の12月31日までに売ること
- 昭和56年5月31日以前に建築したものであること
- 譲渡時の耐震基準に適合すること
- もしくは取り壊して譲渡すること

①建物のみの譲渡，②建物と敷地を同時に譲渡する場合（①②は耐震基準を満たす場合），③建物取壊し後に土地のみを譲渡する場合のいずれかが特別控除の対象となる。建物に譲渡益が出ることはあまりない。実務で適用できるのは建物を取り壊して譲渡する③がほとんどだ。

なお，令和５年度税制改正では譲渡した年の翌年２月15日までに買手が建物全部を取り壊すか耐震基準に適合することとなった場合に適用が認められることになり，一定の猶予期間が設けられることになった。適用できない大量の事例を受けての改正だろう。実務の利用件数は大幅に増えると思われるが，買手が取り壊してくれなかったら大変な不利益になるので，今後も引渡しまでに取り壊すのが実務であることに変わりはない。

《３》 家なき子特例との関係で理解する

（１） 被相続人以外の者が同居していた場合

どちらの制度も被相続人の一人暮らしの家屋が基本となるが正確には異なる。家なき子特例は相続直前に被相続人が法定相続人と同居していると適用できない。空き家譲渡特例は法定相続人に限らず誰が同居していても適用できない。もし適用を認めたら現に居住する者を追い出して譲渡することを税法が優遇することになってしまうからだ。したがって，相続開始時に，相続人以外の者が同居していると，家なき子特例は適用できても空き家譲渡特例は適用できないということになる。

（２） 建物を相続すること

空き家譲渡特例は，相続した耐震基準を満たす建物を譲渡あるいは耐震基準を満たさない建物を取り壊してから譲渡することが要件になっている。そのため，たとえば被相続人が所有する敷地に息子名義で建物を建てていた場合，空き家譲渡特例は適用できない。空き家譲渡特例は建物が主人公になっているのだ。

従来の３千万円控除（措法35①）は家屋の所有者が家屋と敷地をセットで譲

渡した場合に適用できるので，その延長としての空き家譲渡特例においても，家屋の所有者から家屋と敷地をセットで相続することが前提になっている。

（3）　遺贈で空き家を取得した孫

相続人ではない孫が祖母からの遺言により家屋と敷地を取得した場合，空き家譲渡特例は適用できない。相続人であることが要件だからだ。これに対し，小規模宅地特例は親族であれば適用できるため，遺贈で取得した孫でも要件さえ満たせば家なき子特例が使える。

事例

一人暮らしの父が老人ホームに入居した。母はすでに亡くなっている。家なき子の私が自宅を相続したら家なき子特例が使える。さらに，相続税の申告期限後に譲渡したら空き家譲渡特例は使えるのだろうか。

《4》　老人ホームに入居した場合

相続直前において被相続人の居住の用に供されていなくても，家なき子特例には老人ホームの特例があり，被相続人の居住用宅地の特例が認められる。

これに対し空き家譲渡特例には創設当初は老人ホームの特例が存在しなかったが，平成31年度改正によって空き家譲渡特例にも老人ホームの特例が認められている。ただし要件が家なき子特例よりも厳しくなっている。

1　要介護認定等を受けて被相続人が老人ホームに入所し，相続開始直前において空き家であったこと。
2　以下の要件を満たすこと。
イ　相続直前まで空き家が物品の保管その他の用に供されていたこと。
ロ　相続直前まで貸付用又は被相続人以外の者が居住したことがないこと。
ハ　入所後の被相続人の主たる居住用家屋が老人ホームであること。

2の被相続人による家屋の使用を証明するために，以下のいずれかの書類が必要となる。

① 電気・ガス・水道の使用名義と使用中止日（閉栓日等）が確認できる書類
② 老人ホームが保管する外出，外泊等の記録
③ その他，要件を満たすことが容易に認められる書類

老人ホームに入所する前に要介護認定を受けていることが要件なので，入所後の要介護認定であっても認められる家なき子特例よりも厳しくなっている。また，いつでも戻ることのできる住まいとしての自宅を維持することが具体的な要件になっている。家なき子特例にはこのような要件はない。

小規模宅地特例では，「特定事業用宅地等」「特定居住用宅地等」などと，なぜ「特定」がつくのだろう。改正の名残りだと思うが，今は「特定」が付かない普通の「事業用宅地等」は存在しないのだから「特定」をつける理由がない。

Q24 自宅を信託財産にすると空き家譲渡特例が適用できなくなる

自宅を信託財産として娘に管理を任せています。私が亡くなったら空き家になるので信託を解消し譲渡してもらって構わないのですが，信託を利用すると空き家譲渡特例が適用できなくなると聞きました。本当でしょうか。

《1》 はじめに

設例

被相続人（母親）は生前，委託者兼受益者となって自宅を信託財産とする信託を設定した。信託は本人の死亡で終了する内容となっていたため，相続人である娘が自宅を残余財産として引渡しを受けた。娘は家屋を取り壊して土地を譲渡した。

自宅を信託財産にしていた場合にはいわゆる「空き家譲渡特例」が適用できないとする質疑応答事例が公表された（東京国税　局文書回答事例「信託契約における残余財産の帰属権利者として取得した土地等の譲渡に係る租税特別措置法第35条第３項に規定する被相続人の居住用財産に係る譲渡所得の特別控除の特例の適用可否について」)。

設例は，成年後見の代わりに活用する民事信託としてオーソドックスな手法だと思う。信託課税では，相続税法第９条において信託受益権を信託財産そのものとみなす規定がある（相法９の２①④）。つまり，受益者となった者は信託財産そのものを委託者から贈与あるいは遺贈により取得したものとみなされる。信託終了時に残余財産を取得した場合も同様だ。

ところがこの規定はあくまで相続税法の規定であり，租税特別措置法には及ばないことに注意が必要だ。今回の文書回答事例では，譲渡所得税の特例としての空き家譲渡特例（措法35③）が使えないというのである。なぜか。この特例は，相続又は遺贈により取得した被相続人居住用の家屋と敷地が対象となるところ，相続税法によって遺贈等と「みなされる」場合（相法９の２）まで対象にしていないというのである。信託が終了し残余財産が権利者に移転した場合には民法上の贈与や遺贈に該当しない。租税特別措置法である空き家譲渡特例では，遺贈等による財産の取得とみなされた財産を譲渡しても3,000万円控除は使えない。

《２》 他の租税特別措置法の規定はどうなっているのか

相続開始後３年以内の取得費加算（措法39）では信託を利用しても適用可能である。遺贈による財産の取得とみなされる場合を対象に含めているため，委託者兼受益者の死亡で終了し遺贈による取得とみなされた財産であっても適用することができる。

【規定振りの違い】

租税特別措置法39条（取得費加算）
相続又は遺贈による財産の取得（相続税法の規定により相続又は遺贈による財産の取得とみなされるものを含む）をした個人で……

租税特別措置法35条第３項（空き家譲渡特例）
相続又は遺贈による被相続人居住用家屋及び被相続人居住用家屋の敷地等の取得をした相続人が……

また，小規模宅地特例は信託でも適用できることが条文で別途規定されている（措令40の２㉗）。つまり信託財産である自宅を遺贈で取得したとみなされた場合でも，同居する親族はその自宅敷地につき80％の減額が認められる。

同じく信託の事例として，非上場株式を信託した被相続人（委託者兼受益者）の死亡後に受益権を取得した相続人が，信託を終了してその非上場株式を発行会社に自己株式として譲渡した場合は，みなし配当課税を適用しない特例（措法９の７）が適用できると解説されている（国税庁　質疑応答事例「被相続人の死亡により信託の受益者となった相続人が，信託の終了に伴い信託財産であった非上場株式を取得してその発行会社に譲渡した場合における租税特別措置法第9条の7及び第39条の適用の可否」)。たしかにこちらは，相続・遺贈による取得とみなされた非上場株式を譲渡した場合が含まれると規定しており，条文を読む限り適用可能と読める。

結局，空き家譲渡特例だけが適用できないことになっている。信託を提案している司法書士や税理士には影響が大きい。空き家譲渡特例を使うことを念頭に信託を設定する例は少ないと思うが，相続後に自宅を譲渡し，空き家特例が適用できないことを知らずに申告して，税務署の指摘で適用できないと分かれば納税者との間でトラブルになってしまう。

文書回答事例では「信託行為の当事者ではない帰属権利者は，その権利を放棄することができること（信託法183条3項）を踏まえると，上記本件特例の趣旨の下では，帰属権利者による残余財産の取得を相続人による相続又は遺贈による財産の取得と同様に取り扱うことは相当ではないと考えられ」るとしている。このあたりに課税当局の考え方が説明されている。しかし，適用できないとする理由はないように思う。認知症になったときに備えて信託を設定することは，死亡後に空き家譲渡特例を適用すべきでないとする理由にはならないだろう。税制改正を期待したいところだ。

《3》 問題の解消方法

民事信託は，家族の財産管理を目的とするのであって税負担を第一に考えて設定するわけではない。しかし，そうであっても税負担の事前の予測ができていなければ顧客との間でトラブルになってしまう。説明がないまま，いざ申告する際に聞いていなかった税負担が生じるとわかれば納税者は納得できない。

解決方法としては，従来から存在する居住用財産の3千万円控除（措法35①②）があるので，残余財産として取得した相続人等が自宅に居住してから譲渡すれば，自分の自宅を譲渡したわけだから，従来から存在するいわゆる3千万円控除の特例を適用することができる。ただし，特例を使うためだけに居住した家屋は特例が否認されるため十分な注意が必要である（措通31の3－2，35－6）。

Q25 小規模宅地特例の手続規定についていくつかの疑問

基礎控除の改正で小規模な申告案件が増えてきました。小規模宅地特例の手続要件を再確認したいのですが，教えていただけますか。

《1》 期限内申告する場合

未分割の案件や申告期限が過ぎている案件，申告した後に分割が調った案件を依頼された場合，気になるのが小規模宅地特例だ。あらためて小規模宅地特例の手続規定を確認しておこう。

小規模宅地特例は期限内申告書だけでなく期限後申告書及び修正申告書でも適用を受けることができる（措法69の4⑥）。相続税は普段申告に馴染みのない一般サラリーマン家庭の納税者も想定しているからだ。

小規模宅地特例の手続要件は以下が組み合わさっているので，場面によっては判定が難しくなってくる。

1　小規模宅地特例は期限内申告だけでなく期限後・修正申告でも適用可能
2　申告期限から3年以内に宅地を遺産分割することが要件
3　3年内に遺産分割できた場合に限り更正の請求可能（ただし承認申請による延長あり）
4　小規模宅地特例は当初申告で選択した宅地・面積のみ適用可能

《2》 期限後申告する場合

期限後の申告になってしまう場合でも，申告期限から3年以内に分割協議が調っている限り小規模宅地特例は適用できる。では，申告の依頼が持ち込まれたが，分割協議が調っておらず，かつ期限後申告になってしまう場合はどうか。

この場合でも3年以内の分割見込書を添付して期限後申告を行えばよい。その後3年内に分割できれば更正の請求が可能だ。

ただし，訴えの提起などやむを得ず分割できない場合に限り，3年経過日の翌日から2月以内に税務署長に承認申請を行うことで，更正の請求期限が延長される。判決日等から4月以内に分割できれば，分割翌日から4月以内に更正の請求が可能だ。

小規模宅地特例が適用できなくなってしまうのは，未分割の案件を依頼されたがすでに3年が経過してしまっている場合だ。3年以内の分割が小規模宅地特例の基本なのだ。したがって3年ぎりぎりで依頼を受けたような場合は注意が必要だ。訴訟などやむを得ない理由がなければ税務署長に承認申請を提出することはできない。一日も早く分割を行うアドバイスが必要だ。

《3》 修正申告で適用できる場合

小規模宅地特例は《1》4にあるように当初申告要件がある。この意味は，最初に申告するときにどの宅地に適用するかを選択し，限度となる範囲内で面積を選択する必要があるということだ。そのため，たとえば修正申告をするときに，対象地を選択換えしたり，適用面積を増やすことはできない。

> 国税庁　質疑応答（遺留分減殺請求）
>
> 当初申告におけるその宅地に係る小規模宅地等の特例の適用について何らかの瑕疵がない場合には，その後，その適用対象宅地の選択換えをすることは許されないこととされていますが，……

ただ，このことが条文から読み取れるかというと必ずしも自明ではないように思う。条文では，まず，宅地を選択して，かつ，限度面積の範囲内でのみ適用を認めるとある（措法69の4①）。そして，適用は期限後申告，修正修正でもOKだとしている（措法69の4⑦）。

しかし，申告期限までに分割されていない宅地には適用しないことになっており（措法69の4④），その場合は申告期限から3年以内に分割されたのであれば，相続税法32条１項を準用して更正の請求が認められることになっている(措法69の４⑤)。また，３年以内に訴えの提起があるなど分割できないやむを得ない事情がある場合は，税務署長の承認を受けることで更正の請求期限を延長できる。

たとえば次のような事例で小規模宅地特例が適用できるのか否かという疑問が生じる。

事例

税務調査で名義預金の申告漏れを修正申告することになった。このとき，被相続人から相続した実家の敷地について家なき子特例が適用できることがわかったので，当初の貸付事業用宅地の50%減額をやめて特定居住用宅地の80%減額に選択換えしたい。

ポイントは，名義預金の追加があるため更正の請求ではなく修正申告となる点だ。修正申告の場合，小規模宅地特例を有利にするための選択換えは条文上，認められる余地があるように思えるのだ。

法人税の減価償却のように損金経理を要件としたり，当初申告で明細に添付した金額に限り適用することを定めている規定とは異なり，小規模宅地特例の場合，選択した宅地と面積を明細書に記載することは定められているが，当初申告の記載額に限るとは規定されていない。もちろん，このような差し替えはダメというのが一般の解説ではあるのだが，明確に条文からは読み取れない。

また，納税者が税法の無知から小規模宅地特例を適用していなかった場合はどうだろうか。最近では税理士に依頼せず，納税者が書籍を読みながら自分で勉強して申告をすることもあるだろう。その後，第三者の指摘で失念に気づいたような場合だ。もちろん更正の請求はできないが，名義預金の申告もれがあり修正申告が必要になり税理士に依頼が来たような場合だ。

適用できない宅地に誤って小規模宅地特例を選択した場合には，違法な選択であったとして，適用できる宅地に差し替えて修正申告することを認めるのが実務の運用であるにもかかわらず，税法の無知から適用しなかった場合には適用できないとすれば，それは不合理だ。

《4》 遺留分侵害額請求があった場合

民法改正後は，遺留分侵害額請求があった場合，遺産は共有とはならず債権を請求することになった。遺言で取得した土地に小規模宅地特例を適用して相続税を申告した後に，この土地の遺贈が遺留分を侵害しているとして他の相続人から侵害額を請求されたら小規模宅地特例の差し換えは認められるだろうか。

事例

次男は，住宅の遺贈を受けてその敷地に小規模宅地特例による80%減額を適用した。その後長男から遺留分侵害額請求を受けた。両者の合意の上，金銭の支払に代えて遺贈で取得した住宅土地建物を長男に引き渡した。

金銭の支払に代えて当事者の合意により敷地を引き渡したとしても，小規模宅地特例のやり直しは行わない。次男は代物弁済として土地を譲渡したに過ぎず，長男も相続・遺贈によって宅地の取得したわけではないことになる。

したがって次男は請求された金額を控除して更正の請求をし，長男は遺留分侵害による請求額を修正申告することになる。つまり次男は土地を引き渡したにもかかわらず小規模宅地特例が適用でき，長男はたとえ同居親族であったとしても小規模宅地特例は適用できないことになる。

あるべきは，遺贈の放棄があったものとして遺産分割の事実上のやり直しと構成し，小規模宅地特例のやり直しを認めるべきだと思えるが，代物弁済に該当すると課税当局も説明しているのでそのような実務にならざるを得ない。

Q26 小規模宅地特例の事例検討

小規模宅地特例について理解を深められる事例を検討してください。

《1》 使い勝手が良い特定同族会社事業用宅地等の特例

被相続人と家族で支配する同族会社が被相続人名義の土地や建物を借りていると，その宅地は特定同族会社事業用宅地等に該当し80％減が認められる（措法69の4③三）。

要件はシンプルで，相続開始前は同族会社を賃借人に限定した貸付事業用宅地等であること，相続後は宅地の取得者が役員として経営することのみだ。

相続直前 土地税制の側面 （貸付事業）	相続後 事業承継税制の側面 （役員として経営）
親族等の50％超支配	－
賃料の支払が必要	－
－	相続人が役員であること
法人の事業用	

法人成りしている場合は特定同族会社事業用宅地等を適用し，個人事業だと特定事業用宅地等（措法69の4③一）を適用するイメージだ。

生前のうちに被相続人から相続人に事業承継が行われていると，個人事業で承継するよりも，法人成りして相続人が役員になるほうが小規模宅地特例では有利になる。というのも，個人事業の場合だと生前に事業を承継した相続人は，被相続人と同一生計でないと特定事業用宅地に該当しない。これに対し法人の場合だと土地を相続する親族には被相続人と同一生計であることは要件とされていないからだ。個人事業主の家族は生前のうちに法人成りしておくことも検討の余地がある。

【生計が別の子供が事業を営んでいる場合】

長男が土地を相続しても特定事業用宅地に該当しない

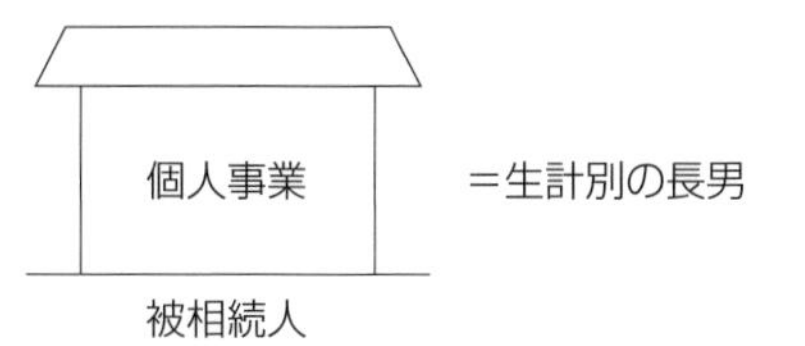

長男が土地を相続すると特定同族会社事業用宅地に該当する

《2》 賃料を支払う前に相続が発生した

民事の判例だが，特定同族会社事業用宅地の特例に関連する面白い事例がある（令和2年6月11日横浜地裁判決）。

同族会社は被相続人の土地を社屋の敷地として無償で使用していた。死期が近づいた被相続人が相続税節税を相談した税理士からのアドバイスによって，特定同族会社事業用宅地の特例の適用を受けるために社屋建物の賃貸借契約を締結した。しかし，初回の賃料支払日の到来前に相続が発生してしまった。相続税の申告を担当した別の税理士は特定同族会社事業用宅地の減額をせずに申告書を作成したのだが，特例を適用しなかったために1,800万円の過大納付が生じたとして，遺族である相続人は税理士に対し損害賠償請求の訴訟を起こした。裁判所は，注意義務違反があり，債務不履行が認められると判断，相続人の主張を認めたという事例だ。

余命宣告を受けてから有償に切り替えて特定同族会社事業用宅地等の特例を使うのは，税理士であれば否認のリスクを恐れるだろう。しかし，それは気にする必要がない，いや，それどころか地代を徴収する前に相続が開始してしまっても大丈夫。そのような判断を要求する事例だ。

裁判所は，相続の開始前に賃料が支払われたことがあることを必須の要件とするものではないと解したうえで，本件賃貸借契約上，相当な対価といえる賃料が定められ，更新条項が定められるなど，相当の期間継続することを予定していたものと認められるとして，本件特例の適用を肯定した。相続税の節税を納税者から依頼されたのであれば，余命宣告を受けてからの対策であっても小規模宅地特例を提案する義務が税理士にあると裁判所は言っているわけだ。

しかし，令和４年７月７日高裁判決では税理士逆転勝訴となった。賃料の授受については「その文理からすれば，不動産の有償貸付けが現実に実施され継続していることを意味すると解するのが自然」とし，小規模宅地特例の要件を満たさないと判断。そのような場合にまで小規模宅地特例の適用を検討すべき注意義務は税理士にはなく，税理士の債務不履行又は不法行為責任を肯定することはできないとした。

常識的な判決だ。宅地が被相続人の生活基盤として不可欠な財産と言えるのは，現実に受け取った賃料が被相続人の生活の糧になっていてこそだ。受け取った賃料がないというのではその宅地は被相続人の生活を支えた事実がなかったことになる。

しかし，要件を満たすか否かが微妙な宅地について小規模宅地特例を適用しない保守的な判断を税理士がした場合，適用できたはずだと申告後に納税者から主張され責任を問われるリスクがある事例として実務の教材になる。

《3》 老人ホームと事業用宅地

事例

父と子は父名義の自宅で同居している（同一生計）。また子は父名義の土地で事業を営んでいる。父親が要介護状態になり老人ホームに入所した。

将来相続が発生した時は，自宅敷地には特定居住用宅地等の特例，事業用地は特定事業用宅地等の特例を適用したいのだが，被相続人が老人ホームに入所するとどうなるか。自宅敷地については老人ホームの特例があるので被相続人の居住用宅地として同居特例が適用できる。

これに対し特定事業用宅地等にはそのような特例はない。老人ホーム入所後，父と子は別生計になるとすれば，将来，生計一親族による特定事業用宅地等の特例（措法69の４③一ロ）は適用することができないため注意が必要だ。

《4》 遺言書では解決できない小規模宅地特例

事例

遺産の分割については遺言書があるので揉めることはないのだが，小規模宅地特例の適用については話がまとまらない。

小規模宅地特例は，その対象となり得る宅地を取得したすべての親族の合意が必要だ（措令40の２③）。各々が別々に小規模宅地特例を選択することは認められない。日本の相続税は，法定相続分によって相続税の総額を計算し，取得した遺産の評価額による按分計算で各納税義務者に税額を割り振るという計算方式を採用しているため，同じ内容で相続税を申告する必要がある。

そうすると，遺言で土地の帰属者は決まっても，小規模宅地特例の選択は合意できないことがあり得る。もし遺言に納得しない相続人が遺言の無効を主張するような相続紛争になってしまうと，小規模宅地特例に関する同意はあり得ず適用は不可能になってしまう。宅地を遺贈で取得した相続人としては小規模宅地特例を適用したくても，他の相続人から同意を得ることは期待できない。しかし，小規模宅地特例には当初申告要件があるので，遺言の問題が解決するまで小規模宅地特例を保留することはできないのだ。

東京地裁平成28年７月22日判決では，遺贈で取得した土地と，遺言書に記載がない土地があり，遺言の有効性に関して訴えが提起されたために，小規模宅地特例の合意は得られなかった。小規模宅地特例を適用する申告書と，適用しない申告書が相続人ごとに別々に提出され，税務署長は合意がないとして小規模宅地特例の適用を認めなかった。

遺言書がなく遺産分割が調わない未分割状態であれば，税務署長に承認申請をしておくことで分割できてから小規模宅地特例のための更正の請求が可能だが，遺言をめぐって揉めていても遺産そのものは未分割ではないので承認申請はできない。

相続税の申告において，生命保険契約に係る保険料の実質上の負担者が誰なのか争われた事例が紹介されている（国税速報令和４年９月26日6724号）。被相続人が保険料の全額負担者であるとした相続税の更正処分に対し，配偶者が実質的な負担者であるとして，納税者は処分の一部取消しを求めた。

これについて審判所は，保険料負担者は保険契約者が原則であるとしつつ，例外となる特段の事情の有無の検討が必要であるとしたが，保険料支払の原資の形成過程を確認・検討すると，配偶者は自身の稼働で収入を得ていた事実が認められず，被相続人の給与収入で生計を立てていたと認定された。こちらも妥当な結論だが，実務の取扱いを再確認する事例といえる。

Q27 海外に住む相続人と家なき子特例

最近は相続人が海外に住む事例を依頼されることが増えてきました。その場合の納税義務や家なき子特例の適用について教えてください。

《1》 相続人が外国に住む場合における家なき子特例の適用

(1) 相続人が外国に住んでいる場合

家なき子特例（措法69の4③二ロ）は被相続人とは別居していたことを前提とする制度である。最近では相続人が外国に住むことも珍しくない時代になったので，相続人が外国に住所がある場合の取扱いを理解しておく必要がある。相続人が外国に住む場合に関係する納税義務者の区分は以下のようになる。

(2) 非居住無制限納税義務者（＝国内財産・国外財産ともに課税）

相続又は遺贈により財産を取得した日本国籍を有する個人で，その財産を取得した時において日本国内に住所を有しない者。ただし，被相続人または相続人のどちらかが相続開始前10年以内に日本国内に住所を有したことがある場合に限る。

国外に住む子供に国外財産を相続・贈与させて日本の相続税・贈与税を免れる節税が防止されている。被相続人・相続人ともに海外で10年超居住していれば，国内財産を相続しない限りは課税されないことになる。

(3) 非居住制限納税義務者（＝国外財産のみ課税）

相続又は遺贈により日本国内にある財産を取得した個人でその財産を取得した時において日本国内に住所を有しない者。ただし，非居住無制限納税義務者に該当する者を除く。

外国に住所があり，かつ外国籍の相続人は非居住制限納税義務者になり，国内財産のみが相続税の対象になる。

(4) 家なき子特例の適用

事例

私は海外に転勤しており外国に住所がある（国籍は日本）。亡くなった父は日本に住んでいたため，私は非居住無制限納税義務者である。母はすでに亡くなっており父が一人暮らしだった実家を相続した。なお，私は勤務地の外国で持ち家を所有している。

家なき子特例の適用はどのようになるか。

イ　相続開始前の３年間，実家を取得した親族とその配偶者，その親族の３親等の親族名義の国内にある家屋に居住したことがないこと（国内の家屋に居住したことがない家なき子であること）
ロ　実家を取得した親族が，相続開始時に居住している家屋を相続開始前のいずれの時においても所有していたことがないこと（国内外問わない点に注意）

この事例では家なき子特例が適用できない。相続人は外国に持ち家を所有し居住している。これは国内のものではないためイの持ち家要件には抵触しない。しかし，ロの要件には抵触してしまう。ロは国内の家屋に限定していないためだ。

なお，ロの要件は相続開始時に居住しているか否かで判定する。つまりイのように３年縛りがないため，相続直前に引っ越していれば家なき子特例が適用できる。またイとは異なり取得者の配偶者名義の家屋に居住していることは問題ない。

《2》 相続人が外国に住む場合の改正の歴史

海外に住む子や孫に外国財産を贈与することで相続税の租税回避を図る富裕層に対しては，国外財産を納税義務の範囲に取り込む改正が平成12年度税制改正以降，幾度か重ねられてきた。

平成12年以前は贈与や相続で財産を取得した者の住所が国内か国外かで課税の範囲が決まっており，取得者の住所が国外であれば国外財産には課税されなかった。そのため富裕層の人たちは海外に住む子や孫に外貨預金などの国外財産を贈与・相続させることで相続税を回避することが流行した。

そこに平成12年度税制改正があり，親（贈与者・被相続人）か子（受贈者・相続人）のいずれかが５年以内に日本に住所があると，全世界財産に課税されるようになった。国外財産に課税されないようにするためには，親子がともに出国してから５年以上が経過してから贈与等する必要があった。ただしこの５年縛りは子が日本国籍である場合に限っていた。国籍を不問としてしまうと，就業のため日本に駐在する外国人が日本で亡くなると外国に住む家族が取得した外国財産に日本の相続税がかかってしまうためだ。

その後，外国籍の孫に祖父が国外財産を贈与する節税事例が登場すると，財産の取得者が外国籍であっても課税するとの改正が平成25年度税制改正で行われた。しかし，財産の取得者の国籍を不問とすることで問題が生じた。日本に就労のための駐在する外国人が日本で亡くなった場合に，外国の財産が日本の相続税の対象になってしまったことだ。

この問題は平成29年度税制改正で解消した。「短期滞在」の外国人が亡くなった場合は，ともに日本に来日した短期滞在の家族や外国に住む家族が取得する国外財産には課税されないことになった。ここでいう短期滞在とは課税時期前15年以内に国内に住所があった期間がトータルで10年以下の場合を指す。この改正は贈与税でも同様だ。さらに日本人の相続・贈与について「５年」縛りの期間が「10年」に延長されることになった。これ以降は，国外財産に課税されないようにしようと思えば，孫の国籍に関係なく，祖父と孫の両者が出国して10年を経過する必要が生じ，これで節税のための海外移住はほぼ封じられた。

日本滞在の外国人は，短期滞在でなく長期滞在で亡くなったら外国の財産を含めて課税されるのだが，当時は帰国した後に相続や贈与があった場合でも長期滞在と判定される以上は課税されることになっていた。そこで平成30年度税制改正によって，出国後に外国人に相続があった場合は滞在期間に関係なく国外財産に相続税は課さないことになった。ただし，贈与税については出国して贈与した後，再入国する悪用を防止するため，出国後２年が経過してから贈与したり，出国後贈与した場合でも出国後２年以上再入国しない場合は，国外の財産は課税対象にしないことになった。

そして令和３年度税制改正では，長期滞在の外国人が日本で亡くなった場合でも国外財産には相続税を課税しないことになった。たとえば過去15年のうち10年超を日本で滞在した外国人が日本で亡くなっても国外の財産には課税されなくなったわけだ。

脳障害になった人が亡くなる前日に自宅を売却したのだが，代金は借金で相殺したとの理屈で振り込まれず。遺族は「脳の障害で認知機能が低下した男性の弱みにつけこんだ契約は無効だ」として，会社側に2,150万円の賠償を求めて提訴。11月17日の口頭弁論で，認知能力はあり，契約は有効だと会社側は反論し訴えを退けるよう求めているとのこと（2022年11月17日　NHK 関西 NEWS WEB）。

まあどう考えても騙し取られた（と思える）わけだが，当然に無効になるのかと思ったら，本人の遺族が無効を主張するのは難しいとのこと。弁護士の先生に聞くと，確信的に騙し取ろうとする者と法廷で戦うのは相当に難しいそうだ。こういう事例こそ成年後見制度を使うか，信託を使って家族が受託者になっておくべきだったと思う。

Chapter8

一般社団・財団法人

Q28 一般社団・財団法人の個性と活用法

一般社団法人と一般財団法人の魅力と活用法について教えてください。

《1》 誰にでも持分のない法人が設立できる時代

富裕層であれば昔から公益社団・財産法人を設立してきた。上場企業のオーナーが保有する株式を公益財団に寄附し，安定株主になってもらうスキームが典型で，著名な経営者が公益財団法人を創立しているが，今は中小企業でも一般社団・財団法人を設立すれば同じことができるようになった。登記のみで設立することができ（一般社団法22），公益認定を受けない限り法人の目的には制限がなく，どのような事業を営むことも可能だ。

一般社団法人を株式会社と比較したときの最大にして唯一の特徴は持分がないことだ。経営する株式会社の株式を一般社団法人に所有させれば，その後は理事を交代することで，後継者に株式会社の「経営権」を承継できる。また，不動産を所有させれば「管理権」を承継させることができる。個人の破産リスクから財産を分離するために自宅などの不動産を保有させれば倒産隔離ができる。引き取り手のない田舎の土地や利用価値のない借地権，不良債権化した貸付金など価値のない財産を保有させれば，家族に相続させたくないマイナス財産のゴミ箱となる。一般社団法人には目的に制約がないので，商売を営むための法人格としての選択肢にもなる。

個人財産を一般社団法人に保有させると相続税の節税効果がある。収益不動産や株式を保有させて，家賃収入や配当金を一般社団法人に蓄積すれば，永久に相続税が課税されない財産ができあがることになるわけだ。ただし，平成30年度税制改正ではこのような相続税の節税が規制されることになった。同族関係者が理事の過半数を占める一般社団法人については，同族理事の死亡時に一般社団法人の純資産に対して相続税が課されることになった。安易な節税利用は認められない方針が具体化したことになる。

《2》 一般社団法人の具体的特徴

持分がないことは，株式会社に比較し具体的にどのような特徴となっているのか。

「一般社団及び一般財団法人に関する法律」には，社員が経費を負担する義務を定款で定めることができる（一般社団法27）。株式会社において，株主に経費の負担を求めることはできない。

一般社団法人の設立には資本金の払込みを必要としない。持分が存在しないため，社員に剰余金又は残余財産の分配を受ける権利を与えることはできない（一般社団法11②）。しかし，一般社団法人に蓄積した内部留保は実際には取り戻すことが可能だ。解散したときの残余財産を誰に帰属させるかは定款において定めるのであるが，定款に記載がなければ社員総会で決議する。この場合は社員に残余財産を引き渡す決議も認められるのだ。配当を認めないという法律の趣旨から逸脱するが，仮に節税目的で設立した一般社団法人が蓄積した財産も最終的には取り戻すことができるわけだ。

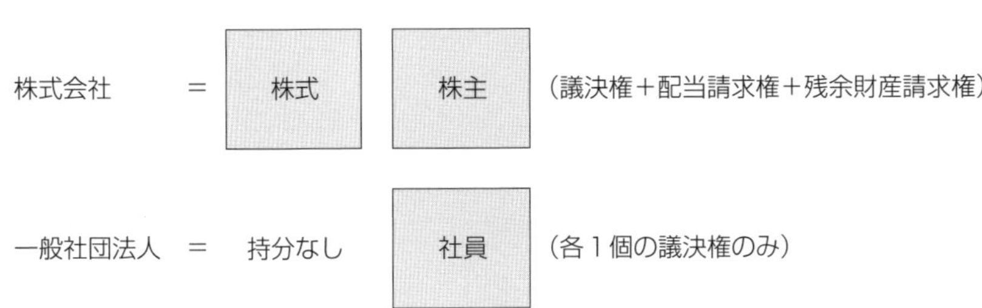

《3》 一般社団法人の機関設計は株式会社と同じ

一般社団法人の機関設計は，会計参与の制度がないことを除くと株式会社と同じだ。最低限の機関設計としては，２名の社員総会と１名の理事のみでよい（一般社団法60）。株主総会と取締役のみの旧有限会社型の機関設計に対応している。夫婦で簡単に一般社団法人を設立することができる。

ある程度の規模の一般社団法人を作るのであれば株式会社型の機関設計も可能だ。理事会，監事又は会計監査人を置くことになる。理事会を設置する場合は３名の理事と１名の監事が最低限必要だ（一般社団法61）。理事の任期は２年，監事は４年となっている。

【旧有限会社型】

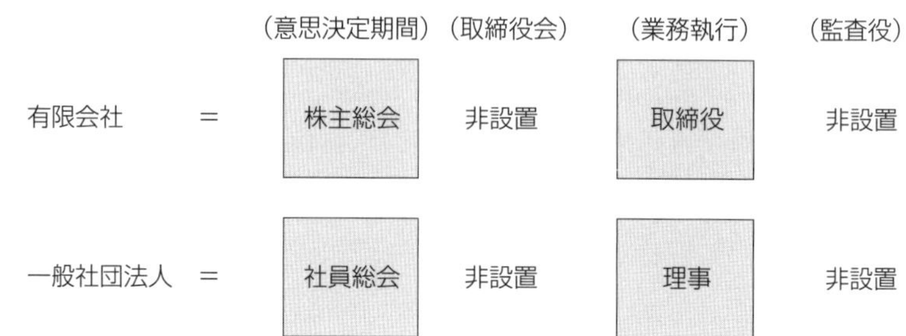

【旧商法の株式会社型】

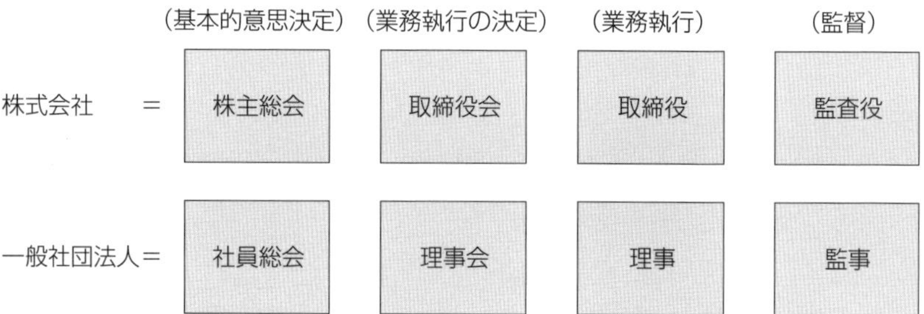

《４》 一般財団法人はノーベル財団

一般財団法人を説明しようとすればノーベル財団を語ればよい。ノーベル財団はアルフレッド・ノーベルの死後，彼の遺産によって設立され，ノーベル賞を主催するという財団の目的は永久に変更されることがなく，理事による財団の運営は評議員によって監視されている。一般財団法人も同じだ。遺言で設立可能であり（一般社団法152②），設立者の意思が永久に実現され（一般社団法200①），評議員が役員の経営を監視する。

仮に奨学金財団を遺言で設立したら，設立者はその運営に関与することはない。財団法人が希望どおりに運営されているか設立者に代わって監督するのが評議員の役割だ。一般財団法人は，設立者が定款で定めた法人の目的と，評議員の選任及び解任方法を変更することを禁止する仕組みを採用することで，設立者の意思を死後も実現し続けることを可能にしている。理事が評議員を選任あるいは解任する旨の定款の定めは無効だ（一般社団法153③一）。理事を監視する評議員の人事権を理事に与えるのは不合理だからだ。美術館財団へと法人の目的を理事の意思で変更することはできない。

これに対し一般社団法人は社員総会が万能の決議機関として一切の事項について決議することができる。法人の目的を変更するのも，法人を売却するのも社員の自由だ。

一般財団法人は，一般社団法人と同様に登記のみで設立できる。なお，財産に法人格を与える法人としての最低限の規模として，設立に際して設立者が拠出する財産は300万円以上とされている（一般社団法153②）。

一般財団法人は，一般社団法人に比べるとしっかりとした機関設計が必要となる。一般財団法人には，評議員会と理事会・監事を置かなければならない。理事３名，評議員３名（一般社団法173③），監事１名が最低の人数だ。そのため設立には最低７名以上が必要となる（一般社団法160①）。

小規模なノーベル財団が簡単に設立できるようになった。一般財団法人は，財産を法人に委託し，評議員を信じて託す「信託」なのだ。

Q29 一般社団・財団法人の課税関係を理解してしまおう

一般社団法人・財団法人の基本的な課税関係と，利用に応じた課税関係について教えてください。

《1》 法制上の区分は2階建てだが税法上の区分は3階建て

一般社団・財団法人のうち公益認定を受けた法人が公益社団法人・財団法人となる。法制上は，公益認定を受けているか否かで区分する2階建て構造だ。

これに対して法人税法上は独自に2階区分を設けて（法令3），3階建て構造になっており，それぞれ課税所得の範囲が異なる。2階の法人は非営利型と呼ばれ2つのタイプがある。1つが慈善活動を目的とするなど3階法人を目指す「非営利徹底型」と呼ばれるタイプだ。もう1つが任意の学術団体などの人格のない社団が法人格を取得する場合や地域の医師会が該当する「共益型」の法人でこちらは紳士クラブだ。

【税法上の区分は3階建て，法制上の区分は2階建て】

税制	法制		
3階	2階	公益社団・財団法人	
2階	1階	プチ慈善，3階を目指す法人 （非営利徹底型）	紳士クラブ型，地域の医師会 （共益型）
1階		法人税法上の普通法人に該当する一般社団法人等	

3階法人は私立学校並みの運営が要求される完全な公益法人であり，法人の財産を特定の個人が手を付けると刑事責任を問われ，解散したら財産は国に没収される。事業承継や相続対策で登場することはない。法人税については，34業種の収益事業のみが課税される。ただし，公益目的事業はたとえ収益事業に

該当しても非課税となる（法令5②一）。

公益目的事業に該当しない収益事業には法人税が課税されるが，税率は株式会社と同じだ。旧民法法人の時代は株式会社よりも軽減されていた。その理由は，公益事業が34業種に該当してしまう場合があったことや，収益事業で稼いだ利益は公益事業に充てられるべきものだからだ。しかし，平成20年度税改正によって，公益目的事業はたとえ34業種に該当しても非課税とされ，さらに，収益事業で稼いだ利益のうち公益事業に充てた金額は，全額がみなし寄附として損金算入が認められる。収益事業と非収益事業は完全に区分されるため，税率を優遇する必要はなくなり，株式会社と同様になったというわけだ。

《2》　1階法人は株式会社と同じ

1階の法人に対する法人税は，株式会社と同様である。したがって，すべての所得に法人税が課税される。

一般社団法人は紳士クラブだが，これを株式会社で説明するなら，自己株式を100％取得した株式会社だと考えるとよい。したがって法人税に特別な計算はない。別表一（一）を使い，税率も株式会社と同じだ。

【一般社団法人＝自己株式100％の株式会社】

資産	負債		
	資本金	1,000株	
	自己株	▲1,000株	発行済み株式ゼロ
	差引	0株	

《3》 財産の贈与を受けるなら2階法人

学術団体などの人格のない社団，地域医師会などの受け皿としての一般社団・財団法人は，制度が本来予定する利用法であり，税法上も共益型の2階法人を準備している。

2階法人は，事業承継や相続対策でも登場する。たとえば，相続人がいない資産家が行政の縛りを受けず自由に慈善活動を行う場合なら非営利徹底型が有力だし，従業員持株会の株式の受け皿として活用するなら，従業員の福利厚生目的の共益型を検討する余地がある。

2階の法人を選択すれば，34業種の収益事業（法令5）に係る所得にしか課税されないというメリットがある。さらに，活動資金を寄附で受け入れる必要がある場合には2階法人になっておく必要がある。預金や不動産の寄附を受けたことによる受贈益は，34業種の収益事業に該当せず法人税が課税されないからだ。

a 〜 c は，紳士クラブなら満たしているはずの共益型の定義といえる。

①と②，dとeは定款の要件であり形式要件だ。とくに①と②は剰余金の分配を行わないことをわざわざ明記し，残余財産は国等に帰属させることを宣言しなければならない。これが非営利徹底型といわれる所以だ。

③とfの理事の親族3分の1以下要件を満たせるか否かが実質要件であり，これが2階法人の一番の課題だ。

④とgは過去形になっていることに注意したい。つまり1度でも抵触すると2階法人に返り咲くことはできない（法基通1－1－9）。

《4》 非営利型要件の具備を怠った事例

2階法人の要件を備えていたかったために，遺贈を受けた財産に法人税が課税された事例が報道されている（2017年5月18日中日新聞）。家族と疎遠になった高齢者の生活支援や身元保証などの支援事業を行う一般社団法人が，会員の高齢者から遺言で譲り受けた遺産を申告せず法人税3,900万円を免れた。

非営利型法人の要件（法令3）		
非営利徹底型 （プチ慈善・3階法人の卵）	共益型 （紳士クラブ・地域の医師会）	
—	a　会員に共通する利益を図る活動を行うことを目的としていること	（共益）
—	b　定款に会費として負担すべき金銭の定めがあること	（共益）
—	c　主たる事業として収益事業を行っていないこと	（共益）
①　定款に剰余金の分配を行わない旨の定めがあること	d　定款に特定の個人に剰余金の分配を受ける権利を与える旨の定めがないこと	（定款の形式）
②　残余財産が国，地方公共団体，公益社団法人に帰属する旨の定めがあること	e　残余財産が特定の個人または団体に帰属する旨の定めがないこと	（定款の形式）
③　各理事について3親等以内の親族の占める割合が3分の1以下であること	f　各理事について3親等以内の親族の占める割合が3分の1以下であること	（実質要件）
④　特定の個人又は団体に特別の利益を与えたことがないこと	g　特定の個人又は団体に特別の利益を与えたことがないこと	（リスク要因）

簿外口座で財産を保管するなど脱税の意図があったとして有罪判決を受けている。

この一般社団法人は1階法人であるため全所得に課税されるのだが，このような会員型の一般社団法人なら，共益型の要件を整えておけばそもそも受贈益は非課税だ。遺贈を受けたことによる受贈益は収益事業に該当しないためだ。

Q30 1階法人が2階法人になった場合や合併があった場合の課税関係

2階法人が1階法人に転落するとどのような課税関係がありますか。また，1階法人が2階法人になった場合はいかがですか。さらに，一般社団法人の合併は可能でしょうか。

《1》 2階法人の選択

1階の一般社団法人の法人税は株式会社と同じなので，財産の提供を受けると受贈益課税が生じてしまう。基金は資金調達手段だが，あくまで債務であって資本金ではないため，拠出者の債権としていずれ相続財産になる。したがって，売買や借入で資産を受け入れるのが基本となるが，財産の出資を受ける必要がある場合には，2階法人を選択することになる。2階法人なら受贈益課税はない。財産の贈与を受けることは，課税対象となる34業種に該当しないからだ。

また，一般社団法人を従業員持株会の受け皿とする場合も2階法人の事例が見受けられる。2階法人なら，自社の株式の購入にあたって低額取得による受贈益リスクをなくすことができる。受取配当金や，株式の売却益が非課税となる。この場合は従業員の福利厚生を目的とする共益型になることが多い。

なお，一般財団法人には1階で設立する選択肢は事実上ない。財団法人は財産に法人格を認める法人なので当然に財産の拠出を受けることになるが，これが受贈益になってしまうのだ。税法上もこの拠出を資本金等の額とする条文は存在しない。一般財団法人は最低300万円の純資産が必要で，これを2期連続で割り込んでしまうと解散事由となるが，拠出財産に法人税負担が生じると，最低純資産が維持できないこともありうる。仮に1階法人とするなら法人税負担後の純資産が300万円となるように拠出しなければならない。

要するに税法は，1階の一般財団法人を想定していないのだ。一般財団法人は受贈益が課税対象とならない2階法人を選択するのが基本だ。

《2》 階の移動があった場合の課税を確認

2階法人は非営利型要件に欠けると1階に転落することになる。また，2階法人が解散し残余財産を取り戻したらやはり1階法人となる。あるいは，途中で1階法人が2階要件を満たすこともあるだろう。この場合，どのような課税関係になるのだろうか。各階の移動があった場合の課税関係を確認しておく。

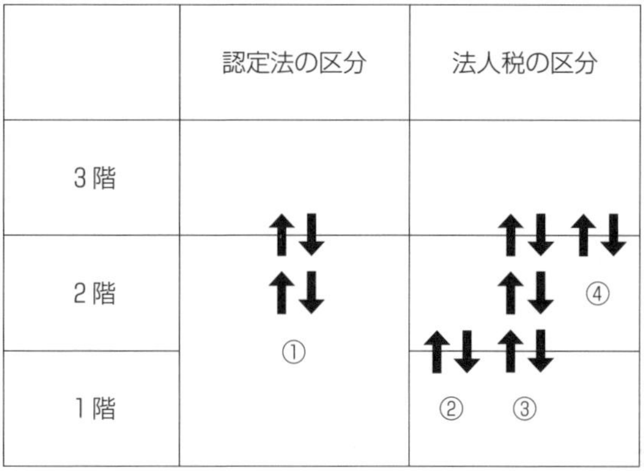

	認定法の区分	法人税の区分
3階		
2階	①	④
1階		②　③

法制上は1階（2階）と3階の移動しかないのであるが（①），法人税法上は，1階と2階（②），1階と3階（③），2階と3階（④）の移動があり，3つに区分できる。

まず，②と③のうち，上の階に上がる場合だ。1階法人が公益認定を受けた場合や，1階法人が非営利要件を満たした場合が該当する。株式会社と同様の課税から34業種のみの収益事業課税へと切り替わる。法人税法上は解散と設立があったものとみなされる。通常の所得課税時代の課税関係を清算するためだ。

貸倒引当金や特別勘定を取り崩し，一括償却資産の残存簿価は損金算入する。青色欠損金は繰戻し還付によって清算される（法法10の3）。

土地などの含み損益はどう考えるのだろうか。理屈としては，固定資産を時価評価して1階時代の課税関係を清算することも考えられるが，時価評価は行わない。そもそも２階法人や３階法人では，固定資産の処分損益は，仮に収益事業用であっても非課税だからだ（法基通15－２－10）。

次に②と③の場合で下の階に移動する場合だ。２階の法人が特定の者に利益を与えるなどして１階に転落すると，２階時代に課税されずに蓄積した内部留保への課税が問題になる。１階法人なら解散すれば誰にでも残余財産を取得させることができるようになるからだ。

未課税で積み上げた内部留保に相当する金額は次の算式で計算し，所得金額の累積額として益金に算入する。マイナスなら損金算入する。

未課税の累積所得　＝　法人税法上の簿価純資産　－　利益積立金

なお，事業年度の取扱いとして，課税範囲に変更があった場合には事業年度を区切るので（法法14①二十），法人税の申告が必要となる。また，２階と３階への移動では，課税範囲の変更はないが，公益認定法により計算期間が区切られるため（公益認定規則38）収益事業を営んでいる場合は，法人税の申告が必要だ。

なお，解散後の一般社団法人の課税関係は株式会社と変わらない。解散後も通常の所得課税を行い，残余財産がないと見込まれるときは期限切れ欠損金が使える等の点も同じだ。

《３》 一般社団法人の合併

一般社団法人を２社作ったが，合併してしまいたいという場合，一般社団法人同士は合併することができる（一般社団法242，243①）。

この場合，適格合併も可能だ。つまり，現物資産は簿価承継となる。一般社団法人の適格合併の適格要件は共同事業要件による適格合併しか存在しない。持分が存在しないので，グループ内再編という概念がないからだ。

共同事業要件による合併とは，資本関係がない同種・同規模の法人が合併し，株主は合併後も事業に参加し続けることを要件とする。つまり業界再編のための合併を趣旨とするわけだ。

具体的な要件は，①従業者の引継ぎ，②合併事業の継続，③両社の事業が関連すること，④事業規模が同等である又は専務クラスの役員が合併後の経営に参画すること，⑤消滅法人の株主による合併法人株式の継続保有要件がある。

しかし，一般社団法人には持分がないので⑥の継続保有要件は解除されているのが特徴だ。

課税区分の異なる法人同士が合併するとどうなるのだろうか。１階の法人同士の合併や，２階の法人同士の合併なら簿価承継をするだけで課税関係は生じない。

１階法人が２階法人を吸収合併するとどうなるか。

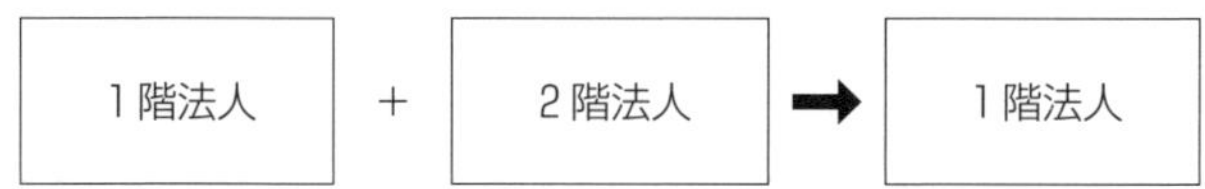

２階法人の解散時の申告で未課税の累積所得に課税が生じる（法法64の４②)。２階法人が１階に転落するときの課税と同じ趣旨だ。

では，２階法人が１階法人を吸収合併する場合だとどうか。

適格合併に該当すれば簿価承継が認められるが，株式会社の適格合併と異なり，課税区分の問題がある。貸倒引当金は承継できず，青色欠損金の引継ぎも不可で，その代わりに消滅法人の最後の申告での欠損金の繰戻し還付を認める。１階法人が２階法人になるときと同様の趣旨だ。

Q31 事例で理解する一般社団・財団法人

実際の利用の観点から，一般社団・財団法人の仕組みを教えてください。

《1》 持分のない法人という存在

事例

一般社団法人の目的に制限はないと聞く。持分のない法人で商売を営むことに問題はないのだろうか。

誰にでも一般社団法人や一般財団法人が設立できるということは，制度上は持分のない法人のカネ儲けを認めたということだ。気になるのは，商売で蓄えた利益が相続財産から離脱することによる相続税の節税効果に対する課税庁の対応だ。

そもそもなぜ，公益事業を営むことのない持分なしの法人が誰にでも設立できるのだろうか。これについては，単純に認めない理由はない，というだけのことだったのだと思う。

とくに，1階の一般社団・財団法人は，株式会社と同様の法人税を負担するのだから後ろめたさを感じる必要はない。一般社団法人と新設の医療法人は持分がない点で同じ法人だ。医療法人には持分がないから設立すべきでないという専門家はいないはずだ。さらに会社法では資本金と株式の関係が切断され，会社の決議で株主を追い出すことができるなど株主平等原則が廃止されている。自益法人に持分が必要だという思い込みは必要ないのだ。

事例

一般社団法人で不動産を所有している。社員は私と妻だ。私が死亡したら長男を社員にしたいのだが。

社員の地位は一身専属なので相続の対象にはならない。ただし，社員の資格は定款で定めることができるので，社員の資格は相続人とし，世襲であることを定款に明記すれば長期的に家族財産の管理ができる。実務上は，社員が欠けると解散事由になってしまうため，２名以上の家族を社員とするのが無難だ。

事例

持分がない法人が誰にでも設立でき，同族経営で蓄えた内部留保は相続財産から離脱する。

ドイツでは，家族が経営する持分なし法人には30年に一度相続税が課税されるという。我が国ではどのような課税が行われるのか。

一般社団法人と一般財団法人には租税回避防止規定（相法65，66④）があるが，これだけでは十分ではない。贈与時つまり入り口でしか課税されず，以降一般社団法人の家族社員に世代交代があっても相続税課税はない。相続税の輪廻から解脱できてしまうことに関しては，一般社団・財団法人創設当初から，当局の論文にもそれを問題視する指摘があった（税大論叢56号「相続税・贈与税のあり方について　―新たな非営利法人制度を素材として―」）。

ドイツでは，30年ごとに相続税課税が行われているそうだがそれは租税回避防止措置ではなく，あるべき課税として行われているはずだ。

そして日本においても家族が管理する一般社団法人に相続税を課税する制度が平成30年度税制改正において創設された（相法66の２）。当初は一般社団法人の同族社員が死亡した時に社員の権利を遺産とみなして課税することも予想されたが，そもそも社員には社員総会において議決権を行使する権利しかない。財産価値のないところに課税するのは担税力の観点からみると強引すぎる。

そこで導入されたのが，一般社団法人を個人とみなして純資産に相続税を課税する制度だった。一般社団法人が，死亡した理事の相続税の納税義務者となり，純資産を遺贈で取得したものとみなされて相続税を負担することになる。

よくできた制度だと感心するがやはり整合性のある制度を作るのは難しく問題点は多い。逆に言えばそうまでしても節税利用を抑制したかった主税局の危機感が見えてくる。

事例

会社は債務超過で数年内の倒産が予想される。
倒産に備えて，自宅を一般社団法人名義に移転し，賃借物件として居住しよう。

株式会社なら株主が倒産すると，株式を換金して弁済しなければならないが，一般社団法人には持分が存在しない。中小企業経営者は優良企業であっても常に倒産と隣り合わせだ。倒産隔離としての利用法はこの法人の最も大きなメリットだ。

《2》 基金とは何か

基金は一般社団法人の資金調達手段として準備される任意の制度だ。かつて中間法人制度には基金制度が必須だったが，公益法人制度改革によって中間法人は一般社団法人に移行することとされたため基金制度もそのまま導入されたという経緯がある。

公益法人の基本財産とは異なり，貸方の概念だ。純資産の部に記載されるが，劣後債務であり出資金ではない。なお，財産の拠出が前提となる一般財団法人には基金制度は存在しない。

資産	負債	
	基金 留保利益	（債務）

基金の返還には社員総会が必要だが，内部留保で代替基金を積み増すことが必要となる。つまり返還するためには同額の内部留保が必要だということだ。返還しても基金と代替基金の合計は不変であり，いったん採用した基金は事実上廃止できないということだ。

【基金100を返還する場合】

基金	100 ／	現金	100
利益剰余金	100 ／	代替基金	100

返還前　……
　純資産の部

基金	500
利益剰余金	300
	800

➡

返還後　……
　純資産の部

基金	400
代替基金	100
利益剰余金	200
	700

また，基金の債権者になると相続時の評価が気になるところだが，貸付金と同じなので債権額で評価される。1階の法人は基金を持たないのが無難だ。1階法人で資金が必要なら借入金にすればよい。財産を贈与で受け入れる必要があるなら2階法人とすべきだろう。

基金は，現物で拠出することもできる（一般社団法132①二)。そうすると次のような利用はできるだろうか。

事例

私が経営する同族会社で収益物件を保有している。時価は1億円だ。これを一般社団法人に基金として拠出しよう。そうすれば，返済は不要である上，債権者となる会社では受取利息を計上しなくてもよい。さらに家賃を内部留保で積み上げていけば，同族会社の株価上昇が抑えられる。

同族会社の拠出時の仕訳……

基金債権	1億円	／ 不動産	8,000万円
		／ 売却益	2,000万円

一般社団法人の受入仕訳……

不動産	1億円	／ 基金	1億円

当然に時価がいくらかという問題になるが，このような拠出にはそれだけではない税法上のリスクがあると思う。

現物を基金として拠出する場合は，時価で評価する。また基金には利息を付すことはできない（一般社団法143）。収益を生む物件を譲渡しながら，代金の回収を予定せず利息を受け取ることもないとすれば，明らかな利益移転が生じることになる。

そうすると，回収を予定せず，利息も生まない債権の価値はいくらかという問題になる。仮に1億円で利回り3％の債権なら現在価値は10年で7,440万円だ。その場合，差額の2,560万円は寄附金と認定されるリスクがある。したがって，余剰利益を無償で手に入れた一般社団法人には受贈益認定のリスクがあるはずだ。税務上の仕訳は次だろう。なお，債権者である同族会社では，割引評価することが許されるのだろう。

一般社団法人の受入仕訳……

不動産	1億円	／ 基金	7,440万円
		／ 受贈益	2,560万円

このような利用を考えるのであれば，やはり受贈益課税がない2階法人の要件を具備することが前提となるだろう。

Q32 一般社団法人の便利な活用法

事業承継への利用の観点から，一般社団・財団法人の利用価値を教えてください。

《1》 グループ法人税制を外す法人としての活用

グループ企業の経営者が一般社団法人を設立しておけば，グループ法人税制が適用されない法人を手に入れることになる。グループ法人税制では，100％支配関係がある法人同士が，含み損がある土地を譲渡しても，その土地が譲渡損益調整資産に該当すれば，譲渡損は繰り延べられる（法法61の13）。そこで一般社団法人に譲渡してしまえば，譲渡損が実現できるというわけだ。

事例

値下がりしている土地があるのでグループ会社に譲渡したいのだが，グループ法人税制により譲渡損益が繰り延べられてしまう。

（株式会社の場合）

現金	300	／	土地	1,000
繰延勘定	700	／	……	損失は繰り延べられる

（利益積立金）

さらにこの場合のメリットは倒産隔離だ。万が一，事業会社が破産しても一般社団法人の財産が差し押さえられることはない。

《2》 生前贈与に代わる利用法

事例

同族会社を経営しているが，経済ショックで株価が下落したので，この機会に相続時精算課税を使って一部の自社株式を相続人に生前贈与したい。しかし，相続人は未成年の娘なので株式を譲るには不安がある。

景気下落や，多額の損失の計上などで，株式の評価額が大幅に値下がりしたが，後継者がまだ決まっておらず，生前贈与は実行できないという場合でも，一般社団法人を移転先にすれば，株式の値下がり価格を固定できる。ただ，難しいのは，同族会社オーナーは通常，中心的な同族株主に該当するので，小会社としての原則評価で譲渡する必要があるということだ。

その後，後継者が決まれば，一般社団法人の理事に就任することで，事業会社の「経営権」を承継することになる。現経営者が買い戻すこともできるし，解散して残余財産として取り戻すこともできる。

一般社団法人

同族会社株式	1,000	未払金	1,000
（時価	8,000）		

オーナーの相続財産

➡ 未収金　1,000

この事例なら，未収金（1000）が相続財産になる。配当で回収するイメージだ。移転時の時価が，未収金または現金としてオーナーの個人財産にカウントされるのだから，課税関係という点でも相続時精算課税と同じであることが理解していただけるだろう。そして相続時精算課税の最大のリスクである値下がりの場合の不利益がないのが一般社団法人のメリットだ。

100%保有しているオーナーだったら，所得税法上の時価（所基通59－６）で株式の一部を譲渡する価値があるかもしれない。配当を一般社団法人に蓄積してしまうわけだ。

ただし特定一般社団法人に該当する場合（「**Q35**　持分のない法人への租税

回避防止税制」参照），同族理事が死亡した時に，法人の純資産が相続税の対象になるため対応策が必要だ。このことは《4》の事例の場合も同様である。

《3》 種類株式に代わる利用法

信託の受託者は一般社団法人が引き受ければ，安定した受託者になれる。たとえば，親族が保有する株式を一般社団法人に信託譲渡してもらう。一般社団法人の理事には経営者とその家族が就任する。信託の目的を，株主権の行使とする。

そうすると，受益権が相続などで分散しても，経営者による支配に影響がない。

【信託の受託者としての利用】

1　信託設定時

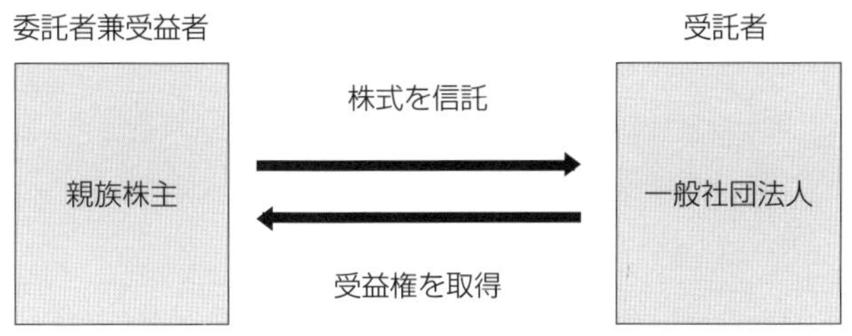

理事には経営者とその家族が就任
信託の目的は株主権の行使

2　親族株主に相続が発生した時

受益権が相続等によって分散しても，株主権は，受託者である一般社団法人が行使するので，支配権に影響はない。受益権の買い取りや希望する株主には信託を解除して株式を返還するなどのルール作りがポイントになる。

なお，信託財産と債務は預かっているものにすぎないので，特定一般社団法人の相続税課税の計算の対象外となる（相令34）。

《4》 不要な株式のゴミ箱としての利用法

事例

不仲の兄が経営する会社の株式を30%ほどもっている。
このままでは私（弟）の家族は中心的な同族株主になってしまう。

弟の相続人は中心的な同族株主に該当する。したがって弟に相続があったときは，どのように株式を分割しても原則評価になってしまう事例だ。生前に処分し中心的な同族株主を外れる対策が必要だが，譲渡先として最適なのが一般社団法人だ。マイナスの価値しかない不要な株式のゴミ箱としての利用法だ。

【中心的な同族株主の範囲】

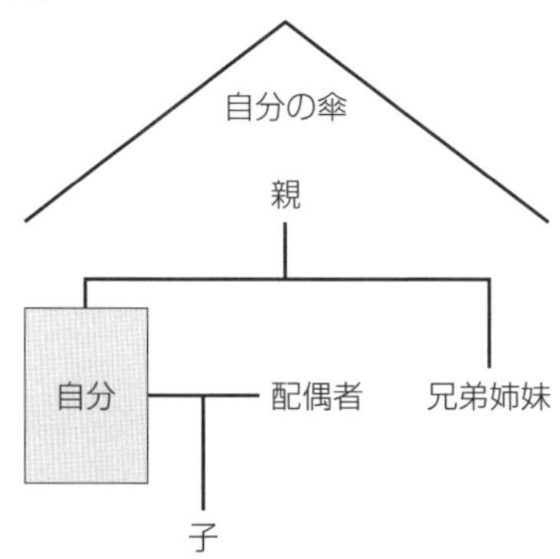

ただし，中心的な同族株主が法人に株式を譲渡する場合は，小会社としての評価が要求される。売主が中心的な同族株主の場合に適用される所得税法上の時価だ（所基通59－６）。譲渡のタイミングや評価額には検討の余地が残る。

ただし，遠縁の親族株主なら一般社団法人が活用できる。次のような事例だ。

事例

私は親族株主だが，オーナーである叔父とは仲がよいとはいえず，経営には参加していないし配当も期待できない。正直なところ不要な財産だ。今，株価が低下しているので何か対策はできないだろうか。なお，私は20%を保有しており，中心的な同族株主には該当しない。会社は財産評価通達の区分では大会社に該当する。

つまり，中心的な同族株主に該当しないという親族株主だ。大会社なら類似業種比準価額による評価が適正時価となる。赤字の計上などで評価額が大きく低下したときに，一般社団法人に譲渡してしまうのだ。株価の値戻りがあっても相続財産を増加させることはない。

株価が下がっているうちに，子供や孫に相続時精算課税で生前贈与することも考えられるが，そもそも不要な財産を子供に贈与したくないし，いずれ次の相続税の問題になってしまう。会社に自己株式として買い取ってもらってもよいが，そもそも買い取ってくれない場合が多いであろうし，買い取ってくれたとしても，売却代金がみなし配当として総合課税の対象になってしまう。やはり譲渡先は一般社団法人が有力候補だろう。

なお，特定一般社団法人に該当し同族理事の死亡時に相続税の対象になる場合であっても配当還元評価が可能になることもあり得る。一般社団法人はあくまで少数株主に該当するからだ。そうなればむしろ相続税課税で有利になる。

Q33 非上場株式の受け皿としての一般社団・財団法人

従業員持株会からの株式買取りの受け皿として一般社団法人を利用できると聞きました。どのようなメリットがありますか。また，非上場株式の受け皿としてどのような利用法が考えられますか。

《1》 一般社団法人を非上場株式の買取り受け皿にする

一般社団法人の最も有効な利用法だといえる。

分散した非上場株式を買い取る場合，オーナーやその親族が買い取ると原則的評価での買取りが求められ，低額買取りだと認定されると「みなし贈与」による贈与税の負担が生じてしまう（相法７）。発行会社が自己株式として買い取ることも有力な案だが，資本金等の額を超える代金で買い取ると株主にみなし配当として総合課税が行われてしまう（所法25①五）。

退職した従業員など少数株主の株式を一般社団法人で買い取る場合，配当還元価額での買取りが可能となる。また，一般社団法人が持つ株式は相続財産にならず，次の株主を探す必要もないため，安定株主として末永く存続させることが期待できる。一般社団法人が同族株主に該当しないよう複数の一般社団法人を設立しておくことも可能だ。最終的には一般社団法人同士の適格合併も可

【株式の受け皿としての一般社団法人】

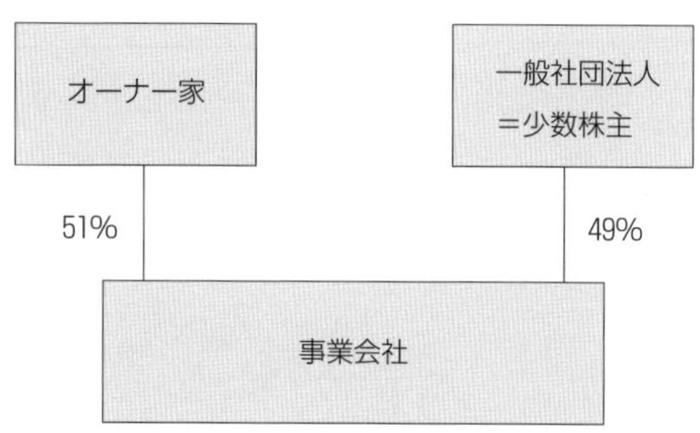

能だし，解散して設立者に残余財産として株式を分配することもできる（一般社団法239②）。

従業員持株会の買取り受け皿として利用するのは長期での運用が基本だ。オーナーから従業員に自社の株式を譲渡するときは配当還元価額が税務上の適正価格となる。そして，従業員が退職する際には一般社団法人が配当還元価額で買い取るという福利厚生目的に沿ったストーリーだ。筆頭株主グループが過半数の株式を持つ場合であれば一般社団法人は49%の持株に達するまでは少数株主として買取りが可能だ。長期的には少ない資金で，オーナーから持分のない法人株主への株式移動が実現することになる。大きな相続税の節税効果があるだけでなく，安定株主を作り出すことにもなる。

この手法で大きな課題になるのが理事死亡時の相続税課税の有無だ。理事の過半数が同族関係者である場合は，理事死亡時に一般社団法人の財産に相続税が課される（相法66の２）。同族会社の従業員を理事に就任させても相続税課税を逃れることはできない（**Q35《１》**（２）参照）。

一般社団法人が共益型の２階法人である場合や，経営者仲間や税理士が理事に就任することで特定一般社団法人等に該当しない場合は相続税課税はないから，一般社団法人の個性が発揮される。一般社団法人が持つ同族会社株式について買取り後の価値上昇分は，オーナーの相続財産には反映されないことになる。

《２》　理事死亡時の一般社団法人に対する相続税課税（相法66の２）

事例

一般社団法人は同族会社の株式を29%保有している。同族会社の社長と家族がこの一般社団法人の理事に就任している。社長に相続があると一般社団法人の純資産が相続税の対象になる。

一般社団法人の理事が親族で固められていると理事死亡時には相続税課税が必要になる（相法66の２）。このとき一般社団法人が保有する資産負債を相続評価することになるが，非上場株式については，一般社団法人が同族株主に区分されるのであれば原則評価が必要である。しかし，少数株主であれば配当還元評価が可能だ。

一般社団法人

同族会社株式（配当還元）	負債
その他資産	純資産

＝純資産を理事の数で割った金額が，相続税の対象になる

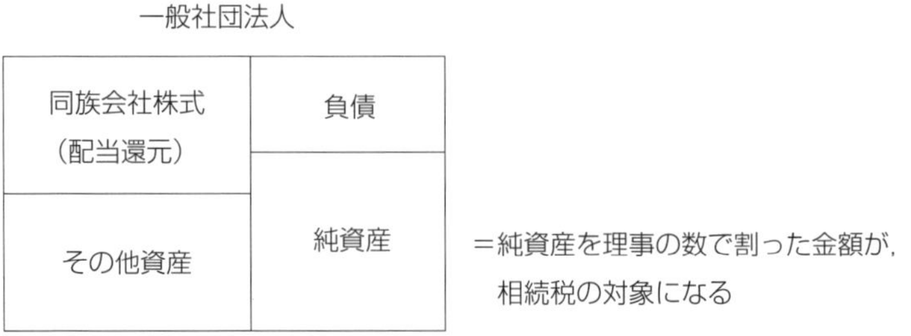

事例では，一般社団法人の持株は29％なので少数株主に区分され配当還元価額で評価する。一般社団法人への相続税課税制度が創設されたわけだが，配当還元評価が可能であれば非常に節税メリットが大きい。もちろんいつ評価通達の改正があってもおかしくないと考えられるので，そのことは視野に入れておく必要があるだろう。

《3》 会社に応じた個性ある安定株主としての一般社団・財団法人

（1）15％未満の株主しか存在しない会社

地元に根差した老舗企業であったり，かつて上場を目指すなどにより積極的に株式を放出したというような中小企業には，同族株主が存在せず，かつ，すべての株主グループの持株が15％未満というような中小企業は意外に存在する。どの株主に相続があっても配当還元評価が可能だ。

ただし，株式を保有してくれている金融機関や取引先からの買取りが必要になったときに，経営者株主グループが買い取ることにすると，いつ15％以上の支配株主となって原則的評価が適用されるようになるか予測できない不安定さがある。

そこで，金融機関などから株式を買い取る必要が生じた場合には，後継者が

運営する一般社団法人で買い取るわけだ。経営支配権を確保しつつ，相続時に原則評価されることを避けることができる。

（2）一般財団法人を活用する

一般財団法人の利用事例を考えてみる。たとえば一般社団法人ではなく一般財団法人を会社株式の買取り受け皿にする。

親族内に後継者がいないオーナーが，親族外の幹部従業員に株式を譲り経営を任せた場合，よい条件でM&Aの打診があれば法人が売却されてしまう心配がある。会社への愛着がない分M&Aに応じることに抵抗がない。オーナーがM&Aを望まず雇用を永続的に確保したいがゆえに従業員に経営を任せたのだから，自分の死後，勝手にM&Aを実行されるようでは困る。

そこで一般財団法人に会社株式を保有させると，定款における一般財団法人の目的を株式の保有と株主権の行使とすることで，株式の売却を禁止することができる。一般財団法人は目的変更が原則禁止されている。一般財団法人に株式を保有させ，M&Aが半永久的に実行できない会社を作ってしまうわけだ。誰にでもノーベル財団が設立できる時代になったのだ。このような活用は今後増えていくと思う。

【ノーベル財団を株主にする】

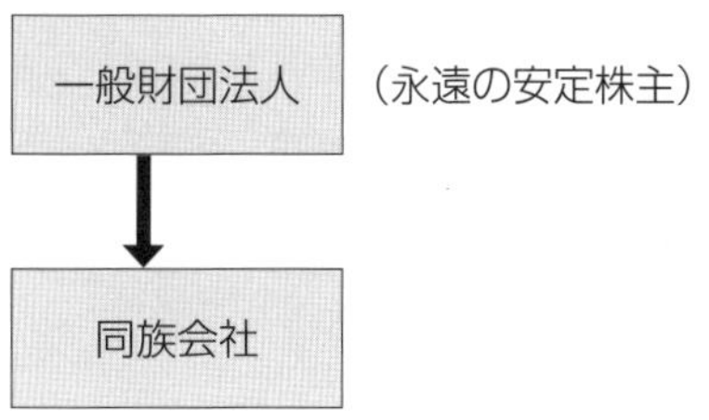

Q34 持分のない法人への租税回避防止措置

一般社団法人・財団法人には，株式会社にはない租税回避防止措置があると聞きました。それはどのような制度でしょうか。

《1》 持分のない法人を利用した租税回避と3つの節税防止規定

事例

私の財産を一般社団法人に移転してしまえば，相続税が課税されなくなる。私の家族を社員・理事にして一般社団法人に預金10億円を贈与してしまおう。

持分のない法人を利用したこのような租税回避を防止するためには，①贈与段階での課税に加え，②贈与者に相続があったときの課税が課題になる。贈与した時だけの課税で済むのであればその後は先祖代々相続税が課税されることがなくなってしまうからだ。現行税制では贈与段階と贈与者の死亡段階での条文が設けられている。

① 相続税法66条4項
財産の贈与（遺贈）時に一般社団法人に対し贈与税（相続税）が課される。

② 相続税法66条の2
理事の死亡時に一般社団法人に対し相続税が課税される。なお，死亡した理事が贈与者でもある場合は，相続税の計算上①の納税額を控除することになる。その後は同族理事が死亡するたびに相続税課税が行われる。

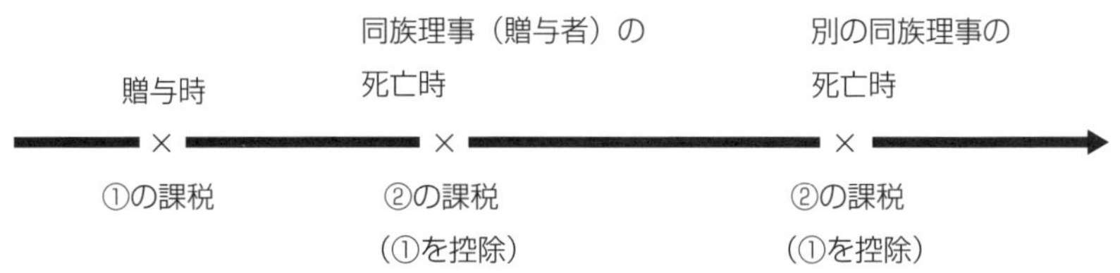

いずれも財産を取得した一般社団法人を個人とみなす，つまり納税義務者として相続税や贈与税を負担するのは一般社団法人だ。

違いとしては，①は取得した財産（収入）に対する課税であり，②は純資産への課税である。このような違いはあるものの二重課税感を排除するため②からは①を控除することが認められる。また，①の課税は租税回避が認められる場合に限って課税され，②の課税は同族理事が過半数を占める特定一般社団法人等に該当する場合に課税されるという違いがある。したがって①の課税はあっても②の課税はないことも，その逆も考えられる。

さらにもう１つ租税回避防止規定が存在する。それが③としての相続税法65条だ。こちらは一般社団法人をトンネルにして個人から個人へと利益移転が行われることに対して相続税・贈与税の負担が生じることになる。①の課税が優先されるため66条４項の適用がない場合に③が適用される。

【父親から息子への贈与とみなす】

以上，一般社団法人や一般財団法人に対しては３つの租税回避防止規定が準備されていることになる。

《２》 贈与・遺贈時には相続税法66条４項が課される

相続税法66条４項は，将来の相続税の課税を回避するために一般社団法人に財産を贈与していることが前提となる。つまり贈与者の家族の相続税・贈与税負担が不当に減少する場合に限って発動する租税回避防止規定だ。なお，設立者が財産を遺贈する場合だと一般社団法人に相続税が課される。

受贈益に対しては法人税も課されるため贈与税との調整が必要になる。相続税法66条４項が発動したことによる贈与税は，受贈益に課された法人税を控除して計算する。これで両者の税率差を利用した節税が防止されるわけだ。したがって事例の場合，贈与税は５億５千万円だが法人税３億４千万円を控除するので２億１千万円を納税することになる。なお，２階法人であれば受贈益に対する法人税が非課税なので，５億５千万円の贈与税のみが課税されることになる。

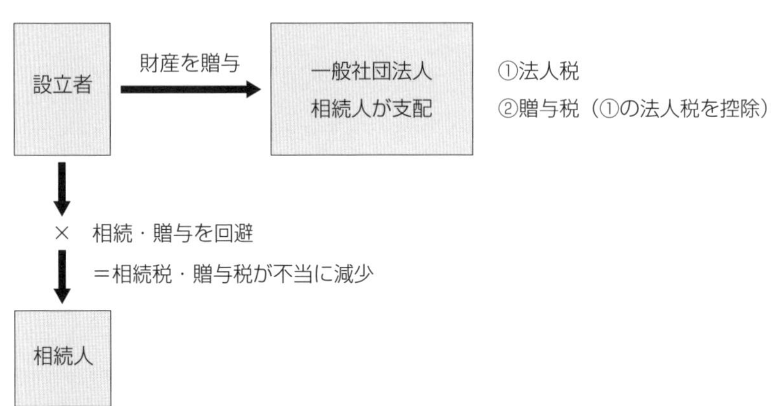

では，相続税等の不当な減少だと認定されない（＝贈与税等が課税されない）のはどんな場合か。１階の一般社団法人については，以下の要件に１つでも欠けると，不当減少であるとして，財団の贈与を受けた法人に贈与税が課される（相令33④）。

【第４項：以下の要件をすべて満たさない場合は不当減少と扱う】

1　贈与等の時において，役員に占める親族の割合が３分の１以下とする定款記載があること，解散したときの残余財産の帰属先が国等であることを定款に記載していること

2　贈与等の３年以内に贈与者や社員，役員，これらの親族等に特別の利益を与えたことがなく，与える旨の定款の定めがないこと

3　贈与等の３年以内に重加算税を課されたことがないこと

2階法人や持分なし医療法人等に贈与・遺贈が行われた場合については，別途同じような条文（措令33③）があるがこちらは「運営組織が適正」であることが追加されている。また，条文は例示としての書き振りになっている。つまり，以下の要件を満たせば不当減少がないのは当然だが，満たさない場合でも不当減少がないとみる余地があり，その意味では実質判定が必要になる。

【第3項：以下の要件を満たす場合は不当減少がないものとする】

1　運営組織が適正で役員に占める親族の割合が3分の1以下とする定款記載があること
2　贈与者や社員，役員，これらの親族等に特別の利益を与えないこと
3　残余財産が国又は公益法人に帰属する旨の定めがあること
4　法人に，法令に違反する事実，公益に反する事実がないこと

1階法人もこの第3項の要件を満たす必要があるため，まとめると以下のようになる。

1階法人：4項と3項を両方クリアする必要がある 1階法人以外の持分なし法人：4項をクリアする必要がある

相続税法66条4項については個別通達（「贈与税の非課税財産（公益を目的とする事業の用に供する財産に関する部分）及び持分の定めのない法人に対して財産の贈与等があった場合の取扱いについて」）がある。抽象的でとくに判定が難しい「運営組織が適正」であるかどうかについては「15（その運営組織が適正であるかどうかの判定）」によると，理事の定数が6人以上で監事の定数が2人以上であることとされている。さらに，事業が社会的存在として認識される程度の規模を有していることが要求される。この要件は厳しく，仮に奨学金財団を一般財団法人で運営するなら，30人以上の学生に対して学資を支給することが求められている。たとえば，親族で理事を固めている医療法人の場

合，親族理事３分の１以下要件を満たさないが，寄附を受け入れたのが社員や理事と親族関係等のない第三者からのものである場合は66条４項の適用はされない（同個別通達14（１））。これに対し１階法人であれば，このような法人は第４項に抵触するから，第３項の判定をするまでもなく贈与税が課されることになってしまうわけだ。１階法人には厳しいと思えるが，プチ慈善活動をするのであれば２階法人で実施すれば良いというのが課税当局の考えなのだ。

新規顧問先の前任税理士の処理が間違っていた。どうするか。前任税理士の処理は尊重したい。たとえ多少間違いがあっても，処理には流れがある。間違いにも意味がある。間違いを指摘し優秀な税理士をアピールするようなことは慎む。

Q35 持分のない法人への租税回避防止税制

同族理事が運営する一般社団法人・財団法人には，理事死亡時に相続税が課される制度があると聞きました。詳細を教えてください。

《1》 一般社団法人に対する相続税課税制度（相法66の2）

(1) 制度の概要

事例

一般社団法人を資産管理会社にして，私の収益不動産を管理させてきた。管理料を払ってきており純資産は7千万円ある。

同族理事が過半数を占める特定一般社団法人等に対しては，理事死亡時にこの7千万円に対して相続税が課される。以下で検討するようにかなり荒っぽい税制なのだが，一般社団法人を活用した相続税節税に課税当局が危機感を持っていたのだと思う。

【制度の内容】

1　公益社団・財団法人，非営利型法人は制度の対象外
2　相続時に同族理事が過半数を占める一般社団法人が対象（特定一般社団法人等）
3　ただし相続開始前5年内において同族理事割合が2分の1を超える期間の合計が3年以上の一般社団法人も対象になる
4　理事が死亡した時に課税
5　理事には，理事でなくなってから5年を経過していない者を含む
6　純資産を同族理事で除した金額を遺贈で取得したとみなす

純資産を課税対象として同族理事の頭割りで課税対象額を計算する。被相続人とその妻が理事に就任しているのであれば純資産を2で割った金額となる。理事の人数について，相続時の理事の数に1を足すと規定されているのだが，その意味は被相続人はすでに理事ではないからだ。一般社団法人は基礎控除にはカウントされず2割加算の適用がある。相続人が相続税を負担する必要はないのであるが，一般社団法人の純資産が計上されることで相続税率が押し上げられ思わぬ相続税の増加があり得ることには注意が必要だ。

純資産の計算（相令34）は相続税評価による純資産から下記を控除した残額となる。

1　一般社団法人が受託者になっている場合の信託財産・負債
2　被相続人からの遺贈で取得した財産（66条4項による課税があり得る）
3　未納税金（相続開始前に納税義務が成立しているもの）
4　被相続人の死亡退職金
5　基金

<table>
<tr><td rowspan="2">資産</td><td>負債
未納税金
資産死亡退職金
基金</td><td></td></tr>
<tr><td>純資産</td><td>…課税対象となる純資産</td></tr>
<tr><td>遺贈財産</td><td rowspan="2">課税の対象外</td><td></td></tr>
<tr><td rowspan="2">信託財産</td><td></td></tr>
<tr><td>信託負債</td><td></td></tr>
</table>

相続税の計算では，受贈益に法人税が課されるときはその法人税を控除し，過去に贈与や遺贈によって66条4項の適用されているときはその贈与税等も控除する（相法66の2③，相令34⑦）。

（2）租税回避の防止措置

この制度の適用を逃れる対策にはいくつかの規制が設けられている。

> **事例**
>
> 一般社団法人の理事は家族のみだ。このままでは相続税が課税されてしまう。私が経営する同族会社の従業員を理事にして，同族割合を50%未満にしよう。

このような脱法は禁止されている。被相続人が支配する同族会社や，被相続人が役員に就任していた会社等の役員・従業員は同族理事にカウントされる。

また，余命宣告された理事が相続税課税を避けるために辞任したとしても，辞任後5年以内に相続があれば一般社団法人には相続税が課されることになる。理事でなくなってから5年を経過していない者が死亡した場合も課税対象になっている。

同様の措置として，死亡直前に友人や顧問税理士に理事になってもらうことで同族理事の過半数要件を外す対策は，相続開始前5年内において同族理事割合が2分の1を超える期間がトータルで3年以上の一般社団法人も対象とすることで封じられる。

（3）制度の問題点

> **事例**
>
> 一般社団法人の内部留保が1億円になった。理事は私と妻だけだ。相続に備えて子供3人を理事にしておこう。

家族を理事に就任させたら理事の頭数が増えて課税額が薄められる。株式会社の場合は株式を分散しようと思えば贈与や売買が必要であることに比べると，家族が理事に就任するだけで相続税の節税が可能となる。

また，理事を辞めても5年内にその理事に相続があったら一般社団法人に相続税が課されるので，余裕のある段階で，早めに，子，孫，曾孫と順に理事を交代していけば相続税課税を避けることも理屈の上では可能だ。この場合も理事の交代で贈与税が課税されることはない。そもそも一般社団法人を設立する段階で財産を持つ父親は理事に就任せず子供を理事にすればよい。これは，株式会社を設立する際に自分は出資せず子供を株主にすることは一般的に行われているので不当とはいえないだろう。

(4) なぜ社員ではなく理事が基準なのか

同族理事の割合で判定し，理事の死亡が相続税の対象になるのであって，社員は判定の対象にしない。

そこで同族会社のオーナー家族は社員として一般社団法人を支配し，同族会社の従業員の３人を理事にするという対策が考えられる。なぜ３人にするかというと，同族理事要件に抵触しないようにするためだ。もし１名を理事にしたら同族割合100％になり，その従業員にもしものことがあったら一般社団法人に相続税が課されることになってしまう。

《２》 相続税法65条

事例

▲令和３年　税理士試験（要約）▲

理事Ａが一般社団法人Ｂに現金１億２千万円を贈与。直後に一般社団法人は，別の理事Ｃから時価５千万円の土地を１億円で買い取った。

まず66条４項の適用を検討することになる。理事Ａの家族の相続税負担を回避するための贈与であれば，一般社団法人Ｂを個人とみなして１億２千万

円に対し贈与税が課される。したがって，たとえば理事Ａに相続人がいなければこの規定は適用されない。

次に，理事Ｃは時価よりも高額で土地を買い取ってもらっており５千万円の経済的利益を得ている。これは理事Ａの贈与によって理事Ｃが経済的利益を得たといえる。理事Ａから理事Ｃに贈与があったとみなし，この経済的利益に贈与税が課されるのが相続税法65条だ。一般社団法人への財産の贈与の時をもって，その受けた利益相当額について，個人に直接贈与税を課税する（相法65）。66条４項は贈与を受けた財産の時価が贈与税の対象となるが，65条の場合は享受した利益相当額という点で異なる。

株式会社では，会社への贈与による株主間の利益移転には，相続税法９条によるみなし贈与課税があるが，その持分なし法人版と位置づけられよう。

なお，66条４項が適用されない場合に限って65条の適用があるため，本事例では一般社団法人Ｃには66条４項は適用されない前提であるが，１億２千万円の受贈益に法人税が課されるので結果として当事者は多大な税負担を負うことになる。

数年間売上が変わっていない事業者を見て，それは成長がないという人は事業経営の経験がないはずだ。廃業や解約の自然減は必ずあるから，新規取引先を取り続けないと売上は維持できない。新規の獲得を止めたら減少するしかない。税理士業がまさにそうだ。

認知症になった親のカネで子が勝手にタワーマンションを買ったら，親が亡くなったときは，不当利得返還請求権が相続対象になるだろう。

平成23年７月１日裁決では，相続人が被相続人名義の預金を勝手に払い戻して被相続人が亡くなる直前に被相続人名義のマンションを２億9,300万円で購入し，相続税評価額5,800万円で申告した直後に２億8,500万円で売却した極端な事例だが，税務署は無断で引き出された現金を相続財産として更正処分した。

裁決は評価通達によらないことが是認される特別の事情があると判断し，相続財産はあくまでマンションであり，いわゆる総則６項により取得価額２億9,300万円で評価するのが相当とした。

しかしこの判断は誤りとする説が有力だ。無断で購入している以上，売買は無効で被相続人は相続人への不当利得返還請求権を有したまま死亡したというのが正しいというべきだろう。そう考えれば総則６項を持ち出して評価する必要もなかった。

Chapter9

信　託

Q36 信託とは何か

信託とは何ですか。また，なぜ信託が注目されているのでしょうか。

《1》 契約よりも身近に存在する信託

平成18年に信託法が改正されたとき，財産に関する管理や問題解決のツールとして信託制度の活用が期待できるとして，税理士の間でも大きなブームになった。そもそも信託は社会生活に溶け込んでいる。年老いた母のアパートを息子が管理するのは信頼関係から成り立つ行為であって信託そのものだ。倫理や道徳を前提に信頼関係を基礎とするのが信託なのであって，自分の権利を主張し相手の義務を要求するという対等な立場を前提にする民法の契約とはまったく異なる。

成年後見人に財産を託す成年後見制度や，設立者が拠出した財産を評議員に託す財団法人はいずれも制度化された信託の一種といえるし，医者と患者あるいは弁護士と依頼者の関係も入り口こそ契約だが本質は信託だ。納税者と税理士の関係は税法に関して同等の知識を持つ者同士が定める委任関係ではない。税理士は税務に関する圧倒的な知識と経験があるから税務申告手続きや判断を納税者から信認されるのだ。税理士は受託者なのだ。だからこそ裁判所は税理士のミスや判断の誤りには厳しい責任を課すことになる。

合理的な人間像を前提とする民法とは異なり，信託は人の能力には違いがあるという現実から成り立つ。信じて託された者は，たとえ信託契約にないことであっても，託した者の希望を実現しなくてはならない。いやむしろ信託契約にないことを実現する信頼関係こそ信託なのだ。逆に委託者が指示しても止めさせる義務を負う場面もある。無茶な節税手法を思いとどまらせるのも税理士の役割になる。それはあくまで納税者のためを思うからこその行動だ。

《2》 イギリスで法制度化された信託

財産を誰かに託すこと自体は大昔から存在した。その信託を最初に法制度にまで発展させたのはイギリスだといわれている。

13世紀頃のイギリスでは，封建領主は教会の権力を抑制するために，教会が土地の所有権を持つことを禁止した。そこで領民（委託者）は土地を教会に寄進するために，第三者（受託者）に譲渡した形式を取りながらも，実質的には贈与して土地は教会（受益者）が利用した。これは教会だけでなく領民にも大きなメリットがあった。

封建社会では，領民には土地にまつわるさまざまな封建的負担があった。長男への代替わり時の承認料や後見料，婚姻料など，多くの負担があったが，所有権を第三者に移すことで封建的負担を逃れることができた。このような制度は「ユース」と呼ばれイギリス中に広がった。

ところが，信頼に基づく仕組みには裏切りが発生する。土地を預かった人（受託者）が，自分は正当な権利者だと主張し始めるわけだ。しかし，裏切られた人は裁判所ではこれを解決できない。なにしろ所有権は適法に譲渡されているのだ。

そこで領民は国王に泣きついた。今でいう法務大臣である大法官がこの問題を処理した。大法官は法律の形式よりも，良心や道徳を優先させ，裏切った受託者を処罰したのだ。この措置が先例として積み重なり，エクイティ裁判所となった。法律で裁く日本式のコモン・ロー裁判所と並び現在もイギリスで制度として存続している。

その後，信託は近代的な制度として発展しアメリカへと移った。戸籍制度が存在しないアメリカでは遺言を残すと財産が公開され，裁判所が関与する検認制度（プロベイド）を経て相続人が確定し，ようやく財産が分配される。このような手続きを避けるため生前に財産の行方を決めておく信託が庶民にまで普及することになった。

平成18年に大きな改正が行われた日本の信託法は，欧米が認めるさまざまな信託を輸入しつつ独自の考え方も取り込んだ。形式的な法律を飛び越えて家族のために財産を守ろうとする領民の知恵として英国で始まった信託は，日本においても中小企業の事業承継や家族の財産を守るために活かされることが期待されている。

《3》 信託には誰が登場するのか

財産を預ける委託者，財産を所有者という形で任される受託者，そして財産からの利益と元本を享受する受益者の３者がいなければ信託は成り立たない。

ただし信託法は様々な形式を認めていて，委託者と受託者が同じ人物になることもある。ときには３者を同一人物が兼ねることもあるし，受益者が存在しない信託も認められる。登場人物とその役割を把握しなければ信託は理解できない。基本的な類型を確認しておこう。

（1） 自益信託

財産の所有者が自分自身のために管理を期待して受託者に財産を預けるのが，自益信託とよばれる類型だ。自分の判断力に不安が出てくる将来に備え，成年後見制度に変わる財産管理手法として利用する。また，自分の死後スムーズに後継者に承継させるために，生前のうちに自益信託を開始しておくことも考えられる（遺言代用信託）。実務で実行される信託の90％はこの自益信託だ。

【自益信託】

（2） 他益信託

委託者以外の者が受益者となる信託は，他益信託とよばれる。税法の視点でいえば，信託で実行する生前贈与だ。財産の所有権は受託者に留保しつつ，財産価値のみを後継者に譲ることになる。預金を信託銀行に移し孫のために実施する教育資金一括贈与信託はこの類型だ。

【他益信託】

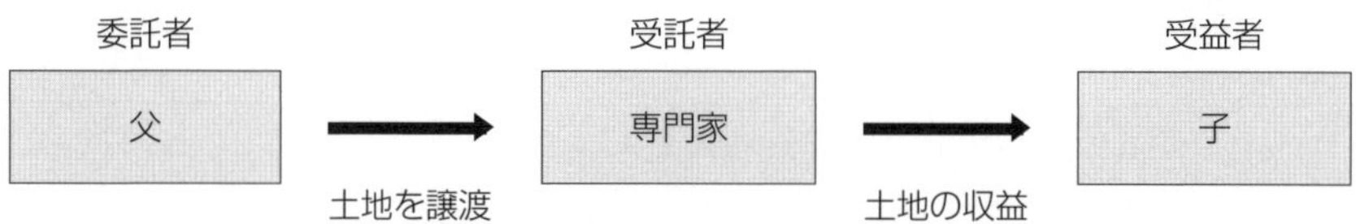

なお，遺言代用信託は，自益信託でスタートし，当初の受益者の死亡によって他益信託に切り替わる手法と位置づけることができる。

(3)　自己信託

さらに，他益信託の一種として，委託者が自分自身を受託者にすることもできる。たとえば，自分の財産を子供のために他の財産とは区別して元の所有者が自分で管理する信託だ。自己信託とも信託宣言とも呼ばれる。適切な受託者が見つかるまでは元の所有者が受託者を務める場合や，オーナー株主自身が受託者になって株主権を行使しながらも，配当を受け取る権利や元本価値を後継者（受益者）に移転しておくわけだ。

【自己信託】

(4)　目的信託

受益者の定めがない信託も設定可能だ。受益者の定めがない信託を目的信託という。奨学金を給付する慈善目的の公益信託などが典型だ。さらに信託が普及する米国では，愛犬を世話する目的の信託などもあるという。

【目的信託】

Q37 信託のメリット

信託のメリットと特徴を教えてください。

《1》 信託のメリット

民法の契約でできることのほとんどは，信託で実行できる。孫への生前贈与なら他益信託を実行すればよいし，遺言で財産を承継させるなら遺言代用信託で代替できる。受益権を売買すれば現物財産の売買と同じだ。信託を使って実行することで，従来と同様の対策に加えて信託独自の効果が期待できる。受託者に託しつつ財産を移転することになるので受益者が未成年であっても，元の所有者である委託者が認知症になっても困ることはない。そのためには信頼できる受託者の存在が不可欠だ。アパートを信託譲渡すれば，アパートの名義は受託者に変更される。入居者の募集業務や修繕業者の手配に加えて賃料不払いの訴訟を担当することも受託者が所有者として実行することができ，固定資産税の納税義務者にもなる。

委任契約でアパートの管理を任せる場合だと，受任者は依頼されたことのみについて注意義務を負い，契約にないことは一切できない。委任者の指示が絶対だ。

これに対し当初の取り決めにないことを実行できるのが信託だ。委託者の希望や想いを実現するための行為は，信託契約になくても受託者が判断し実行するのが当然だと考える。当然のことを信託の内容として決めておく必要はないというのが信託の考え方なのだ。したがって，受託者は委託者から独立して財産の運用方法を判断する。信託の内容次第では受託者自身の判断で節税を目的にアパートを購入することも可能だ。逆に，信託の目的に反することはたとえ委託者の指示であっても拒否しなければならない。だからこそ信託財産は誰からも独立した財産になり，受託者の債権者も差し押さえることができないのだ。

委任契約ではいずれかの当事者の死亡で終了する。さらに当事者はいつでも委任契約を解除することができる。これに対し信託は，委託者・受託者のどちらが死亡しても終了することはない。委託者の判断能力が衰えた後も，さらには委託者の死亡後も受託者による管理が継続する。遺言によって信託をスタートさせることができるのは，委託者の存在が不可欠ではないからだ。遺言で設立できる財団法人に類似する制度が信託なのだ。

《2》 財産を自由に切り分けることができる

信託を利用すると，株式について議決権と配当請求権を分離したり，アパートについて家賃を得る権利と信託終了後にアパートを受け取る権利を分離すること等が実行できる。民法では所有権を使用収益権と処分権に分離することはできないが，信託を使えば財産を受益権に転換したうえで，多用な個性を持つ資産を作ることも切り分けることもできる。

【収益受益権と元本受益権の分離】

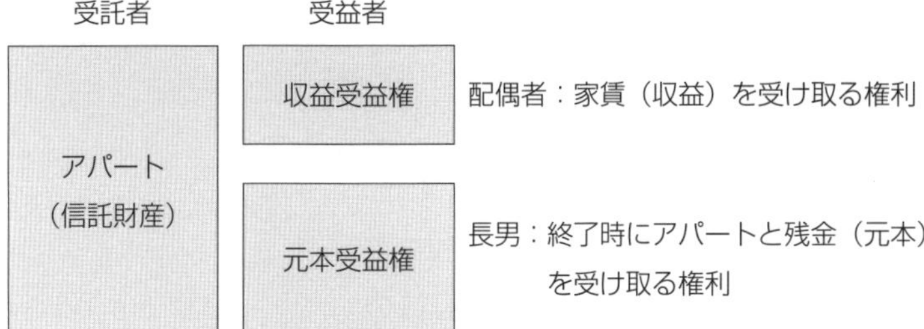

株式から切り離された議決権，居住用家屋から分離した居住権などは財産価値を評価する必要がないものとされるため，これらの権利の受益者に贈与税の問題は生じない。

しかし，アパートの複層化信託は実務では利用できない。理由は税法だ。この場合の収益受益権は，将来の予想利益を信託期間に応じた基準年利率による複利現価率を使って評価するとされる（評基通202）。しかし，アパートについて将来の賃貸期間やその間の収益，修繕費を見積もり複利現価によって収益受益権を評価するのは机上の理論だろう。前提条件次第で如何様にも評価額を操作できるとなると簡単に密室の節税ができてしまう。

ただ，最近はこのような信託が節税実行されているという話も聞く。組織再編税制がそうだったように，過度な節税策に課税当局も黙ってはいられないとなれば否認事例が登場するだろう。そうなったときにどのような形で通達等を改正するのか興味深い。

《3》 信託最大のメリットは倒産隔離

信託を設定すると財産は受託者名義になるが，仮に受託者が倒産しても信託財産が差し押さえられることはない。信託財産は誰からも独立しているのだ。株式会社を財産管理会社として利用する場合，株主が破産すれば，会社を解散し残余財産を回収して債務を弁済する必要があるが，信託ではそのようなリスクを防止することができる。

受託者は，信託財産を受託者自身の固有の財産と分別して管理しなければならない（信託法34）。

【信託財産は差し押さえられない】

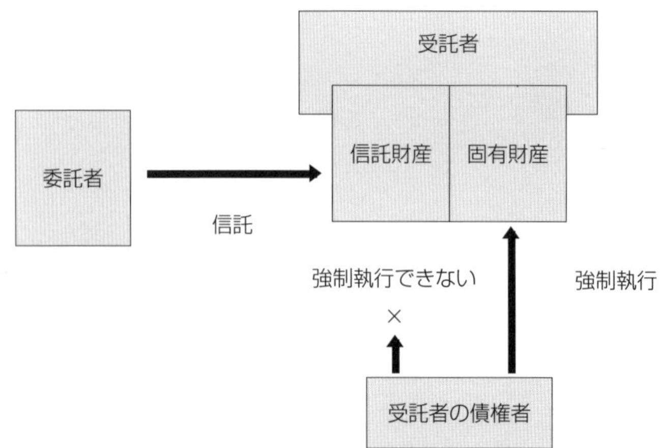

不動産などの財産については登記によって分別管理する。仮にアパートを信託財産とする場合は所有権移転の登記と同時に信託登記が行われる。

《4》 教育資金一括贈与信託と節税

教育資金一括贈与信託は，高齢になった祖父母がこの制度を利用し孫やひ孫に教育資金の一括贈与を実行することで，相続財産を減らすことができるツールとして相続税対策に利用されてきた。創設当初は贈与した現金が相続時に残っていても相続財産にはならなかった。ただし受贈者が30歳になったときに残金に贈与税が課税されることになっていた。

その後は改正が行われ，贈与者である祖父母の死亡時に孫が使い切れていない残金に対しては，贈与者の遺産に加算して相続税が課税されることになった。だたし孫が23歳未満あるいは学生の場合は課税しない。

令和5年度税制改正では贈与者の相続税の課税価格が5億円を超えるときに限っては，受贈者が23歳未満だったり学生であっても残金を相続税の対象とすることになった。令和5年4月1日以後に取得する信託受益権に係る相続税・贈与税について適用されている。

祖父が，孫に対して教育資金一括贈与をして，その後，祖父に相続が開始したときの教育資金の残金が1,300万円だとする。孫が小学生で，祖父の相続税の対象となる財産が仮に6億円だったとする。この場合は祖父の遺産に1,300万円が加算され孫は相続税を申告しなければならない。

典型的には余命宣告された祖父母がひ孫に贈与する節税手法として，資産家の節税に使われている現実を課税当局が認識していたことがわかる改正だ。

「やってみたら大したことなかった」これが経験でありノウハウでもある。そういう場面を多く経験しているのが価値ある専門家だと思う。未経験の分野や新しい税制でもやってみれば意外となんとかなるものだ。1度でも手掛けてみれば自信がつく。自信がつくから数がこなせる。そうなればその分野の専門家だ。本を何冊読んでも1回の経験から得られる自信にはかなわない。

有能な人ほど，自分とよく似た人物を探すことに長けているそうだ。自分と似た人の長所を真似ることで効率よく自分を成長させることができる。逆に，世の中の流行を追ったり，平均的な人しか見ない人は成長しない傾向があると思う。

Chapter 10

法人税

Q38 清算所得課税はなぜ廃止されたのか

会社を解散した後の法人税の課税関係について教えてください。

《1》 不安な時代に備えるための廃業

子供に当然に事業を承継させるべき時代はすでに終わっている。昭和の時代であれば，家業を子に承継させるのは当たり前のことだったのだろう。事業を拡大し，法人名義の不動産を取得し，自社株をうまく承継する必要があった。子供に世代交代できるよう事業を育て承継することが経営者の務めだった。

平成，さらに令和の時代は，大企業に勤めることのできなかった子が親の事業を継ぐ時代だ。それなりの中小企業はM&Aで売却できる時代になった。子供が後を継ぐことにこだわる必要もない。子が自立し斜陽産業になった家業を継ぐ必要がなくなれば，父親の代でうまく廃業して会社の内部留保を現金や収益不動産として残すことができる。廃業が財産承継の有力な手法になった事例をたくさん見てきた。子供に経営能力があるかどうかは先代経営者には見えていると思う。事業を承継した子供にとって，経営が上手くいかないからといって親から継いだ会社の廃業を選択するのは簡単な決断ではない。親の代で廃業を決め内部留保した財産を残す。先が見えないこれからの時代に必要な発想だと思う。

可能なら非上場株式をM&Aで現金化し，そうでなくても上手く廃業して会社財産を残して自分の老後に備え，さらに子供や孫の世代に役立てる。廃業とは，経営者が行うべき前向きな資産の組み替えなのだと思う。引退した経営者とその家族へのアドバイスにこそ今後の税理士の専門家としての役割が見えてくるのではないか。

《2》 廃止された清算所得課税

平成22年度税制改正によって廃止された清算所得は，企業の一生の所得を清算するという趣旨による財産法の仕組みだった。

【財産法による清算所得の計算】
清算所得＝残余財産－（資本金等の額＋利益積立金）……　企業の生涯の所得を清算

残余財産から株主の拠出金と課税済みの利益を差し引く仕組みは，清算所得として合理的だ。なぜ財産法による計算方式が廃止されたのか。

それは組織再編税制やグループ法人税制の存在だ。合併や自己株式の取得は資本金等の額や利益積立金額にマイナス残高を生じさせることがある。事業による赤字の計上以外の理由でマイナスが生じてしまうのだ。

財産法の時代は利益積立金のマイナスはゼロと扱うのが実務だった。残余財産からは資本金等の額のみを控除する。そうすれば払込資本の金額までの残余財産には法人税が課税されないから正しい清算所得が計算できる。ただしそれはマイナスの利益積立金が事業の赤字によるものであることが前提だ。

平成13年度税制改正以後，適格組織再編成や自己株式の買取りによって利益積立金のマイナスが生じるようになった。たとえば自己株式の買取り代金の原資は，減少すべき資本金等の額を先に計算し，残額が利益積立金になる。利益積立金が少ない会社が自己株式を買い取ると利益積立金がマイナスになってしまうのだ。いわば未実現の含み益を原資にした違法配当が生じるのだ。さらに，市場を通じて自己株式を買い取る場合は買取り代金がそのまま資本金等の額の減額処理になる。その場合は資本金等の額がマイナス残になることもある。資本取引や適格組織再編成でマイナス残高の資本金等の額や利益積立金額が計上されてしまうと，清算所得は計算できなくなってしまう。

【マイナスの資本金等や利益積立金額があると】
清算所得（？）　＝　残余財産－（(－）資本金等の額＋（－）利益積立金）

さらにグループ法人税制の導入によって，恣意的に資本金等の額や利益積立金を減額できるようになり，財産法による清算所得は，計算の合理性を維持できなくなっていた。これが財産法を廃止して損益法に転換した改正の理由だ。

《３》 期限切れ欠損金の使用

平成22年度税制改正後は，解散後も通常の所得計算を行うことになった。つまり財産法から損益法へと変更したことになる。

損益法の問題点は，換金した財産を全額債務の弁済に充てるような債務超過会社の解散の場合には，残余財産が残らないにもかかわらず，法人税の課税所得が生じてしまう。財産の処分で実現した売却益がそのまま所得になるからだ。財産法の時代だと債務超過会社の解散では清算所得が計算されることはなかった。

【債務超過会社の解散】

解散直前のBS

土地	300	負債	1,500	
	(時価1,400)	資本金等の額	100	
		利益積立金	▲1,300	(青色欠損金なし)

事例のケースでは，財産法の時代だったら所得が生じなかったが，土地を換金すると所得（土地売却益1,100）が発生する。換金した現金1,400はすべて債務の弁済に充てられるので残余財産はない。

そこで，解散後の事業年度においては期限切れ欠損金の損金算入が認められる。別表５（１）における期首の利益積立金のマイナス金額から，別表７の青色欠損金を控除した金額を使用する（法基通12－３－２）。この場合1,300を損金算入できるため法人税負担は生じない。

ただし，期限切れ欠損金の損金算入が認められるのは残余財産が生じないと見込まれる場合に限られる（法法59③）。

それは適格組織再編成や自己株式の取得によって，マイナスの利益積立金を自由に作り出せてしまうからだ。資本等取引とは，事業収支によらずに資本金等の額や利益積立金を増減させる取引だ。解散に先だって自己株式の取得でマイナスの利益積立金を作っておけば節税になってしまうのだ。そこで妥協の産物として，残余財産がないと見込まれる債務超過会社の解散に限って，期限切れ欠損金の使用を認めることにしたのである。

しかし現行の制度でも実は問題が解消していない。それは利益積立金額のマイナス残高がそもそも期限切れ欠損金を意味しないということだ。たとえば利益積立金を1億円計上する会社が，8千万円の欠損を計上してもマイナスにはならない。また，適格合併で利益積立金額を引き継いだためにマイナスだった利益積立金がプラスになることもある。いずれの会社を解散しても別表5（1）がプラスである以上，実際の期限切れ欠損金は使用できないのだ。

一方で，グループ会社に多額の寄附をすれば債務超過になり容易にマイナスの利益積立金を作ることができる。グループ法人税制を使えば受贈益に課税されることもない。会社を解散させてから土地の譲渡益を実現すれば，期限切れ欠損金として損金算入ができてしまう。

経営者は孤独だというがそれはウソだと思う。俺は孤独だという経営者に出会ったことがない。私自身，事務所を経営していて孤独と感じたことはない。孤独になれるのは贅沢だと思う。それはすべて自分で決められるということだ。

ところがコロナ禍ではテレワークが当たり前になって従業員とも会わなくなり，飲み会がなくなって経営者仲間とも会わなくなった。経営者といえども孤独が前提になってしまった。その状況でも人間は成長できるのか。いや，無理だと思う。人間には三密が必要なのだ。

Q39 法人の解散と期限切れ欠損金の具体的検討

期限切れ欠損金の取扱いと解散実務の課題を教えてください。

《1》 債務超過の判断には未納法人税を含む

事例

私が支配する会社を解散することにしたが会社には社長借入が5千万円ある。土地は清算中に5,100万円で処分できた。4,100万円の譲渡益が生じる。期限切れ欠損金は利用できるのだろうか。

解散時の貸借対照表

土地	1千万円	社長借入金	5千万円
	（時価5,100万円）	純資産	▲4千万円

土地を換金し社長借入金を弁済すると100万円の残余財産が確保できることが見込まれる。では期限切れ欠損金は使えないことになるのか。仮にそうであれば財産を上回る法人税が計算されるため税負担はできない。

1　土地を5,100万円で処分（＝売却益4,100万円）
2　社長に5千万円を返済
3　残余財産は100万円
4　売却益4,100万円に対する未納法人税1,400万円

この場合は未納法人税を含めて債務超過か否かを判定できる。つまり残余財産はないと判定して期限切れ欠損金が使えることになっている。

結局，法人税負担はなくなり残余財産が残る結果になるのだが質疑応答事例はこれを認めている（国税庁　質疑応答事例　法人税「解散法人の残余財産がないと見込まれる場合の損金算入制度（法法59④）における「残余財産がない

と見込まれるとき」の判定について」)。払う必要のない法人税を含めて債務超過を判定し，残余財産が確保されるにもかかわらず期限切れ欠損金が使えることは条文からは読み取れないのだが，質疑応答事例で実務的な解消を図った格好だ。

この質疑応答事例が出るまでは，残余財産が１万円しかないのに１億円の法人税負担が生じることもあり得たが，そのようなリスクはないことが明確になった。

《２》 マイナスの資本金等の額は期限切れ欠損金

事例

１億円で買収した子会社を適格吸収合併し資産を簿価承継した。子会社の資本金等の額は１千万円で利益積立金は９千万円だった。

たとえば，買収した子会社を吸収合併すると，子会社株式の帳簿価額を資本金等の額で消却することになるため，これが原因で親会社の資本金等の額がマイナスになることがある。

【親会社にマイナスの資本金等の額が生じる】

（親会社の合併受入仕訳）

資本金等の額	１億円	／	子会社株式	１億円
資産	××円	／	資本金等の額	１千万円
		／	利益積立金	９千万円

グループ法人税制が適用される100％子会社の解散でも，合併と同様の処理をするため親会社にはマイナス残の資本金等の額が生じ得る。また，資本金等の額がマイナスになっている上場企業は多い。市場で自己株式を購入している場合はみなし配当の適用がないため，購入額全額を資本金等の額から減額するからだ。さらに，100％子会社の株式をその子会社に自己株式として買い取らせた場合にも親会社にマイナスの資本金等の額が生じる。その後に親会社が債

務超過で解散することになっても，利益積立金のマイナスがないために期限切れ欠損金が使えなかったら所得が計上されてしまう。

事例

会社を解散することになった。残余財産は生じない見込みだが，期限切れ欠損金は存在しない。法人税が課税されてしまうのだろうか。

解散直後の貸借対照表

土地	1,000	借入金	5,100
	(時価5,000)	資本金等	▲5,000
		利益積立金	900

平成23年度税制改正では，マイナスの資本金等の額を期限切れ欠損金と同様に取り扱う改正が行われた。

そもそもマイナスの資本金等の額は，いわば違法な資本の払戻しが行われた結果であり事業損益に基因する欠損ではない。解散に先立って資本金等の額のマイナスを作っておけば節税に利用できてしまう。マイナスの利益積立金と同じ問題が生じてしまうのだ。

しかし，残余財産がないのに法人税を課すわけにもいかない。結局，利益積立金のマイナスの場合と同様に，残余財産がない場合に限って資本金等の額のマイナスを期限切れ欠損金として使用できる妥協的な措置とされたのである。

《3》 清算中の会社の注意点

事例

解散決議後，清算中の会社の株主に相続が開始した。

清算中の会社の株式には類似業種比準方式の評価はできない。分配までの期間に応じた基準年利率によって，分配見込額を複利現価評価することになっている（評基通189－６）。

しかし，実務上は解散登記を行っただけで分配を行うことなく長期にわたり清算中のまま放置することも珍しくない。この場合は純資産価額によって評価する（国税庁　質疑応答事例「長期間清算中の会社」）。

事例

経営する同族会社を解散した。土地が換金できたのだが，残余財産として分配を受けるとみなし配当課税（所法25①三）を受け総合課税になってしまう。社長である私が清算人になったので定期同額給与の支払を継続してもよいか。

清算人も役員なので定期同額給与を支払い続けることはできる。過大給与の心配はあるが解散後の法人に所得が生じないのであれば否認を気にする必要はない。

ただ，毎月の報酬でなく役員退職金として報酬を払うほうが賢明だとは思う。

事例

解散中の法人の株式を相続したが，清算結了したので残余財産の分配を受けた。

上記で確認したように，相続税の申告においては清算中の法人の株式は分配見込額で評価することになる。そして残余財産を分配したら，みなし配当課税の対象となって，分配を受けた残余財産のうち資本金等の額に相当する額を超える部分の金額が株主に対するみなし配当になる。

解散会社の貸借対照表

資産	1,300	負債	0
		資本金等	100
		利益積立金	1,200

1　相続時　解散会社の株式を1,300で評価して申告

2　分配時　残余財産の分配によりみなし配当課税

現金	1,200	／	みなし配当	1,200
現金	100	／	株式譲渡収入	100
譲渡原価	300	／	株式	300

何も残らない過酷な課税になることも考えられるのだが，これが二重課税に当たると納税者が主張した事例がある（平成27年４月14日大阪地裁）。

しかし，ストックに対する相続税課税とフローに対する所得税課税は課税対象が異なり二重課税には当たらない。納税者の主張は認められなかったのは仕方ないだろう。仮に生前に解散したとすると，残余財産の分配時に所得税を負担し，相続時に残余財産が相続税の対象になると考えると二重課税でないことが理解できる。とはいえ，気の毒な事例であることに変わりはない。

Q40 役員退職金

同族会社において役員退職金は便利な節税手法ですが，実行する場合のリスクと否認事例について教えてください。

《1》 役員退職金というツール

創業経営者が功績に見合う役員退職金を受け取るのは当然だ。役員退職金の支給は法人税・所得税が有利になるだけでなく，いずれ現預金として配偶者に相続させれば配偶者の税額軽減を適用できるので相続税もかからない場合が多い。経営者から配偶者の財産の承継に税法の優遇措置を活用するのは良いことだと思う。後継者は先代経営者が築き上げた会社を継ぐことができただけで感謝すべきだろう。

しかし，役員に留まったまま支給したいわゆる分掌変更退職金は否認に繋がりやすい。否認されると法人税が損金不算入になるだけでなく，支給された個人で給与所得と認定されてしまう。もちろん源泉所得税を不納付加算税とともに納付することも必要になる。分掌変更退職金は役員に留まったまま実行でき節税効果が大きいとして，支給資金の融資を期待する金融機関や，節税アドバイスで存在価値を示したい税理士が提案する格好の節税ツールだった。平成18年京都地裁判決では，法人税基本通達９－２－32（役員の分掌変更等の場合の退職給与）を形式的には満たしていたのだが，前オーナーは支給前後も経営の中心としての関与が継続しており退職と同様の事情は認められないとして，役員退職金が否認された判例は実務の転換点と位置づけられるが，いまだに認識を変えずに実行し否認される報道が見受けられる。

日本では代表取締役を退任した場合でもいったん形だけの役職に就いた後に身を引く場合が多い。とくに大企業においては，引退する社長が業界団体の役員に就任する際に，元の会社の取締役の肩書が必要であることに配慮して認めているのが分掌変更退職金の損金算入の取扱いなのだ。中小企業の節税策として準備された通達ではない。

また，登記上は役員を外れたとしても持株要件と経営従事要件を満たしているがゆえに，税法上のみなし役員と認定されると（法令７二），そもそも役員退職金は損金算入できないことになる。

中小企業では社長は筆頭株主であることがほとんどだが，では筆頭株主に留まるとそれだけで経営に参加していることになるのか。そんなことはないはずだ。100％株主であることがただちに主要な経営の地位を有しているとの認定に繋がることはない（平成20年６月27日東京地裁）。もし筆頭株主はダメだとなれば，ほぼすべての同族会社で分掌変更退職金は支給できないことになる。

取引先や銀行への通知や借入金についての個人保証について後継者に変更しておくこと等は怠ってはならない。可能なら定期同額給与は受け取らないようにすれば安全だろう。

《２》 短期間の勤務に対する退職所得控除の取扱い

（１） 役員退職金の２分の１課税の廃止

役員としての勤続年数が５年以下である役員が支払を受ける退職金については２分の１課税が適用されない（所法30②）。旧民主党政権時代に天下り役員によるいわゆる「渡り」に対する国民の批判に政府が応えた平成24年度改正によるものだ。また，あえて通常の役員報酬を少なくしておいて，その分を退職金に上乗せして支払うという節税が一部の外資系企業で行われていたことも改正の背景にあったのだろう。

この取扱いは公務員や外資系企業だけではなく一般企業の役員も対象で，たとえば上場企業の従業員が役員に昇格後５年以内に退職したような場合にも適用される。中小企業では親族役員が相続などで欠けてしまうと役員の頭数を揃えるために従業員を役員に昇格させることが多いので注意が必要だ。なお，使用人兼務役員の場合は，退職金を使用人分と役員分とに区別して計算する。使用人分を多めに割り振るのが有利になるため，支給の仕方に工夫の余地がある。

（2）　平成４年分の所得税からは従業員の短期勤務の退職金も対象に

役員以外の短期勤務の退職金にも改正が加えられた。こちらは役員と違い300万円の枠が設けられた。勤続年数が５年以下の「短期退職手当等」については退職所得控除後の残額のうち300万円を超える部分については，２分の１課税を適用しないことになった。額面で500万円程度以上の退職金が対象になるが，５年以下の勤務でこれだけの退職金がもらえるのは一般企業では稀だろう。やはり外資系企業や同族会社を念頭に置いた改正といえる。

《３》　分掌変更退職金の否認事例と通達の本旨の理解

（1）バックデートによる未払処理が疑われた事例

分掌変更退職金の支給は，法人税の利益操作を認めない観点から未払処理は認められない。思った以上に黒字が出たからと決算日を過ぎてから分掌変更退職金の支給を決めて未払計上する処理は禁じられる。つまり，決議した事業年度の一括支給が原則だ。

東京地裁平成20年６月27日判決では，監査役に分掌変更した前社長に支給した役員退職金4,500万円について，裁判所は体調の悪化による実質的な退職事実を認めたものの支給額の確定が翌期だとして否認されている（東京地裁平成20年６月27日）。経理処理や存在する書類から明らかにバックデートでの処理を思わせるものだった。支払が確定したのは翌期だというわけだ。平成19年に法人税基本通達９－２－32の改正で注意書きが追加され，未払処理を原則認めないことが明記されるきっかけになった事例だ。

> ９－２－32（役員の分掌変更等の場合の退職給与）
> ……　省略　……
> （注）　本文の「退職給与として支給した給与」には，原則として，法人が未払金等に計上した場合の当該未払金等の額は含まれない。

(2) 分割支給によるその都度損金算入を認めた事例

平成27年2月26日東京地裁判決では，分掌変更退職金2億5,000万円について，支給決議の属する事業年度で7,500万円のみ支払い，翌事業年度に残金1億2,500万円を支払って，各々，支払った事業年度の損金に計上した処理を容認する判例が登場した。分掌変更退職金にも法人税基本通達9－2－28のただし書きが適用されると判断し支払日での損金算入を認めた。

> 9－2－28（役員に対する退職金の損金算入の時期）
> 　退職した役員に対する退職給与の額の損金算入の時期は，株主総会の決議等によりその額が具体的に確定した日の属する事業年度とする。ただし，法人がその退職給与の額を支払った日の属する事業年度においてその支払った額につき損金経理をした場合には，これを認める。

この判決後は，支給を決議した段階において，退職金の総額・支払の時期・終期が明確である場合には，支払の都度損金算入することが認められるとする解説が追加された（小原一博著『法人税基本通達逐条解説　八訂版』（税務研究会出版局）P.770）。支給総額と支給時期があらかじめ確定していれば利益調整には利用されることがないためだろう。しかし，定期同額給与をゼロにして分掌変更退職金の分割払いをすることで給与所得を退職所得に切り替える節税は可能だ。

分掌変更退職金は，実質的な退職がないとされる否認がそもそも最も多く，これをクリアしても支給時期の問題が生じる。分掌変更退職金は使わず，なるべくなら完全に役員を退職し，仮に分掌変更退職金を使う場合でも一括支給が基本と認識すべきだ。

《4》 見直しの議論が本格化へ

経済財政運営と改革の基本方針（骨太の方針）の大きな焦点が退職所得課税制度の見直しだ。長期継続雇用を特に優遇していることが労働移動の円滑化を阻害しているとの批判がある。改正の本当の狙いは何か。政府のいう雇用の流動化なのか，中小企業で重宝される節税の防止なのか，純粋な増税のための改正なのか，趣旨によって改正内容や経過措置の取扱いが決まることになろう。

税法を知らない顧問先からの質問にはドキッとさせられることがある。いや税法を知らないからこそ税理士とは異なる切り口や発想による鋭い質問がある。基本をわかっていないことを認識させられることも少なくない。それはむしろ収穫だ。こちらも真剣に考えなくてはいけない。顧問先の納税者との真剣勝負で税理士も税法を学ぶ。税理士も納税者に育てられることになる。

1円の過少申告も1円の過大申告もしない。正しく100を申告する，そんな理想の申告はあり得ないのだから，96～98で申告するのが実務感覚だろう。要するに修繕費か資産計上かという場面だ。保守的な処理を意識するあまり100～110で申告している税理士が多いように思える。

しかし96の申告は結構気を遣う。否認されたり勘違いしていたら税理士の責任になる。一見いい加減な処理には責任が伴う。納税者に厳しい処理をしているだけでは税理士に成長がない。

税制が変われば税務調査の方向性も変わる。交際費の枠は昔は20%が損金不算入だったが，今，中小企業では年800万円まで全額損金にできるようになった。そうなると調査の現場は交際費に寛容ではなくなり，近年は積極的に役員賞与と認定するようになっていると感じる。

Chapter 11

持分会社

Q41 持分会社の利用法

持分会社とはどのような会社ですか。また，利用価値を教えてください。

《1》 持分会社は大航海時代の会社

会社法の創設によって合同会社が登場したこともあり，持分会社が注目されるようになった。何か目新しいイメージがあるがそうではない。ヨーロッパの大航海時代の会社こそが持分会社だ。

大航海時代は，航海のたびに資本家から出資を募り航海が終われば利益を分配した。1回の航海で清算するため，資本と利益は投資家ごとに明確に区別する必要がある。株式会社の場合だと持分は抽象的だが，持分会社は出資者個人ごとに資本と利益を管理する必要があるのだ。

資金を出資する者は無限責任を負うと同時に経営にも参加する。アジアから香辛料等を持ち帰れば大きな利益が独占できる反面，難破した場合の損失もすべて引き受け，船を建築するための借金には無限責任を負わねばならない。債権者に対して担保となるのは投資家の個人財産のみとなるため債権者保護を目的とする「資本金」という概念は存在しない。より多くの資金を集めるために経営には参加しない有限責任の出資者も募集したはずだ。当時から無限責任社員と有限責任社員が併存する合資会社があったと思う。

1回の航海で帰国して清算することなく，各地に拠点を設けて長期の航海を継続するために，持分を小口に分けて譲渡できる株式の概念が発明された。オランダ東インド会社だ。多額の資金を調達して長期の事業継続が可能な株式会社へと進化することになる。

《2》 持分会社の個性

持分会社は，構成員（社員）同士の内部関係について組合法理が採用されている。税理士が集まり個人の共同事務所を行うのが組合法理だ。社員は原則として全員一致で会社の方針を決定し，社員自らが業務執行を行う。これに対し株式会社は多数決原理の社団法理であって，それは選挙であり，国会運営だ。

【社団法理と組合法理の違い】

社団法理（株式会社）	＝	選挙・国会運営	＝	多数決
組合法理（持分会社）	＝	遺産分割協議	＝	全員一致

会社内部の決定を全員一致で決定するということは，自由度が高い反面，内部の社員同士でトラブルがあると何も決定できなくなってしまう。遺産分割協議の紛争を想定してみれば理解できるだろう。

持分会社は社員の個性を重視する人的会社だ。持分会社と取引をする者は，出資者の資産を担保に取引をする。各々の社員の持分（純資産）を社員ごとに管理するなど，株式会社にはない持分の管理が必要となる。なお，定款に定めがないときは出資に応じて損益が分配される（会社法621，622）。

したがって，資本金・資本剰余金・利益剰余金は出資者の個人別に管理されることになる。なお，持分会社には資本準備金と利益準備金の概念はない。合同会社でいえば，払戻規制がある資本金と，規制がない資本剰余金に区分すれば充分であり資本準備金は必要ない。

合同会社は，鵺（ヌエ）のような存在だ。会社法の制定の過程で中小企業庁がLLCという米国流の制度の導入を要求して創設されたのが合同会社だ。LLCは法人だがパススルー課税であり出資者個人の所得になる。中小企業庁の期待とは異なり主税局はパススルー課税を採用せず通常の法人税課税を適用することにした。中小企業庁はあきらめずにパススルー課税が可能な有限責任事業組合を創設したために，合同会社は捨てられた存在として会社法に居残ってしまった。人的会社であるのに無限責任社員が存在せず，したがって資本金が必要になる。まさに「人的な物的会社」ともいうべき鵺のような存在なのだ。

《3》 合同会社の利用価値

合同会社の特徴を有効に活用しているのが米国の巨大企業だ。たとえば，ウォルマート傘下の西友は，株式会社から合同会社に組織変更を行っている。合同会社は，社員総会・取締役・取締役会などいずれも不要で，会計監査人の設置も不要であり，代表社員である親会社から職務執行者が選任されている。迅速で機動的な組織運営のメリットは大きい。さらに米国の税法上，親会社には本国でパススルー課税が適用されることも，米国企業が日本の子会社を合同会社にする要因になっているという。最近ではアマゾンジャパンが合同会社に組織変更している。

では，中小企業の事業承継や相続ではどのように利用できるだろうか。出資の払込金額のうち，資本金にする金額に制約はなく，自由に資本剰余金にできる。したがって，多額の出資の払込みを行う場合でも資本金を１千万円以下にでき，特定期間の課税売上が１千万円以下なら設立後２年間は消費税の免税事業者になることができる。

定款認証が不要であるため設立が簡単であり，株式会社よりも低額ですぐに設立できる。役員の変更登記が不要であることもメリットになる。

また，持分会社は合併や会社分割などの組織再編成が可能だ。会社分割の分割先の新設会社として合同会社を利用することができる。不動産賃貸部門を切り離すための分割先会社を合同会社にできるというわけだ。

《4》 合同会社の登場によって，「資本金」とは何かという矛盾が

持分会社は定款変更で自動的に種類が変わる。父が無限責任者で子が有限責任社員となっている合資会社において，父が死亡し無限責任社員が存在しなくなると定款を変更したものとみなされ自動的に合同会社になる（会社法639）。合資会社から合同会社に変わったことを認識していないことも考えられるのである。このような事態を避けるためには，死亡による退社について相続人に持分を承継する旨を定款に定めておくことが必要だ（会社法608）。

合資会社にみなし組織変更があった場合には，合資会社の解散登記及び合同会社の設立登記が必要となる。両社では登記事項が異なるため会社の種類のみなし変更だけでは第三者にはわからないからだ。

さらに持分会社は債権者保護手続きを経て株式会社になることもできるし，逆に株式会社が持分会社になることも可能だ。この場合は組織変更となる（会社法２二十六）。

合名会社と合資会社には，会計上の出資金は計上されているが，登記はされず設立時に払込みを完了する必要もない。社員が無限責任を負う持分会社に資本金は不要なのだ。ところが，合資会社の無限責任社員が死亡し，自動的に合同会社になると，いきなり資本金が出現してしまう。会計ソフトに計上していたにすぎない出資金が資本金として登記されてしまうのである。

合同会社を創設したがゆえに，資本金が存在しない持分会社・資本金が存在する合同会社・株式会社の行き来が自由になってしまった。債務超過の合資会社が定款変更により合同会社になると最初から債務超過になってしまうのだ。そうなると資本金をいくらにすればよいのかという疑問が生じる。合同会社の登場は資本金の位置づけを難しくしてしまった。

Q42 持分会社の個性と課税上の疑問点

持分会社には，独特の取扱いや課税関係が登場します。実務上，どのような問題がありますか。

《1》 出資の払戻しと利益の配当の問題点

持分会社の社員は，払込済みの出資の払戻し（会社法624）と利益の配当（会社法621）を請求することができる。利益の配当については過去に各社員に分配された損益（会社法622）の累計から既に交付された金額を控除した残額が配当可能額となる。

ただし，合同会社は有限責任社員のみであるため，債権者保護の観点から利益額を超える配当をすることはできない（会社法628)。無限責任社員が存在する他の持分会社にはこのような財源規制はない。

【合同会社の純資産は個人別に管理する】

合同会社の純資産

	資本金	資本剰余金	利益剰余金	持分
社員A（父）	700	300	▲200	800
社員B（子）	300	600	500	1,400
	1,000	900	300	2,200

この合同会社において，社員Ｂ（子）から利益の配当請求があった場合はいくらまで配当できるか。持分は1,400であるが，配当できるのは子に分配された利益500が限度となる（会社計算規則163)。ただし会社の利益剰余金の総額が上限となるため，結論は300ということになる。実際に300を配当すると社員Ｂ（子）の利益剰余金の残額は200になる。

《2》 退社による払戻し

持分会社を退社した社員には持分の払戻請求権がある（会社法611）。株式を譲渡して株主が投資を回収できる株式会社とは異なり，会社からの払戻しによって投下資金を回収するのが持分会社だ。

合同会社については退社に伴う持分の払戻しについても制限がある。会社全体の資本剰余金と利益剰余金の総額が払戻し額を下回ると資本金の減額が必要となる。たとえば《1》の合同会社の場合，社員Ｂは退社する際に持分である1,400の払戻しを受けることになるが，資本剰余金と利益剰余金の総額が1,200しかないので資本金を200減額することが必要だ。持分会社にもかかわらず債権者保護手続きをしなければならない（会社法635）。これも合同会社の鵺としての特異な一面だ。

仮に会社財産が不動産しかないような場合，退社による持分の払戻請求権が行使されると会社は不動産を売却せざるを得なくなってしまう。医療法人では社員の退社による払戻請求によって経営危機が生じてしまう事例がよくあるが，同様のことが起こるリスクがあるのだ。

社員が死亡し，出資を相続した場合は，株式会社に準じて評価する（評基通194）。純資産が社員ごとに管理され，持分が各社員に帰属しているにもかかわらず，類似業種比準方式や配当還元方式で評価できるのだ。

なお，持分会社の社員は，持分の譲渡も可能であるが，原則として社員全員の承諾がない限り，譲渡することはできない（会社法585）。退社による回収が持分会社の基本思想だからだ。

《3》 死亡退社でみなし配当課税

持分会社の社員の死亡退社によるみなし配当を認定された裁決事例が公表されている（令和４年６月２日裁決）。

持分が相続人に承継されることが定款に規定されていれば，株式に準じて評価した持分が相続税の対象になり，みなし配当課税はない。これに対し，定款の規定がない場合は，死亡退社により払戻請求権が生じ，そのうち出資に対応する部分を超える金額は被相続人のみなし配当になるため準確定申告の対象となる。また，払戻請求権は相続税の対象になる。

しかし，死亡退社による持分の承継の規定が定款にない場合でも，相続後に定款変更したら持分の承継を認めるのが実務だと思う。だがこの事例では払戻しをゼロとすることで総社員が同意したとある。つまり持分の承継も排除して相続税を節約しようとしたのかもしれない。節税行為が否認された失敗事例なのだろう。また，仮に払戻しをゼロにすることができたとしても，他の既存社員に経済的利益の移転が生じるため，みなし贈与・遺贈（相法９）の問題が生じることになるはずなので，いずれにしても上手いやり方とはいえない。

《４》 債務超過の持分会社における債務控除

合名会社と合資会社については，無限責任社員が死亡した場合，債務超過であるときはその無限責任社員の負担すべき債務超過部分が相続税の申告において債務控除の対象となる（国税庁質疑応答事例「合名会社等の無限責任社員の会社債務についての債務控除の適用」）。社員は連帯して会社の債務を弁済する責任を負うとされている（会社法580）。退社した社員は退社以前に生じた会社の債務に対し責任を負わなければならないため（会社法612①），死亡退社した被相続人の責任は相続人が負うことになる。

しかし，持分会社には人格が認められているのだから，実際に法人が破産し，無限責任社員の負担が実現している場合に限り債務控除を認めるのが本来の考え方だと思う。非公開裁決だが，無限責任社員の債務控除が問題になった事例がある（「週刊税のしるべ」平成27年７月13日号）。この事案は理由附記に欠けることを理由に納税者の処理を容認しているが，現場では債務超過の合資会社の無限責任社員の相続において債務控除が否認されているのだ。

また，この場合の債務超過額の計算は簿価なのか実勢価格なのか，あるいは財産評価基本通達による評価なのかは不明だ。相続評価では債務超過だが会社法上は資産超過だとどうなるのだろうか。次のような疑問も生じる。たとえば債務超過の株式会社が合名会社に組織変更すれば債務控除が可能になってしまうのだろうか。債務超過の株式会社に出資している父親（被相続人）が組織変更後の無限責任社員になれば，父親の相続の際は債務控除が可能になってしまうのだろうか。解明されない実務の疑問が残る。

《5》 持分会社の事業承継において贈与税課税が生じることがある

合資会社の無限責任社員が有限責任社員となった場合に贈与税などの課税が行われるとの文書回答事例が公表されている（仙台国税局　文書回答事例「債務超過の合資会社の無限責任社員が有限責任社員となった場合等の贈与税等の課税関係について」）。

債務超過状態にある合資会社において，無限責任社員である父が有限責任社員となり，後継者である子が無限責任社員になった場合に贈与税が課されるリスクがあるというのだ。根拠は，無限責任社員は有限責任社員となった後も2年間は無限責任社員としての責任を負うが，社員変更登記後2年を経過したときに，弁済責任は消滅する。子が無限責任社員を引き受けてくれたことによるものであるから，その時，なお債務超過状態である場合には，親にはみなし贈与の課税（相法9）が生じると解説されている。

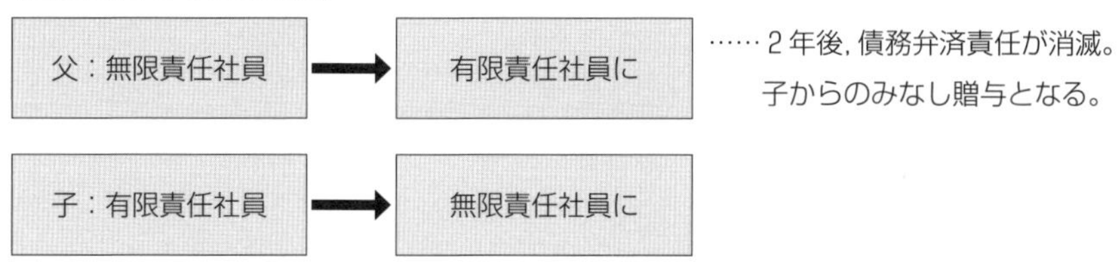

このような実務があるとは思えないところではあるが課税当局の解説である以上，頭の片隅に置いておく必要がある。

合名会社を設立し，社員２名による労務出資1,200万円が定款に記載されていたら，設立初年度は納税義務者になるのだろうか。これについては消費税の納税義務の判定に労務出資が含まれるとの解説がある（税務通信3597号）。つまり，資本金1,000万円以上に該当し設立初年度から納税義務者になる。

Chapter 12

自己株式・種類株式

Q43 自己株式の４つの時代

自己株式の概要と，実務での利用価値について教えてください。

《１》 自己株式には４つの時代が

自己株式は多様な用途に活用される。株主への還元のための買取りと消却や組織再編成の買収対価として利用される。また，自己株式を処分すれば，登記手続きと登録免許税の負担がないので，増資よりも簡便に資金調達ができる。ストックオプションが行使されたり譲渡制限付株式報酬を実行するために自己株式が処分されることもある。

一方，中小企業では事業承継や遺産分割のツールとして利用されている。自己株式制度を活用すれば分散した株式を集約することができる。会社の資金を使って支配権を集約することができるのだ。あるいは，後継者以外の株主が相続した株式を自己株式として買い取れば会社の資金を代償財産として他の相続人に支払うことになる。資金を持つ優良な中小企業ほど自己株式が有効活用できる。相続税の納税資金対策や経営権の確保のためへのアドバイスなど，税理士にとっても自己株式の知識は不可欠だ。

自己株式を取引した際の税法の考え方は独特だ。自己株式を買い取ってもらった株主には配当所得課税が生じる。そのため買い取る会社では利益積立金を減ずる。会計の考え方だと資本の払戻しであり取得価額の全額を株主資本から控除する。税法の理屈を理解するには自己株式の改正の歴史を辿り，なぜ改正が必要だったのかを理解する必要がある。

税法における自己株式の取扱いは，次の４時代に俯瞰できる。それは商法や会社法の改正に追従しつつも，税法理論の整合を図るための歴史だ。

会社にとっては有価証券という資産の取得に過ぎず，株主にとっては譲渡所得として取り扱われたのが平成13年までの「第１時代」で，その後は次のような変遷を辿った。

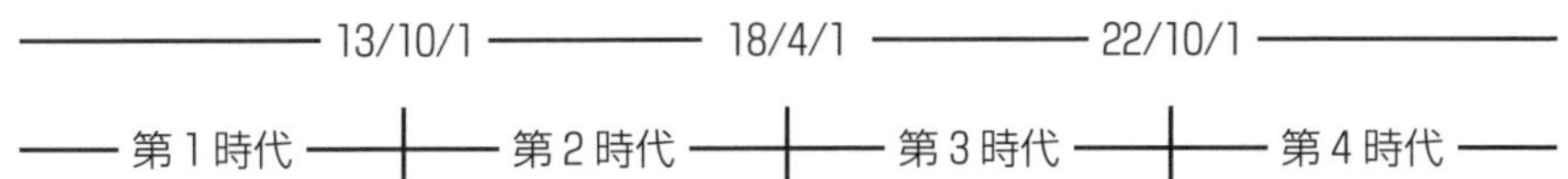

《2》 平成13年商法改正による金庫株解禁後の「第2時代」

平成13年10月の法人税法の改正後は，自己株式を買い取った発行会社にとっては有価証券という資産だが，株主が受け取る譲渡対価は配当所得と扱うことになった。

【発行法人の処理】

有価証券	××	／	現金	××	……	有価証券の取得
利益積立金	××	／			……	利益積立金の払戻し

【株主の処理】

現金	××	／	株式譲渡収入	××	……	対価－みなし配当
		／	みなし配当	××	……	利益積立金の回収
株式譲渡原価	××	／	株式	××		

仮に有価証券の譲渡とする従来の取扱い（譲渡所得課税）のままであれば，株主は配当を受けることを停止し，自己株式を発行法人に譲渡することによって配当所得課税（総合課税）を免れ譲渡所得課税で済ませる脱法が可能となってしまう。また，法人の解散があった場合には残余財産を受け取った株主に対しみなし配当課税が行われるが，この税負担を避けるために解散に先立って自己株式の譲渡によって会社財産を回収すれば株主は譲渡所得課税で済ませることができてしまう。

そこで，自己株式の買取りでは，会社が有価証券の取得に加え利益積立金を株主に払い戻したと考え，株主は株式の譲渡代金に加え配当収入が生じたものとみなす改正が必要になったのだ。

便利な自己株式制度だが実務家を悩ませたのが自己株式を取引する際の適正時価の問題だ。適正対価の算定には財産評価基本通達を使用することになったが，株主が個人の場合には，通達をそのまま適用すると，株主の立場で判定したら配当還元評価だが，買取り法人の立場で判定したら原則評価だというような矛盾が生じてしまう。

《3》 会社法創設後の「第3時代」

平成18年度税制改正後は，会社にとって有価証券の取得とする考え方を廃止した。つまり資本金等の額と利益積立金の払戻しへと改正された。会社にとっては資本取引になったわけだ。

次のような節税を防止する必要があったためだ。たとえば，同族株主から原則評価で買い取った自己株式を従業員に配当還元価額で譲渡すれば，会社は譲渡損を計上することができた。

【自己株式を使った節税】

（自己株式買取り時の法人の処理）

自己株式（資産）	××	／	現金	××
利益積立金	××	／		

（処分時の処理）

現金	××	／	自己株式	××
譲渡損	××	／		

この改正によって，自己株式の取得が資本取引になったため，株主から見た売り主としての判定のみで自己株式の適正時価が算定できることになった。発行会社にとって自己株式の適正時価とは何かという答えの出ない哲学論議から解放されたわけだ。

《4》 平成22年度税制改正後の「第4時代」

株式を発行法人へ譲渡した場合，受取配当金と株式譲渡損が両建て計上される場合がある。法人株主が受け取る配当金は益金不算入となるため，譲渡損を作出する節税手法として自己株式が利用された。具体的事例として日本IBMがこの手法を使って連結所得をゼロにしたという事案が報道された。

事例

時価1,000で買い取った子会社株式を直ちに，同額で子会社に自己株式として買い取らせた。自己株式に対応する子会社の資本金等の額は100だった。

【親会社の税務処理】

現金	1,000	／	みなし配当	900	……	益金不算入
株式譲渡損	900	／	子会社株式	1,000	……	損金算入

平成22年度税制改正で，100％グループ内の自己株式取引に限っては，譲渡損相当額を資本金等の額の減額とする改正が行われ，このようなスキームは実行できなくなった。いわゆるグループ法人税制だ。同時に，100％グループ内の自己株式の取引は，株主にとっても完全に資本取引となったことで，結果として，適正時価が問題とならなくなったことを意味した。

【改正後の株主法人の税務処理】

現金	1,000	／	みなし配当	900	……	益金不算入
資本金等の額	900	／	子会社株式	1,000	……	譲渡損は生じない

また，グループ外の自己株式取引であっても，両建て節税を意図した自己株式の売買は規制されることになった。自己株式として買い取ってもらうことが予定されている株式を取得した場合において，予定通りに自己株式が買い取られたことによるみなし配当には受取配当等の益金不算入を適用しないこととされている（法法23③）。

具体的には，公開買付けを行っている会社の株式を公開買付期間中に取得した場合や，上場会社が合併を行う旨を公告した後，反対株主が株式買取請求を行うことができる期間（吸収合併の効力発生日の前日までの期間）にその上場株式を取得した場合は「自己株式等の取得が予定されている株式等」を取得したことになる。したがって，これらの株式が実際に自己株式として買い取られた場合には受取配当等の益金不算入が適用できないことになる。

節税を防止しつつ，解散など他の資本の部の払戻し処理との整合を図ってきた自己株式の改正の歴史だが，第５時代の改正はあるのだろうか。

一括購入した賃貸用の土地と建物の契約書に記載された金額が著しく不合理であり建物の取得価額が高すぎるため，不動産所得について減価償却費が過大だと認定された事例がある（令和４年９月９日裁決）。

裁決は，固定資産税評価額は一般的に適切な時価を反映していると判断，売買代金総額を固定資産税評価額の比によりそれぞれあん分すべきとした。

契約書の金額を無視して土地建物の取得費を割り振り計算するのもそれはそれで勇気がいる。減価償却や仕入税額控除のために建物の金額を大きくした契約金額を買い手が要望し，売り手には特に不利益はないということでそれに応えた。そのような租税回避事案なのかもしれない。

Q44 自己株式と実務の論点

自己株式を利用した事業承継の具体例と課税上の論点を教えてください。

《1》 自己株式を利用した事業承継とみなし配当特例（措法９の７）

上手く事業承継を実施するには，後継者に取得させる株式が，遺留分を侵害しないよう後継者以外の相続人にも財産を取得させる配慮が必要だ。この要請を同時に満たすことができる便利なツールが相続後の自己株式の買取りだ。

亡くなった前経営者の株式は子供たちが相続することになるが，後継者以外の子供が取得した株式を自己株式として会社が買い取ることで後継者は議決権を集約でき，かつ後継者以外の子供たちには代償金が支払われるため遺留分侵害の問題は生じない。しかもこの代償金は後継者個人ではなく会社が負担することになる。

相続税の申告期限から３年以内に行われた自己株式の買取りについては株主にみなし配当課税を適用しない特例が準備されている（措法９の７）。株式を相続した相続人が発行会社に自己株式を買い取ってもらった場合，みなし配当課税を行わずに譲渡対価はすべて株式譲渡所得に係る収入とする特例だ。さらに，譲渡所得の計算には取得費加算の適用も可能だ（措法39）。後継者以外の相続人は有利な税負担で自社株を換金できる。

また，親族以外の従業員などが後継者となる会社でも自己株式は有効に利用できる。先代経営者に相続が発生した場合に会社が相続人から自己株式を取得すればよい。後継者に資金がなくても会社資金を使って事業承継をすることが可能になる。会社に資金がないのであれば銀行借入で資金を調達すればよい。従業員が新会社を設立し銀行借入をしてオーナー家から株式を買い取ることがよく提案されるが，これだと返済のための配当などが必要になるし，いずれ合併などを検討する必要がでてくる。自己株方式を使うほうがシンプルだし，取得費加算が使える親族の所得税負担も軽くなる。

《2》 相続時精算課税との組合せも可能

相続時精算課税や贈与税の自社株納税猶予によって自社株の生前贈与を受けた場合であっても，みなし配当の特例（措法9の7）は認められる。精算課税贈与を使って後継者に自社株を早期に贈与しておき，贈与者に相続が発生したら，受贈株式を会社に自己株式として買い取らせてその資金で相続税を納税する。後継者は譲渡所得課税ですみ，取得費加算も適用できる（措法39①）。

後継者が相続人でない孫であっても適用できる。自己株譲渡のみなし配当特例は，相続又は遺贈で財産を取得し相続税負担が生じていることが要件だ。そうすると孫は相続人でないため祖父の財産を相続することはないのだが，この点については相続又は遺贈には「みなし遺贈」を含めることになっているので問題ない。つまり孫は遺贈で取得したとみなされた株式に相続税負担が生じるので問題はないというわけだ。

1　相続時精算課税を使って祖父から孫へ株式を贈与
2　祖父に相続開始
3　1の株式を遺贈で取得したとみなして相続税課税（精算課税）
4　ただし孫は相続人でないため実際の遺産を取得することはない
5　贈与された株式を会社に買い取らせた孫はみなし配当特例が使えるか？
　→　遺贈による取得には3のみなし遺贈を含むため適用可能
　→　したがって，相続人でない孫が後継者の場合でもみなし配当特例は使える

《3》 みなし贈与は親族間のみ

仮に，父と子が50％ずつ株式を保有する同族会社で，父が持株を無償で会社に譲渡したとする。この場合父にはみなし譲渡収入（所法59）が生じるがそれだけではない。子の株式価値が上昇することから，相続税法9条によるみなし

贈与の問題が生じる。父からの贈与により個人間の利益移転が起きたとみなすためだ。

では，株主同士に親族関係がない場合はどうだろうか。たとえば，社長が60％を保有する会社が，40％を保有する親族関係のない共同経営者から株式を低額で買い取る場合だ。

これに相続税法９条は適用されるだろうか。みなし贈与の適用はないと思う。みなし贈与の根拠は，おそらく相続税法基本通達９－４だからだ。この通達は，自己株式の処分により株主間で利益移転が生じる場合のみなし贈与についての通達だが，それなら逆の取引である買取りの場合もこの通達が適用されるはずだ。通達では，親族間でしかみなし贈与は生じないとされている。

共同経営者から直接社長が配当還元価額で買い取ったら，社長には原則評価との差額が受贈益となり贈与が課税される（相法７）。会社が自己株式として買い取ると税負担で有利になってしまうのだ。不均衡の感は否めないがこれも理屈で導かれる結果なのだろう。

《４》 自己株式と信託の課税問題

経営者である父親が遺言代用信託を活用して息子を委託者死亡後の受益者にする。父親の相続後に信託を終了して，現物の株式を自己株として買い取らせた場合に息子はみなし配当特例が使えるか，そこは明確ではなかった。相続で取得した株式を発行会社に譲渡したといえるのかという解釈の問題だ。

国税庁の質疑応答事例「被相続人の死亡により信託の受益者となった相続人が，信託の終了に伴い信託財産であった非上場株式を取得してその発行会社に譲渡した場合における租税特別措置法第９条の７及び第39条の適用の可否」が公表され，適用できることが明確になった。株式を遺贈により取得したものとみなされた息子には相続税の負担が生じるので，信託終了で受け取った株式を譲渡することは，相続税額に係る課税価格の計算の基礎に算入された非上場会社の発行した株式の譲渡（措法９の７①，39）に該当することになるためすべての要件を満たすことになる。

信託が優遇措置に影響しないことがわかる一例だ。

《5》 信託との組み合わせは会社法の矛盾が

《4》で検討したのは信託を終了させてから自己株を買い取らせた事例だったが，受益権のままで買い取らせると，会社法上においては矛盾を生じさせる。

会社が自己株式を買い取ると，発行済株式が減少し議決権を行使することはできないし配当もできないのが本来のルールだ。しかし，株式を信託にして受益権を発行会社が買い取っても株式は受託者が株主として保有したままだ。受益権の買取りについて株主総会（会社法162）は必要ないし，配当可能利益の制限（会社法461）も発動しない。会社法は，自社株が受益権になっている場合の買取りを想定していない。

税法はどうか。発行会社が受益権を買い取った場合，株主にとっては株式の譲渡対価になるのか，譲渡対価であればみなし配当に該当するのかという問題だ。

ここは結論が出ないが，自己株式の買取りによるみなし配当課税を避けるために信託が節税手法として使えるのも疑問だ。

《6》 均等割りに注意

自己株式を取得した会社は均等割りの判定を誤らないよう注意が必要だ。平成27年度税制改正で均等割の判定に使う資本金等の額が次のように改正されている。

① 資本金＋資本準備金
② 資本金等の額
※均等割の税率区分は①と②の大きいほうで判定

「資本金＋資本準備金」は自己株式の減額が反映されない。よって，自己株式を取得して資本金等の額が小さくなっても均等割の負担が軽減されることはない。

上場企業が自己株式の買取りをした場合には，買取価額が資本金等の額から控除され，大企業でありながら資本金等の額がマイナスあるいは極めて少額となっているケースが存在するが，こういった企業の均等割の負担が過剰に軽くなってしまうことへの規制だ。

非上場企業でも資本金等の額が大きく全国に支店があるような会社は影響が大きいので注意が必要だ。自己株式の取得が均等割対策になるとアドバイスしてしまったら大きなミスになってしまう。

Q45 種類株式が使える場面あれこれ

種類株式は事業承継にどのように利用できますか。

《1》 種類株式はなぜ導入されたか

平成18年5月に施行された会社法は，金融機関や企業の自己資本強化の必要性から，積極的に外資などの資本を受け入れる仕組みを目標にした。株価が低迷する当時の景気対策として登場したのが種類株式だった。

配当優先や残余財産の分配優先あるいは株主による取得請求権などを内容とするファイナンスとして採用されたのが種類株式だった。株主を所有者ではなく投資家と位置づけたのだ。商品としての株式を発行できるのであれば，株主が支配権を確保するための株式が必要になる。取得条項や拒否権付の種類株式の導入がそれだ。会社は投資家からの多様な資金調達が可能となり，同時に取得条項を行使するなどして対価さえ支払えばいつでも株式を奪うこともできるようになった。

ファイナンス理論を採用した種類株式だが，上場企業においては伊藤園が配当優先株式を発行している。2015年にトヨタ自動車は，個人投資家からの長期の投資を期待し発行後5年間は譲渡できないがその後は元本保証の買取りが可能で，初年度の年0.5%から年2.5%まで段階的に配当率が上がる仕組みの種類株式を一般投資家に募集した。支配権確保の事例としては上場株式の10倍の議決権がある非上場の種類株を経営者が持ち，上場後も実質的に支配権を握る仕組みを維持したサイバーダインがある。

しかし事例は少数であり種類株が普及しているとはいえない。トヨタ自動車も発行は1回限りで買い取った株式は消却した。それよりも種類株式は導入当初より中小企業の節税や事業承継手法としての利用が提案されているが課税上の不明点は多い。たとえばオーナーの親族が配当優先株式を利用することはできない。子供だけにてんこ盛りに配当すると，株主間のみなし贈与の問題が生じてしまう（相法9）。

種類株式はそもそもどう評価してよいかわからない。たしかに4つの限定された種類株式については，国税庁が文書回答事例で評価方法を公表している。配当優先株式と無議決権株式，社債類似株式，拒否権付株式だ。しかしこれ以外の多様な種類株式一般の評価方法は不明だ。無議決権の株式だからといって評価減が認められているわけではない。節税効果のある便利な種類株式の悪用は否認されるリスクが高いから慎重にならざるを得ない。仮にオーナー家の持株をすべて無議決権株式にして配当還元評価をしたら否認されるに決まっている。種類株式はいつでも普通株に戻せるためだ。種類株式を発行して節税を実行したうえで普通株に転換してしまう密室の処理ができる。

従業員持株会に保有させる株式を配当優先の無議決権株式とするのは実務で見受けられる種類株式だ。オーナーに配当は不要だが，持株会には配当をしたい。持株会への優先的な配当を実施しつつ，支配権をオーナーが確保するという経営目的と合理性がある種類株式の利用だ。

《2》 種類株式の有効利用

種類株式は，発行は簡単でも買取りや廃止などの出口が難しい。問題のある株主が存在すればなおさらだろう。株主間にトラブルがあれば種類株式は導入できないし，トラブルがなければ導入の必要はない。経営権確保のための種類株式が普及しない一因だろう。全部取得条項付種類株式は多数決原理で少数株主の追い出しが可能だが，しかし，たとえば引退したはずの先代経営者が拒否権付株式を保有していると，後継者への不信感や経営への執着が外部に見えてしまう。種類株式の発行には登記が必要だ。このような株式を通常は発行したいと思わないだろう。

株価対策として利用できる事例としては，たとえば兄が70％を持つ会社において，経営に関与しない弟が保有する30％の株式をすべて無議決権株式としておけば，弟に相続が発生したときに，相続人は原則的評価で相続税課税されることが避けられる。弟の相続人は同族株主には該当するものの，相続後の議決権割合はゼロになるから中心的な同族株主に該当しない。しかしこの手法を兄が利用したらそれは否認の対象だろう。弟は経営に関与しないからこそ問題にならない手法といえる。

《3》 考えられる否認事例

事例

A 社のオーナーである父親は，息子が支配する B 社に A 社株（配当優先種類株）を譲る。そして B 社には多額の配当を実施する。受取配当等の益金不算入によって B 社に法人税の負担は生じない。

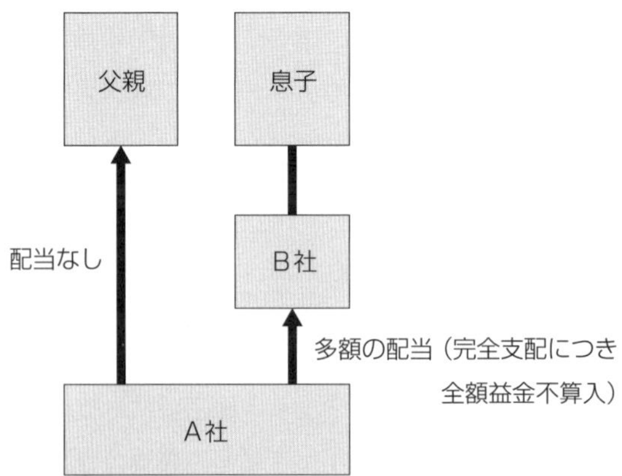

このような節税策はどのように否認されるだろうか。いったん父親に配当した後にその現金を B 社に贈与したものとみなす否認方法が考えられる。そうすると父親には配当所得が認定され，B 社には受贈益が生じることになる。

父親から B 社への利益移転がこのようなかたちで否認されることは十分考えられるリスクであろう。

《4》 人的種類株式は使える

非公開会社であれば，属人的種類株式を利用したほうが便利だ（会社法109

②)。たとえば取締役だけが議決権を行使できると定款に定めておくこともできる。定款変更のみで登記が不要だ。これなら経営の安定を目的にした平和的な利用といえる。

属人的種類株式とは，剰余金の配当，残余財産の分配，議決権について株主ごとに異なる取扱いができるという制度だ。本来，株式会社には株主平等の原則があるが，非公開会社であれば株主に対する属人的な取扱いを認めている。もともと有限会社に認められていた制度だが，会社法に伴い株式会社にも取り込まれたものだ。

定款の定めのみで，従業員持株会が所有する株式のみ配当優先とし，議決権を制限することが可能になる。属人的種類株式は，全株主の同意は必要とせず，総株主の半数以上であって，総株主の議決権の４分の３の多数決で可能だ。

種類株式は「株式」に個性を与えるが，属人的種類株式は「株主」に個性を与える。持ち株会の従業員が他人に譲渡した配当優先の株式は，普通株式になってしまうのだ。さらに，登記を必要としない属人的株式はいつでも定款の定めを廃止してしまうことができる魅力がある。

人間は時代の価値観に常に左右される。それは空気のようなものだ。魚が水の存在を意識することができないように，空気を意識することはできない。誰もが時代の空気感を完全に切り離して思考をすることはできない。今の空気を感じ取ろう。

Chapter 13

消費税

Q46 立法趣旨と歴史から理解する消費税

事業承継や相続の場面でも消費税の検討は不可欠です。課非判定というマニュアル議論ではなく，理屈で消費税を理解したいのですが。

《1》 立法趣旨が理解されていない消費税

消費税の立法趣旨を教えてほしい。このように尋ねられたら，税法の専門家ならどう説明するだろうか。

「消費税は消費者が負担することを予定した税金であって，消費に広く薄く課税するものだ。消費税は預かって納める税金で事業者が消費税を負担することはない。」

これが一般的な消費税の説明だ。しかし，このような理解ではなぜ土地の譲渡や受取利子が非課税なのか，給与を仕入税額控除することができないのかを説明することができない。理屈が論じられていないのだ。

そもそも，顧客に転嫁して消費税を預かることを保証した条文は消費税法には存在しない。消費税の歴史がなかった日本では導入に到る政治的な経緯もあったが理屈を理解しないまま条文が作られた。

理屈が登場するのは免税制度に関する条文だ。免税制度を悪用して自販機還付スキームや人材派遣スキームといった脱税事案が登場するたびに改正が積み重ねられた消費税法は「納税義務の免除」に関して作られた多数の条文に理屈が構築され，特異な税法として進化していくことになる。

《2》 消費税の原型はヨーロッパの城門税

ヨーロッパには付加価値税の登場を必然とする歴史があった。その源流となる歴史と文化を想像してみよう。ヨーロッパ型の付加価値税の原形は城門税だったのだろう。城門を通り抜けて都市を出入りする物資に城門税を課したのだ。農民が農作物を城内に持ち込むとき，あるいは他の都市から交易品を城内に持ち込むときに城門税が課された。

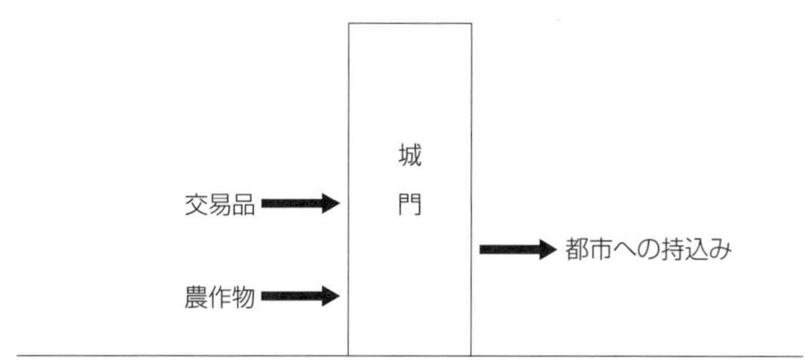

付加価値税が伝統的に土地や利子を非課税とした理由やサービスが課税対象になることもここから説明できる。農地や牧草地などの土地の所有者が変わっても城門税は課税できない。また金銭の貸し借りにも課税できない。それらは城門を通り抜けることがないからだ。ではサーカスの一団が城門を通る場合は如何だろうか。恐らくこの場合は課税しただろう。城内で提供されることが明らかなサービスは課税の対象になったのだ。それがヨーロッパ型の付加価値税を作り出した歴史的な背景だったのではないか。このように理解すればヨーロッパ型の付加価値税の知識を位置づけしやすいと思う。

日本では，明治政府以降も土地に課税する土地税制を中心としてきた。政府が地券（沽券）を発行したように，自分の土地から移動しない日本人は，数百年の所得税（年貢）の歴史を持っている。そこから発展したのが，所得税であり法人税なのだ。

消費税をわかり難くしているのは，ヨーロッパに存在した歴史が日本には全く存在しなかったことだ。土地に土着した生活から生まれた所得税や法人税と，都市国家間の城門の出入りという物品の流れに課税する通行税の歴史を持つ消費税の根源的な差異なのだと思う。

城門税の歴史を元に理論を構築したのがヨーロッパ型付加価値税だろう。城門に持ち込まれる農産物や物資に課した城門税を近代的な法律理論として構築する際には，外部から購入し課税済みの部分は二重課税を防ぐために控除しなければならない。累積課税の弊害を取り除くため考案されたのが付加価値の計算だ。

《3》 消費税は付加価値税

消費税を税法理論として論ずるなら，城門税の歴史にまで遡らなくてもその発展型である付加価値税から考察すればよい。ある取引が消費税の課税対象になるのか否かは付加価値を構成するのか否かを検討すれば税法としての議論ができる。消費税は，大型間接税はやらないとする中曽根政権が導入しようとした売上税が，消費税と名を変えたものだ。以下の説明を読めば付加価値税であることがわかる。

「この間に中曽根首相は，党税調の幹部に，「国民や自由民主党員が反対するような大型間接税はやらないという選挙中の私の公約を守ってほしい」と指示したというように伝えられております。こういった日本型付加価値税を否定する発言をしたこともあったのですけれども，しかしこの日本型付加価値税が筋が通っているんだという立場をとる日経連，経団連，経済同友会などから，製造業者売上税に対して猛反発を食ったわけです。このために，選挙公約に触れないように修正をして日本型付加価値税を導入するという考え方にほぼ固まってまいりまして，年商が１億円以下は非課税とすることで日本型付加価値税が自由民主党案として決定されたわけであります。日本型付加価値税を，売上税という名称に変えたわけですけれども，内容的にはあくまで日本型付加価値税でございます。（山本守之『売上税とその対策　新税対策のポイントと問題点』（税務経理協会）」

消費税を税法として認識するならば，控除方式により付加価値（＝生産高－外部購入原価）を求めて課税する付加価値税だ。消費という文言に惑わされてはいけない。課税売上げから課税仕入れを控除した金額は付加価値を表現しているのだ。

付加価値　＝売上高　－　外部購入原価

人件費や支払利子が仕入税額控除できないのは付加価値税の側面から考えると理解できる。これらは付加価値を構成するのだ。消費税をこのように理解すれば，実は人件費に税率を乗して計算する税目であることが見えてくる。たとえば人材派遣会社の顧問を担当している税理士であれば，人件費に課税される税金であることが実感できると思う。

付加価値　＝人件費＋支払利子＋賃借料＋租税公課＋減価償却費＋税引前利益

ところが，政治的妥協の末にようやく導入された税制だったがゆえに，消費税は消費者に転嫁して負担させるものであって，事業者が負担するものではないという誤魔化しが作られてしまった。免税事業者のインボイス導入議論でこのことが顕在化している。預かった消費税を免税事業者は納めていないという批判に対し，そもそも消費税は預かる税金ではないという主張がネット上で対立する現象が起きてしまっている。

《4》 消費税特有の議論

消費税は，消費者が負担すべき税金であって事業者は預かるものだという約束事が組み込まれたゆえに有償の取引にしか課税しないという制約が生じ，無償取引には課税できない税金になってしまった。対価を得て行う資産の譲渡でなければならないという決まりは付加価値税にはない。本来，無償譲渡であっても付加価値は実現する。

また，資産の譲渡等は，資産につきその同一性を保持しつつ，他人に移転させることをいうと解説されている（消基通５－２－１）。そのため会社が自己株式を取得する場合，株主にとって会社に対する自己株式の譲渡は資産の譲渡等に該当しないことになっている（消基通５－２－９）。会社が取得した自己株式は，資本のマイナス項目であり，議決権や配当請求権などの権利が消えてしまうので，資産の同一性を保持しつつ他人に移転させたとはいえないという説明だ。

さらに，立退料の支払いは課税仕入れに該当しないことになっている。各取引段階において移転，付与される付加価値に着目する多段階一般消費税であるためだ（東京地裁平成９年８月８日判決）。転々と事業者間を移転する資産でなければならないというわけだが，そうであれば，提供したとたん消えてしまうサービスになぜ課税するのか説明できないことになってしまう。

これらは，「消費者から預る税金」という建前から生じてしまった無意味な取扱いからくる論点だ。

消費税の処理に関して，転売目的で取得した賃貸物件につき，賃貸人が入居しており売却までの間に生じる非課税家賃収入があるとして，課税売上対応の課税仕入れとする納税者の処理を認めず，共通対応の課税仕入れとして課税庁が更正処分した2つの事例がある。ムゲン・ADワークスの事例だがいずれも令和5年3月6日の最高裁の判決により国の勝訴が確定した。

もっとも，居住用賃貸不動産については，取得段階での仕入税額控除を禁止し，課税賃貸への転用や譲渡があった際には購入後3年間の課税収入の実績に基づき，仕入税額控除を追加で認める税制改正がすでに行われており，これから取得する賃貸物件の処理に影響はない。それゆえ，納税者勝訴もあるかなと個人的には思っていた。今後の実務に影響がない処理には裁判所はその存在感を示すために納税者勝訴というパフォーマンスをすることがあるからだ。しかし今回はそのような判決にはならなかった。

さらに過少申告加算税の取消しも認められなかった。税務当局は平成17年以降は共通対応とすべき見解を採っており，新しい質疑応答事例等を真面目に勉強していた税理士にいわせれば今回の納税者敗訴の判決は当然だということなのかもしれない。

Q47 消費税の実務と疑問を考えてみる

消費税の納税義務者の免除の特例についてわかりやすく説明してください。

《1》 消費税の改正は租税回避防止の歴史

消費税には，いわゆる居住用賃貸物件を購入した際の消費税還付を受ける「自販機還付スキーム」を防止するための改正と，人件費を外注費と装って仕入税額控除を悪用する「人材派遣会社スキーム」に対処するための改正の２つの歴史がある。

「自販機還付スキーム」は，居住用賃貸物件を年末などに取得して家賃収入（非課税売上）を計上せず，かつ自動販売機を設置することで課税売上割合を作為的に95％以上にして消費税の還付を受けるスキームだ。

「人材派遣会社スキーム」は，ダミー会社を設立して従業員を転籍させ，派遣を受けたように仮装し，人件費を派遣料や外注費に入れ替える。ダミー会社は派遣料収入（課税売上）を受け取るが新設会社の免税制度があるので消費税の負担は生じない。２年ごとに新しい会社を設立しこれを繰り返す。消費税には行為計算否認の条文が存在しないがゆえに査察が強制力をもって仮装を認めさせ納税者の自白を取って課税処分するのがこの種の事件の特徴だ。

《2》「自販機還付スキーム」の防止規定

(1) 居住用賃貸建物の取得は仕入税額控除禁止

居住用賃貸建物を取得した時の自販機還付スキーム問題はすでに解消している。令和２年度税制改正で創設された，居住用賃貸建物の取得に係る仕入税額控除の制限だ（消法30⑩)。居住用に賃貸している建物だけでなく，居住可能な建物であれば実際に賃貸していない場合でも仕入税額控除はできない。

逆に，事務所として利用しているとか，出張した社員用に無償で使用させているような場合は，実際に課税売上げのために利用しているわけだから仕入税額控除が認められる。旅館やホテルなど住宅の貸付けでないことが明らかな建物や，棚卸資産として転売目的で取得し売却まで住宅として貸付けることがない建物も仕入税額控除が認められる。

(2) 2つの3年縛りの規制

さらに以下の2つの3年縛りが存在していることに注意が必要だ。

① 100万円以上の調整対象固定資産を取得した場合の3年縛り（平成22年度税制改正）
② 1,000万円以上の高額特定資産を取得した場合の3年縛り（平成28年度改正）

居住用賃貸不動産の仕入税額控除が制限される前はこの2つの制度で「自販機還付スキーム」を防止していた。具体的には，還付を受けたとしても，家賃収入（非課税売上）が生じる翌年以後は課税売上げが低下するから，課税売上割合が著しく低下した場合の調整（消法33）が生じ，課税事業者が強制される3年目の課税期間に取戻し課税（3年縛り）が生じる仕組みだ。しかし，これを逃れる手法として，金地金の売買（課税売上）を繰り返すことで課税売上割合が低くなるのを防ぐ脱法が行われた。そこで導入されたのが居住用賃貸不動産の仕入れ税額控除の制限だ。最初から仕入税額控除を禁止することでこのスキームに終止符を打った。

したがって現行では①と②の3年縛りは，居住用賃貸建物には該当しない設備投資等の支出が対象になる。

①には3つの規定がある（消法9⑦，12の2②，12の3③37③一・二）。1つが，事業者が課税事業者を選択した年あるいはその翌年，つまり課税事業者が強制される期間中に税抜で100万円以上の調整対象固定資産を取得した場合の3年縛りだ。そして2つめが，基準期間がない資本金1,000万円以上の新設

法人が調整対象固定資産を取得した場合と，３つめとして特定新規設立法人が調整対象固定資産を取得した場合にも３年縛りがある。

②は一般課税で申告する事業者が1,000万円以上の高額特定資産（固定資産だけでなく棚卸資産も対象）を取得した場合だ（消法12の４，37③三・四)。

①が100万円基準で，②が1,000万円基準の３年縛りということになるが，なぜ２つの３年縛りがあるのか。①は課税事業者をわざわざ選択して消費税の還付を受けたことが前提になる。だから①は基準が厳しく100万円だ。新規開業時に200万円の営業用車両を取得する際に課税事業者を選択して消費税の還付を受けたら，３年間は課税事業者が強制され簡易課税も選択できない。

②は課税事業者を選択することなく自動的に課税事業者になる場合だから1,000万円まで緩和されているというわけだ。たとえば簡易課税を適用する事業者が設備投資をする年度だけ一般課税に戻して還付を受けたような場合には1,000万円基準が適用される。還付を受けてはいるが，課税事業者を選択したわけではなく，課税方式を選択しただけだ。なお，こちらは棚卸資産も対象になっていることに注意が必要だ。

《３》「人材派遣会社スキーム」の防止規定

人材派遣会社スキームを防止しようと思えば課税事業者を強制すれば良い。免税事業者になれることを悪用するスキームだからだ。

基準期間がない新設法人については資本金が1,000万円以上であれば設立初年度から納税義務がある。資本金1,000万円未満で設立する場合でも上半期（特定期間）の課税売上高及び人件費が1,000万円超になると翌期からは課税事業者になる。特定期間の課税売上で判定するが，これに代えて人件費での判定も

認められる。人件費が1,000万円を下回れば免税事業者になれるのは，人材派遣会社スキームは雇用をダミー会社に移すので必ず人件費の支出を伴うスキームだからだ。新規開業して課税売上が1,000万円を超えても人件費を抑えている事業者は納税義務者になることはない。

特定新規設立法人に該当する場合も設立初年度から納税義務者になる。大規模な法人（課税売上高が５億円超）がグループ内に新設法人を作っても設立初年度から納税義務が強制されるため，人材派遣会社スキームは実行できない。親会社やオーナー個人が新設会社を50％超の株式を直接保有している場合には親会社や個人の課税売上高が５億円を超える場合だけでなく，その親会社や個人が100％支配する法人の課税売上高が５億円を超える場合も，新設法人は特定新規設立法人に該当する。

《４》 インボイス制度がもたらす混乱

インボイス制度が消費税実務を変える。インボイスの手続きそのものよりも免税事業者の登録問題がすっかり社会の関心事になっている。フリーランスのデザイナーやプログラマー，ライター，ウーバーイーツ，個人タクシーなど免税事業者が大半を占める業界だ。こういった市場では支払先が免税事業者であることを前提に市場価格が形成されている。要するに10万円に消費税１万円を加算して支払うのではなく，10万円を税込価格として市場が形成されているのではないか。にもかかわらず10万円を課税仕入れ税額控除できるのだから，益税は支払う側に生じており，ある意味で大企業の利権になっているのだ。

免税事業者が多数を占める業界からインボイス制度への抗議が発せられるようになった。消費税は預り金ではないとする説明が一般にも流布するようになり，免税事業者にインボイス発行事業者を強制することの矛盾が主張される事態になっている。消費税は預り金という政府のごまかしと条文の矛盾がここにきて露呈する事態になっているとは何とも皮肉としかいいようがない。

Chapter 14

組織再編税制

Q48 立法趣旨で読み解く組織再編税制

組織再編税制の立法趣旨について教えてください。

《1》 適格組織再編税制の趣旨

業界再編やM&A，事業のリストラの手段として行われる大企業の再編に対し，中小企業では，近い将来の後継者への事業承継の前に不要になった会社を合併で整理しておくとか，株価対策として組織再編税制を利用することが多い。本書では組織再編税制を相続・事業承継のテーマとして位置づける。

平成不況時に創設された組織再編税制は，金融機関や製造業・小売業などの業界再編を進めるために再編時の法人税負担をなくすための税制として導入された。組織再編による資産負債の移動につき簿価承継を認めるところから発想が始まった制度だ。時価承継を原則にしたうえで，適格要件を満たすことを条件に簿価承継を認めた。適格合併であれば含み益や含み損が生じている土地を簿価のまま承継することになる。含み損益を未実現のまま他の法人に移動させることだ。また，実現した損失は青色欠損金として承継を認める。

事例

保有する土地に含み損を抱え，多額の青色欠損金を有する会社を適格合併で取り込んだら当社の節税ができる。

1　簿価承継した含み損の実現は認められるか

2　適格合併の場合に青色欠損金の承継は認められるか

適格合併

合併存続会社 ← 合併消滅会社

1　簿価承継（＝含み損益承継）

2　青色欠損金の承継

繰り延べた含み損益を利用した節税と，青色欠損金の承継の問題に組織再編税制の難しさが集約される。節税を目的にした含み損益の付替えや青色欠損金の悪用を防止することに膨大な条文が準備されているからだ。組織再編税制は，これらの悪用の防止を個々の個別規定で実現しようとした。すべて場合分けをして個別に条文化すればするほど，条文に禁止規定がないのであれば節税は許されるという解釈が成り立ってしまう。

悪用を禁止するシンプルで少数の条文を規定したうえで何が悪用に当たるかを解釈に委ねる条文体系を採用すればよかった。その場合はそれなりの通達が必要になるだろう。それが良かったと思えてならない。もちろん税務調査で否認される事例が出てくるし訴訟になる事例も登場するだろう。何が悪用に該当するのか，何が節税の範疇として許されるのかを解釈するのが健全な実務だ。事例が積み重なって理屈が磨かれ進化するのが本来の税制改正のあり方だろう。

実際の組織再編税制はそうではなく，節税防止について原則と例外が折り重なった個別規定で規制してマニュアル化し，通達を極力少なくする方向で制度が構築された。そうすると，「条文が禁止していないから節税を実行した」という事例が登場する。それを否認するには行為計算否認を持ち出すほかなくなる。一か八かの大胆な節税手法が登場し，経営目的がない多額の節税は許されないという理由で行為計算否認が持ち出される。そこには理論がない。否認理由は後づけで説明されるだけだ。それが現在の組織再編税制だ。

組織再編税制の目的そのものはいたってシンプルだ。他社を買収してその会社が抱える含み損資産を簿価承継で取り込み自社で含み損を実現して黒字と相殺する，あるいは合併して青色欠損金を承継する。節税目的で組織再編を実行することを禁止することが目的だ。しかしそのシンプルな目的を達成するために解釈の余地を極力減らしてマニュアル化した条文を採用した結果，難解で大量の条文が必要になってしまった。

《2》 実際の組織再編税制はどうやって節税を防止しているのか

（1） 青色欠損金と含み損の利用を認める

適格合併では青色欠損金の引継ぎが認められる。ただし認めるのは支配関係が生じて以後に発生した青色欠損金だ。買収した会社が買収時点で計上している青色欠損金は引き継ぐことができない。また買収前から保有している土地を簿価承継しても譲渡損は計上できず切捨てになる。

買収した事業年度以後に計上した赤字による青色欠損金や買収した事業年度以後に購入した土地を適格合併で承継した場合は青色欠損金の引継ぎや，合併後の譲渡損は損金算入できることになる。これが組織再編税制の基本だ。

1　令和1年にａ社は青色欠損金①と土地①を持つｂ社を買収した
2　令和3年にｂ社は赤字となり青色欠損金②を計上した
3　令和3年にｂ社は土地②を購入した
4　令和4年にａ社と適格合併した。
- 青色欠損金①は切捨て
- 青色欠損金②は引き継ぐ

5　令和5年に土地①と土地②を売却して譲渡損を計上した
- 土地①の譲渡損は損金不算入
- 土地②の譲渡損は損金算入

合併の税務申告を依頼されたら，まず確認すべきは青色欠損金と含み損があるか否かであり，これらが買収以前から存在したのか買収後に計上されたのかどうかだ。

（2） 逆さ合併による節税は禁止

子会社を合併する場合，次のルールがあることを確認した。

【子会社からの持込み制限】
・支配前から存在する子会社の青色欠損金の引継ぎ禁止
・支配前から存在する子会社の含み損の使用禁止

では逆さ合併をするとどうなるのか。つまり子会社を存続会社にして親会社を消滅会社とするわけだ。その場合も課税関係を同様にする必要がある。つまり組織再編税制は合併存続会社の青色欠損金や含み損も規制している。

【親会社自身の使用制限】
・支配前から存在する親会社の青色欠損金の使用禁止
・支配前から存在する親会社の含み損の使用禁止

ただし，この取扱いは逆さ合併だけに限られないので，青色欠損金や土地に含み損を抱える親会社が子会社を吸収合併するときもこの規制が発動することになる。こちらの取扱いは青天の霹靂の税負担になりやすい。大企業が零細企業を買収後に合併したら親会社自身が持つ青色欠損金10億円が切捨てになるというのは常識感覚では発想できない。

（3） 5年50%超の支配という概念

合併存続会社と合併消滅会社の間に，5年超について継続して50%超の支配関係があれば（1）（2）の規制が解除される。消滅会社側の含み損等は承継でき，存続会社側の含み損等の利用も制限されない。

ミス事例として，適格合併について相談された税理士が，青色欠損金は承継できるので問題ないとアドバイスしたところ，支配獲得から4年しか経過しておらず青色欠損金が切捨てになってしまった。合併を翌期にズラしていれば5年の支配が成立し青色欠損金の引継ぎが可能だったという事例で税理士に損害賠償が請求されている。

ではなぜ5年なのか。青色欠損金の繰越し控除は10年なのだから10年について50％超の支配を要求してもよいのではないか。その理由は５年を超える昔のことは問えないという会計法の制約だ（会計法30，31）。

支配期間を10年に延長する改正は可能だと思うが，５年も経過すれば会社の状況もどうなっているかわからず，もはや節税目的のスキームとは認定できなくなる。それがあえて改正しない理由だろう。簿価承継した資産の含み損は，買収から５年が経過すればその間に時価は増減しているわけだから合併後の譲渡損は買収前の含み損なのか買収後に値下がりによるものなのかを判定することは，もはやできないという考え方だ。

組織再編税制は含み損や青色欠損金を利用した節税の防止に非常に神経質だ。

① 青色欠損金を抱えた会社を買収して合併
② 青色欠損金を抱えた会社を買収して逆さ合併
③ 青色欠損金がない会社を買収して合併（親会社に青色欠損金あり）
④ 青色欠損金がない会社を買収して逆さ合併（親会社に青色欠損金あり）

イ 両社に５年超かつ50%超の支配関係なし
ロ みなし共同事業要件に欠ける
ハ 欠損金を超える含み益なし

イ～ハを前提にするとすべて青色欠損金は切捨てになる。しかし③と④は厳しすぎる。零細企業を買収して合併したら親会社の10億円の青色欠損金は使えなくなってしまう。

③と④は禁止せず租税回避目的の場合は行為計算否認で対処すべきだった。個別規定で禁止するのは①と②で十分。『組織再編税制をあらためて読み解く―立法趣旨と保護法益からの検討』（中央経済社）ではそんなことを書いた。

Q49　継続保有要件の思想を理解する

組織再編税制の適格要件では継続保有要件が重要だと聞きました。なぜこのような要件が存在するのでしょうか。

《1》　継続保有要件とは何か

事例

1　オーナーが経営する2社を合併してから合併存続会社の株式を売却する
2　分社型分割で新会社に事業を切り出して新会社の株式を売却する

適格組織再編には継続保有要件がある。いずれの事例も再編した会社の株式を継続保有しない事例であるため非適格再編に該当する。なぜ継続保有要件が存在するのか。

非適格再編に該当してしまえば，資産の移動は時価譲渡になり譲渡損益が実現するだけでなく，合併だと青色欠損金を承継できない。

適格組織再編となるためには株式の継続保有要件が課され，再編後の継続保有の見込みを問われる。つまり再編の時点において未来の要件が課されることになる。

また，適格再編に該当した場合において，簿価承継した資産を譲渡したときの譲渡損が認められるためには，再編する2社の間で，再編前に5年超かつ50％超の支配関係があることが要求される。こちらは過去が問われているわけだ。

そして再編時点での完全支配や50％超の支配，共同事業要件が要求される。これらはいずれも再編する瞬間だけの要件だ。そうすると適格要件は再編時の要件といえる。

仮に，適格合併に該当するためには，①合併時点の完全支配要件に加え，②合併存続会社の株式の将来における保有見込みが問われる。①と②を満たして適格合併に該当したとしても，③過去の要件を満たさないと簿価承継した資産の譲渡損の計上が認められず，また青色欠損金の引継ぎが認められない。

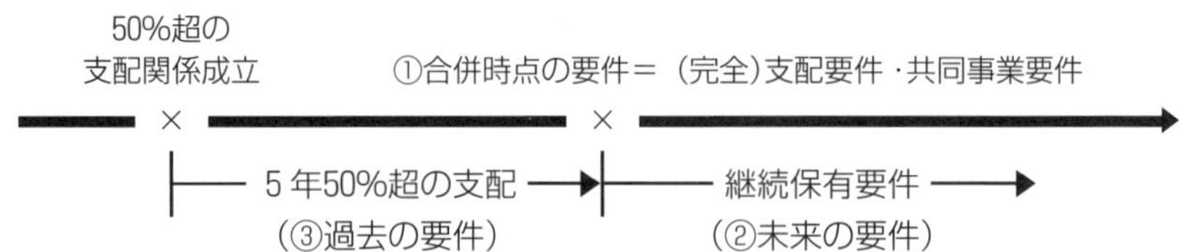

また，親会社から子会社への分社型分割を使って継続保有要件を説明すると，親会社は分社型分割後，子会社株式を継続して保有しなければならない。継続保有要件は適格要件の１つだが，なぜこのような要件が存在するのだろうか。

【分社型分割】

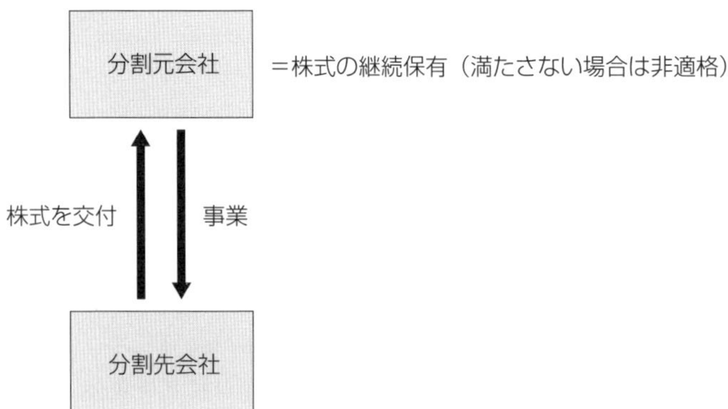

《２》 二重の含み損の利用防止

一般的な継続保有要件の説明はこうだ。再編をした会社の株主は再編後も株式の継続保有を通じて，移転した資産を間接的に支配し続けなければならない。その場合に適格再編を認める。しかし，これでは理屈を説明していない。

組織再編成税制の目的は，簿価承継による含み損益の利用を制限することと，簿価承継により出資に作り出すことができる二重の含み損の利用を防止することにある。いずれも簿価承継を利用した節税の防止だ。

親会社が，簿価３億円で時価２億円，つまり１億円の含み損を抱える土地を保有しているとする。これを子会社に適格分社型分割で切り出す。そうすると子会社は簿価承継により１億円の含み損を手に入れる。親会社は３億円の土地を手放すかわりに３億円の子会社株式を手に入れる。この子会社株式の簿価には１億円の含み損が留保されていることがわかる。つまり会社分割によって１億円の含み損が二重に計上されてしまうのだ。

【現物出資型再編では含み損が作り出せる】

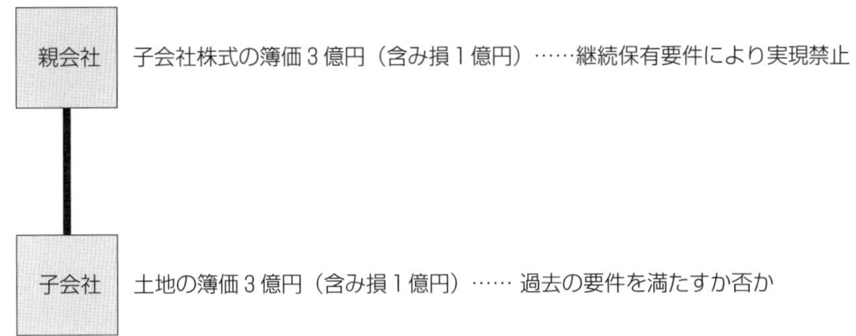

この節税を組織再編税制はどのように規制しているか。継続保有要件を課すことで，親会社が子会社株式を売却して譲渡損を計上することを禁じている。子会社株式を保有し続ける見込みでなければ適格分社型分割には該当せず非適格分社型分割になってしまう。土地は時価譲渡となり親会社において１度の譲渡損が実現するのみだ。親会社が取得する子会社株式も時価で計上するため売却しても譲渡損は計上できない。

そして適格分社型分割によって子会社が簿価承継した土地については，親会社と子会社の関係が過去の要件（過去の５年50％超の支配）を満たさない限り土地を譲渡しても譲渡損１億円を損金算入することができない。

《3》 合併の継続保有要件

親子会社の合併については継続保有要件が課されない。子会社が消滅するため継続保有すべき株式がそもそも存在しないのだから当然だ。

兄弟会社の合併であれば株主には継続保有要件が課される。しかし，二重の含み損の利用防止の趣旨では兄弟合併の継続保有要件は説明できない。いかなる含み損益を持つ兄弟会社が合併しても，親会社（株主）が保有する出資簿価に新たな含み損は出現しないからだ。本来合併に継続保有要件は不要なのだろう。

二重の含み損が生じるのは適格現物出資と適格分社型分割のみであるから，継続保有要件を課すのはこの2つの組織再編のみで十分だったのだ。

《4》 そもそも継続保有要件は必要なのか

継続保有要件は，再編時点において，株式の継続所有の見込みで判定する。あくまで見込みなので，たとえば合併後に事情が変わったために株式を譲渡するような場合であれば非適格にならない。しかし将来の所有意思を課税要件にするのは税制には馴染まない。

たとえば合併後に株式を息子に贈与する。贈与自体は親族による（完全）支配が継続するので継続保有要件には抵触しない。ところが息子が第三者に売却したらどうか。合併時点で息子は株主ではなかったのだから息子に所有意思があったのか否かを問うことは不可能だ。この場合は継続保有要件には抵触しないとされる。では父親が意図的に息子に贈与してから売却させたのであれば否認されることになるのか。ここで事実認定の問題だとか行為計算否認だという議論しか持ち出せないのだとしたらそのような条文は不出来だといいたい。

どういう条文だったら良かったのか。それは簡単だ。株主が再編後に株式を譲渡したら，譲渡損を損金不算入とする制度で良かったと思う。現行税制は仮に税務調査で継続保有要件に欠けると認定されたら非適格再編になり株主全員にみなし配当課税が行われ移転資産の譲渡損益が実現する。課税関係を劇的にひっくり返すような課税を求める必要はなかったのではないか。

継続保有要件を廃止し，再編時の適格要件のみで簿価承継を認め，５年ないし10年の譲渡禁止期間を設け，その間に再編会社の株式を株主が譲渡した時には譲渡損を損金不算入とする。二重の含み損の計上禁止の目的はこれでシンプルかつ十分に達成できる。

Q50 適格要件を位置づけてみれば

組織再編税制における適格要件を税法理論の知識として位置づけることはできますか。

《1》 適格要件は形式要件

仮に買収した子会社と別の子会社が適格合併をする場合に，青色欠損金の承継を可能とするには，適格要件に加え，50％超の支配が５年超について継続していること（過去の要件）と合併存続会社の株式の継続保有見込み（未来の要件）が必要であるが，これら要件のうち適格要件は形式的だ。

たとえば５年50％超の支配関係は操作することができない。もし買収してから３年しか経過していなかったらあと２年を待つしかない。つまり実質要件だ。これに対し完全支配や支配要件は合併の瞬間に満たせば良いので形式的だ。その気になれば合併前日に満たすこともできる。支配要件である事業や従業者の移転も要件に沿えばよいのであって形式的なものだ。適格要件はチェックリスト構造の条文なのだ。

《2》 適格要件の立法趣旨を探してみれば

（1） 完全支配要件

形式要件とはいえ適格要件を満たさないことにはそもそも時価承継になってしまうのだから，実務ではやはり重要だ。適格要件の立法趣旨を位置づけておく。

完全支配要件の再編は，右のポケットから左のポケットへの移転なので，事業の移転継続などの要件なく簿価承継を認めるのは妥当だろう。

【完全支配要件】

① 完全支配関係があること

②　現金対価がないこと

（2） 支配要件

50％超の支配要件の適格組織再編は合弁事業の解消だ。次のようにＡ自動車とＢ自動車が合弁会社を解消するために多数株主のＡ自動車が事業を引き取る。それが支配要件の適格合併だ。事業を引き取るのだから，主要な資産と従業者の承継，事業の継続が要求されるのだ。

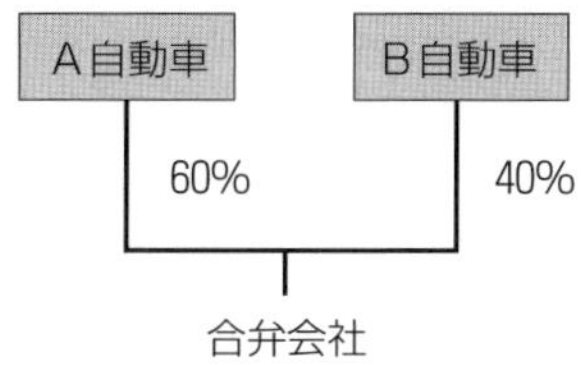

【支配要件】

①　50％超の支配関係があること

②　主要資産負債の承継（合弁会社の資産負債を引き継ぐこと）

③　従業者の８割の承継（合弁会社の雇用を引き継ぐこと）

④　承継した事業の継続（合弁事業を引き継いで継続すること）

合併後に，承継した事業から生じる利益と相殺するために青色欠損金の引継ぎを認めているわけだ。ただし承継した事業が赤字になれば存続会社の事業利益との相殺ができてしまう。本来はグループ通算制度のように，承継した事業の黒字の範囲内で青色欠損金の控除を認める制度が正しい制度だったと思う。そうすれば５年50％超の支配要件を設ける必要はない。

（3） 共同事業要件

共同事業要件は，業界再編のための適格要件だ。百貨店の小売業界の再編が典型だ。従業者と事業の承継に加え，事業関連性と事業規模が５倍以内という要件があるのは，同業種・同規模のまさに業界再編を旨とするためだ。さらに，都市銀行が，小規模の銀行を再編すると事業規模５倍以内の要件が満たせないため，常務クラス以上の役員を引き継げば共同経営を目的とする趣旨だ。

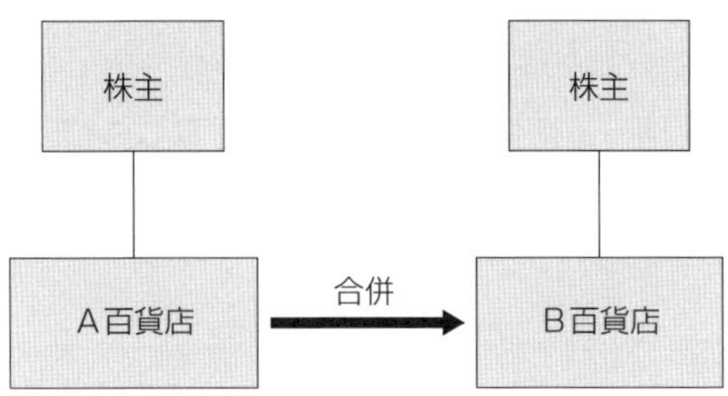

要するに同業同規模の事業の併合であれば，存続会社の青色欠損金の使用制限もないし，消滅会社の青色欠損金の引継ぎも認められる。

【共同事業要件】

① 事業関連性要件（ともに小売業）

② 事業規模類似要件（併合する事業が１：５の範囲内），または特定役員参画要件

③ 取得株式継続保有要件（消滅会社の支配株主のみ）

中小企業の例であれば，たとえば自社の部品製造を委託している得意先の企業を合併する場合や，同業の経営者が引退する場合にその会社を引き取る場合の組織再編などが該当するだろう。

《3》 みなし共同事業要件という概念

事例

資本関係がない他社との合併を計画している。直接合併するか，まず親子関係を確保してから合併するかを検討している。グループ内再編には該当しないので，共同事業要件を満たすか否かで適格要件や青色欠損金の引継ぎの有無が決まると聞いた。合併消滅会社には青色欠損金がある。

【みなし共同事業要件】

イロハをすべて満たすか，あるいはイ及びニを満たすこと

イ　2社の事業が関連していること
ロ　2社の規模が5倍以内であること
ハ　支配関係確保のときから合併時までそれぞれの事業規模に変動がないこと
ニ　双方の特定役員が合併後に事業参画すること

共同事業要件を満たしていても，直接合併するのではなく，まずは100%の親子関係を結んで，企業文化や雇用条件の差異の摺り合わせをしてから合併することが実務では多いだろう。

【支配関係を確保してから共同事業要件を操作するのは禁止】

①　資本関係のない法人同士が合併（共同事業要件を満たす）
②　共同事業要件を満たす法人同士が支配関係を確保してから3年後に合併
③　資本関係のない法人同士が支配関係を確保してから3年後に合併（共同事業要件は満たさない）
④　共同事業要件を満たさない法人同士が支配関係を確保してから共同事業要件を満たしたうえで合併

①は直接合併する場合だ。これは共同事業要件による適格合併なので青色欠

損金の引継ぎは許可される。②は支配要件による適格合併で，５年50％超の支配には欠けるが，みなし共同事業要件を満たしているため青色欠損金の引継ぎが認められる。要するに①と②は同じだ。③は支配要件によるグループ内の適格合併だが５年50％超の支配に欠け，なおかつ共同事業要件も満たさないため，青色欠損金を引き継ぐことはできない。

問題は④だ。このように共同事業要件を満たさない法人同士が，親子会社の関係になった後に，事業規模の操作や事業内容を変更して共同事業要件を満たす脱法を防止するため，②のように，親子関係が発生したときから合併までの期間について共同事業要件を満たし，かつ，各々の事業規模を継続して維持することが要件になっている。具体的には存続会社・消滅会社各々が事業規模を２倍以上増減させてはならない。

事例

Ａ社とＢ社は合併することで合意した。Ｂ社には青色欠損金がありこれを承継できるようにしたい。両社に資本関係はない。

1　Ａ社とＢ社が同業種同規模である場合
2　Ａ社とＢ社が異業種あるいは規模が大きく違う場合

【１の場合】

いきなり合併する場合は共同事業要件の適格合併となり青色欠損金は引継ぎ可能だ。また，いったん支配関係を結んでから合併する場合はみなし共同事業要件を満たす。よって，いずれの場合も青色欠損金を引き継ぐことができる。

【２の場合】

いきなり合併する場合は共同事業要件に欠けるので非適格合併となる。いったん支配関係を結んでから合併すれば適格合併になるが，みなし共同事業要件を満たしていないので青色欠損金は引き継ぐことができない。青色欠損金を引き継ぐには支配関係を結んでから５年を経過するのを待って合併するしかない。つまり５年50％超の支配が成立してから合併するわけだ。

Q51 スピンオフ税制は何を意味するか

平成29年度税制改正では，どのような趣旨で組織再編税制の改正が行われたのですか。

《1》 理論が整理された平成29年度税制改正

平成29年度税制改正は，スピンオフの組織再編税制など上場企業を想定した改正がメインだと思われているがそれだけではない。継続保有要件に関する理論的な整理が織り込まれており，将来的なさらなる改正を示唆する。

2つのスピンオフ税制が認められた。従来，資本関係のない企業同士の統合は共同事業要件によって適格になるが，逆に分離（スピンオフ）は認められなかった。統合が上手くいかなかった場合に再度分離したり，子会社を独立させるという企業側のニーズに応えた改正だ。

まず1つが，支配者がいない会社について，新設分割型分割に適格要件を認める改正だ。人・モノ・事業の移転を要求する。具体的には，事業資産・負債の承継と従業者の80％以上の雇用継続，分割事業の継続，分割法人の役員の移転が必要だ。

もう1つが，100％子会社の株式を現物配当する場合だ。こちらも子会社の従業者の80％以上の雇用継続と主要事業の継続，子法人の特定役員が全員退任しないことが要件だ。また，親会社の事業をスピンオフしたい場合，実務上は，事業をいったん分社型分割で子会社化してから現物分配を行うことが多いだろう。このような分社型分割は，本来継続保有要件を満たさないのだが，平成29年度税制改正で継続保有要件を満たす取扱いになった。

いずれも株主の持株に応じて株式が交付されることが要件だ。また，事業体としての移転が必要であり，共同事業要件に類似するが，事業の独立のための再編なので事業関連性要件は存在しない。さらに，分離後，新会社に支配者が出現してはならない。

具体的事例で説明するなら，トヨタ自動車が電気自動車部門を分割型分割で切り離す場合と，ダイハツ工業株式を現物分配する場合をいずれも適格再編に加えたわけだ。

今後は，株式交換で統合した100％子会社の運営が芳しくない場合などに，再度株主に現物分配することが考えられる。スピンオフ税制は，「逆」株式交換と位置づけられるのだ。

【分割型分割によるスピンオフ】

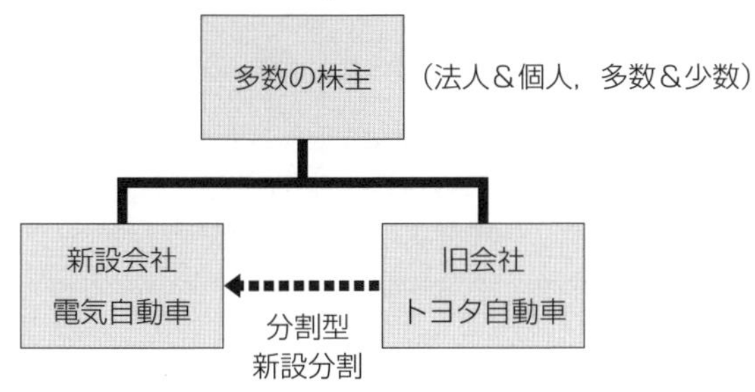

【現物分配によるスピンオフ】

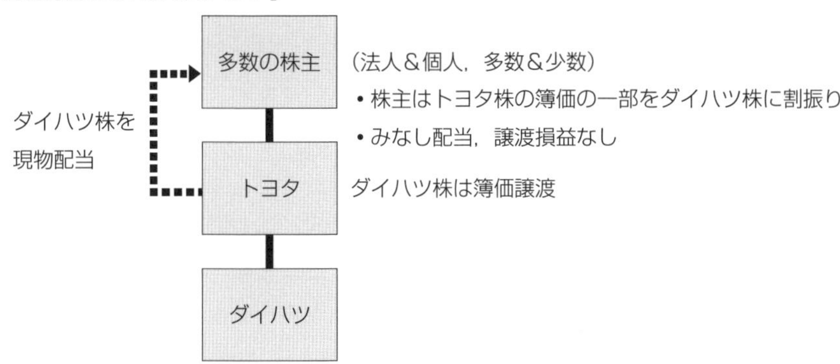

《２》 株主の節税防止の考え方

株主の課税はどうなるのだろうか。適格要件を満たす場合は，トヨタの株主は，新株（ダイハツ工業株）に対応する旧株（トヨタ株）の簿価をダイハツ工業株に付け替えるのみだ。みなし配当はなく譲渡損益も計上しない。非適格の場合は，みなし配当と譲渡損益課税が行われるが，株式のみの交付であり現金の交付がなければ，非適格であってもみなし配当のみでよい。次の仕訳のように旧株の簿価とみなし配当の合計額が新株の簿価になる。このあたりの課税関係は従来の合併や分割型分割と同じだ。

【株主の仕訳】

ダイハツ株式　××　／　受取配当　　××（みなし配当）
　　　　　　　　　　／　トヨタ株式　××（株式の付替え）

事例

子会社を第三者に売却することになった。売却前に子会社の土地（簿価１億円・時価２億円）を適格現物分配で回収しておこう。適格現物分配には継続保有要件がないので簿価承継が可能だ。

現行のグループ法人税制の１つである適格現物分配では含み損を生じさせて実現する節税が実行可能だ。子会社の純資産は配当で減じるのに，親会社は子会社株式簿価の切下げが不要だからだ。

親会社の仕訳は次のようになる。

土地　１億円　／　受取配当金　１億円　……　益金不算入

時価２億円の土地を現物分配したら子会社株式には２億円の含み損が生じる。第三者に売却すれば親会社は譲渡損が計上できるわけだ。適格現物分配には継続保有要件が存在しないのでこのような節税が実行可能になっている。

「**Q49**　継続保有要件の思想を理解する」で説明したように，含み損の利用を防止するのが継続保有要件なのだが，適格現物分配にもスピンオフ税制にも継続保有要件は存在しない。

この点について，スピンオフ税制では，株主は旧株（トヨタ株式）の簿価の切り下げを行うため，含み損は生じないのだ。株主は旧株を譲渡しても譲渡損が計上されることはない。

適格現物分配においても，親会社が，子会社株式の簿価を切り下げる仕組みを導入すれば含み損を作り出すことはできなくなる。将来改正があるのかもしれない。

《3》 中小企業のスピンオフ税制の利用

スピンオフ税制は上場会社に限定した再編ではない。過半数を支配する株主が存在しない会社であれば利用できる。

スピンオフ税制を使えば，含み益に課税されることなく子会社を切り離したり，2つの会社に分離したりできるので，たとえば存続すべき事業をスピンオフで切り出し，残った分割元会社や親会社を解散することが可能だ。事業継続がこの制度の要件だが，あくまで切り出した新設法人や子会社の事業継続のみが要件だ。リストラの手段として適格再編を利用することができる。残った会社をM&Aで特定の株主に売却することもできる。新会社や子会社に支配者が出現すると適格要件を満たさないのだが，旧会社にはそのような要件はない。

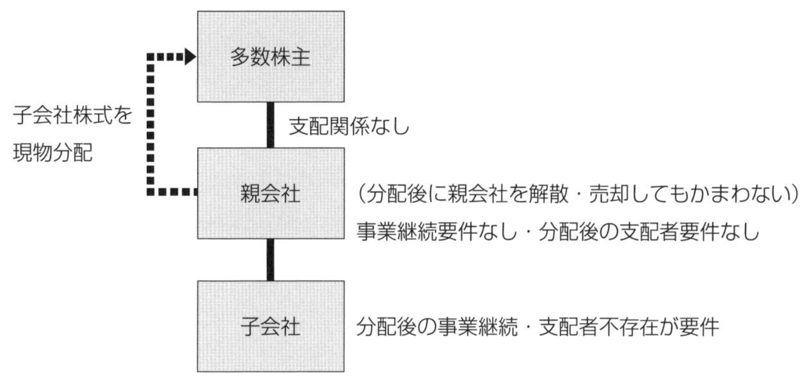

Q52 改正で進化した組織再編税制

継続保有要件が課されない再編があるのはなぜでしょうか。また，平成29年度税制改正ではスクイーズアウトが適格要件に抵触しないことになりました。なぜでしょうか。

《1》 継続保有要件が課されない組織再編が登場

事例

以下の事例はいずれも再編後に株式を継続保有していない。しかしいずれも適格再編として簿価承継が認められる。なぜ分割型分割と適格現物分配には継続保有要件が課されていないのか。

1　a 社の土地を分割型分割によって b 会社に移動してから a 社を解散する
2　子会社の土地を親会社に現物分配してから子会社の株式を売却する

組織再編税制においては，親子合併を除いては継続保有要件を必須の要件としてきたが，平成29年度税制改正によって，子会社同士の分割型分割においては分割元会社の株式についての継続保有要件が廃止された。また，平成22年度税制改正で創設された適格現物分配は最初から継続保有要件が課されない再編として登場した。株主として再編会社の事業を支配し続けることが簿価承継を認める根拠なのであれば，すべての再編に継続保有要件が課されなければならないはずだ。一連の改正で継続保有要件は簿価承継を認める根拠ではないことが証明される形になった。

グループ内の分割型分割とは兄弟会社間での会社分割による資産負債の移動が典型だ。改正前はＡ社株・Ｂ社株ともに株主（親会社）による継続保有を要求していた。つまり完全支配している会社どうしてあれば完全支配を継続，50％超の支配であればその継続だ。改正後は，分割先会社（Ａ社）の株式に

【分割元会社の継続保有要件の廃止】

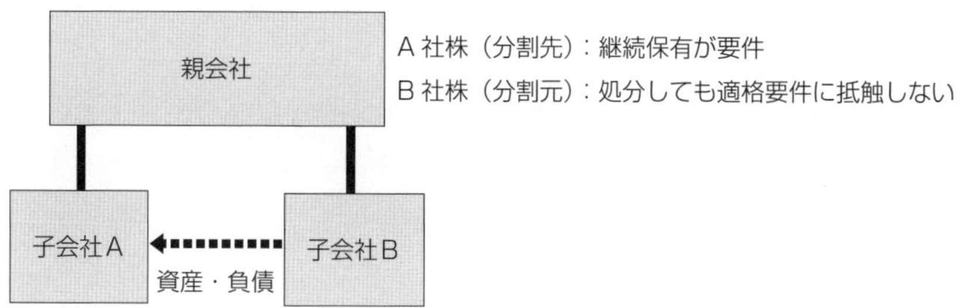

継続保有が要求されることは変わらないが，分割元会社（B 社）の株式は処分してもよいことになっている。

残したい事業を子会社 A に移転しておき，子会社 B は M&A で他人に売却しても良いし解散してもよい。グループ会社の売却や解散といった組織のリストラに先立って行う適格分割型分割が望まれたのだろう。継続保有要件を課すことに拘る必要がないからこそ廃止が可能だったわけだ。

改正が意味するのは二重の含み損が作り出されることがない再編であれば継続保有要件は必要ないということだ。ただし，分割先会社（この場合は子会社A）の株式は現在も継続保有が要求されている。簿価承継を認めるからには移転先で含み損を実現することができるということだから，節税効果を享受する以上，継続保有を要求し株主が他人に入れ替わることを許さないということだろう。たとえば，M&A において売り手側の会社で分割型分割を実施し，多額の含み損を抱えた土地を分割先会社に移動する。そして分割先会社の株式を買い手側が取得したらどうだろうか。含み損だけを切り出した会社を手に入れることができてしまう。これが継続保有要件によって防止されていることになるわけだ。

この改正によって，子から親への分割型分割についても継続保有要件が不要になった。子会社は分割元会社に該当するからだ。適格現物分配に継続保有要件が存在しないこととも整合する。現物配当に簿価承継を認める適格現物分配は，子から親への分割型分割と同じだ。適格現物分配では平成22年の創設当初から継続保有要件が存在しなかった。

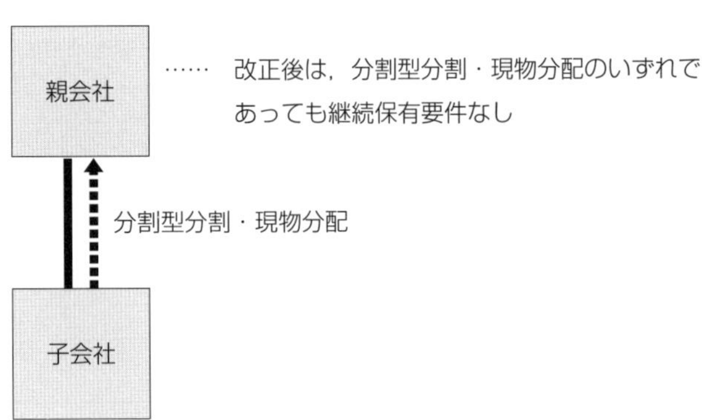

現行制度は以下のように継続保有要件が整理されている。現物出資型の再編は含み損の二重利用を禁止するため継続保有要件が課され，横の再編では簿価承継で含み損益を手に入れた会社の株式は継続保有が要求される。それ以外は，継続保有要件は不要だ。

（1） 親から子への再編

分社型分割・適格現物出資 …… 継続保有要件あり

（2） 横の再編

兄弟型の分割型分割・兄弟合併 …… 移転先会社，あるいは合併存続会社の株式は継続保有要件あり

（3） 子から親への再編

親子合併・分割型分割・現物分配 …… 継続保有要件なし

《2》 金銭交付をしても非適格にすることはできない

親会社が3分の2超を支配する子会社を合併するにあたり，少数株主に金銭

を交付しても適格合併になる。いわゆるスクイーズアウト（少数株主の締出し）と呼ばれるものだ。同様に株式交換でも少数株主に金銭交付を交付しても適格に該当する。要するに金銭を交付することで，あえて非適格にして譲渡損を計上する節税はできなくなった。

【親会社による金銭交付型の合併・株式交換】

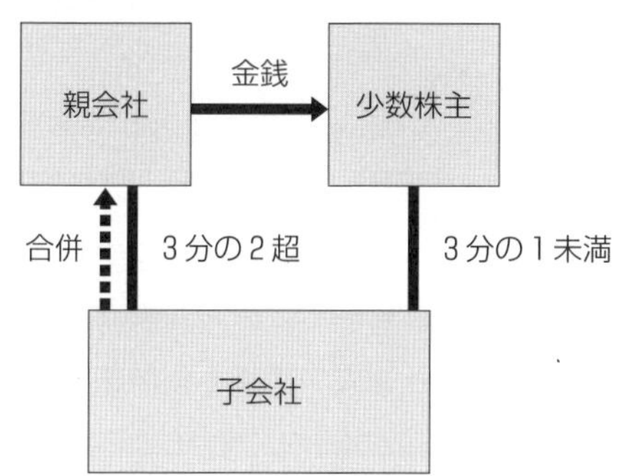

平成29年度税制改正があるまでは，金銭を対価にした組織再編成は即非適格。組織再編税制はこの考えを長年堅持してきた。もともとこのような取扱いには理屈がなかった。というのも，そもそも少数株主に株式継続保有要件は課されていない（法令4の3③一）。支配要件の適格合併では，少数株主は合併後すぐに株式を売却しても構わない。継続保有要件は支配株主にのみ課されている要件だからだ。合併後の株式の処分が少数株主に認められているのであれば，合併に際し金銭の交付を受けても何の問題もない。

たとえば合併消滅会社の土地に含み損があれば，非適格合併にしたほうが譲渡損が計上できて節税になる。また，合併に際し，排除したい株主が1名いる場合にその株主にわずかな金銭を交付したら非適格合併になり数億円の譲渡損が計上できるラッキーな事例もあり得る。スクイーズアウトを実行しても適格合併に該当するとの取扱いは優遇ではない。金銭交付をすることで非適格合併を選択する節税を防止しているのだ。

Q53　100%子会社の解散は組織再編税制

子会社を整理したいのですが，100%子会社の解散では現物の残余財産が簿価承継になると聞いています。そうすると子会社の含み損益や青色欠損金はどのように扱われるのでしょうか。

《1》 100%子会社の解散処理

100%子会社の解散は通常の解散とは全く異なる課税関係になり，グループ法人税制と組織再編税制の範疇になる。具体的には現物の残余財産は簿価承継され，青色欠損金の引継ぎが認められる。さらに親会社の青色欠損金に使用制限が生じ得る。親会社は，子会社株式の簿価を消滅損として損金を計上できず，資本金等の額で消却する。要するに100%子会社の解散は適格合併とよく似た処理になるのだ。

なお，合併が資本の部（資本金等の額と利益積立金額）を直接引き継ぐのに対し，解散では，親会社は，回収した残余財産について，みなし配当を認識する結果として利益積立金を引き継ぐ。このような技術的な違いがある。なお，100%支配関係がある会社からのみなし配当は全額益金不算入となる。

事例

次の100%子会社を解散し親会社が土地を引き取る。

子会社の BS

土地	1,000	資本金等の額	200	
	(時価3,000)	利益積立金額	800	(青色欠損金100)

親会社の BS

子会社株式	500	

(親会社の受入処理)

土地	1,000	／	資本金等の額	200	……	土地は簿価承継
		／	利益積立金	800	……	みなし配当
資本金等の額	200	／	子会社株式	200	……	資本金等の額で消却

解散と合併を同じ処理にすることで課税関係を揃えているのだ。それは子会社による自己株式の買取りや，子会社の事業を親会社に移転する会社分割なども共通する。いずれも親会社が子会社に投下した財産を手仕舞っているといえる。いずれも子会社の資本の部を親会社に払い戻す行為なのであるから，どの手法であっても課税関係は同じであることが税法の基本だ。結果が同じでありながら異なる税負担が選択できてしまうことを防止しているのだ。

《2》 100%子会社の解散は組織再編税制

事例

3年前に買収した100%子会社だが，業績が思わしくないので解散したい。子会社には買収前に計上した青色欠損金5千万円に加え，買収後にも青色欠損金3千万円が追加されている。

このように相談されたら法人税の課税関係として何を検討すべきか。

100%子会社の解散なので現物の残余財産があれば簿価承継だ。青色欠損金の引継ぎについても検討しないといけない。そして忘れてはならないのが親会社の青色欠損金の使用制限の有無だ。

これらの課税関係に不利益がないようにするには親子会社間に5年50%超の支配関係が必要だが，事例では3年前に支配関係が生じた会社なので，青色欠損金と含み損の制限がかかることになる（法法57③，④）。買収後に生じた青色欠損金3千万円は引き継ぐことができるが，買収前から存在する青色欠損金5千万円は切り捨てだ。また，仮に土地を回収したらその土地を譲渡した場合の譲渡損にも制約がかかる可能性がある。

そして親会社自身の含み損と青色欠損金にも使用制限がかかるリスクがある。通常の感覚でこれに気づくのは難しい。ただ，この使用制限には特例があって，子会社の解散の場合には，青色欠損金の使用制限は，子会社から承継する含み益を限度とすれば足りる。仮に子会社から回収した土地の含み益が1千万円であれば親会社の1億円の青色欠損金のうち1千万円相当が制限されるのみで足りる。この特例は事業が移転しない再編に認められる。子会社の解散や現物配当，事業の移転がない会社分割だ。

そうすると，解散を延期し5年の支配関係が成立するまで解散を待てば青色欠損金と含み損の制限はなくなる。事例の解散を相談された税理士が，今すぐ解散しても青色欠損金は引継ぎ可能だとアドバイスしてしまい，青色欠損金が切捨てになることが税務調査で指摘され，実は5年の経過を待てば引継ぎ可能だったことが後に発覚すると責任が問われることになってしまう。

《3》 債務超過子会社の解散と合併

事例 解散か合併か

当社が設立した100%子会社を合併するか解散するかを検討している。親会社から子会社に対する貸付金1億円がある。税負担はどのようになるのか。子会社に残余財産はなかった。

親会社のBS

子会社株式	3千万円	
子会社貸付金	1億円	

子会社のBS

資産	0	親会社借入金	1億円
		資本金等の額	3千万円
		利益積立金額	▲1億3千万円（青色欠損金1億円）

まず，解散を選択すると，親会社では子会社株式3千万円を資本金等の額で消却するため子会社株式消滅損を計上することはできない。そして子会社貸付金1億円を貸倒損失として損金算入できる。一方，子会社では1億円の債務免除益が計上され青色欠損金と相殺されるため法人税負担は生じない。

合併だとどうか。子会社株式3千万円を資本金等の額で消却するのは解散と同じだ。子会社の借入金1億円は合併によって承継され，親会社の貸付金1億円と混同によって消滅する。青色欠損金1億円は適格合併により引継ぎが可能だ。

つまり解散だと親会社は1億円の子会社貸付金を貸倒損失として計上し，合併の場合は青色欠損金1億円として引き継ぐことになるわけだ。

なお，子会社貸付金の放棄は寄附金になるのではという指摘がある。グループ法人税制では100％親子間での寄附と受贈益は損金・益金とも不算入となる。つまり親会社では貸倒損失1億円は損金不算入，子会社では債務免除益1億円が益金不算入となる。そうすると子会社では青色欠損金１億円が温存されるため，解散による青色欠損金の引継ぎが可能となる。

いずれの手法でも結果的な課税関係が揃えられていることがわかるだろう。100％子会社の解散を組織再編税制に組み込んだ成果だ。

しかし，５年50％超の支配が成立していない場合だと話は別だ。青色欠損金の引継ぎができず切捨てになってしまう。可能であれば解散を選択すべきだろう。解散を選択すれば親会社は貸倒損失を計上できるからだ。

この場合は，さらに親会社の青色欠損金の使用が制限されるリスクまで検討が必要になる。深掘りすれば，解散ではこのリスクはない。簿価承継した残余財産の含み益相当額のみが使用制限の対象となるとの特例があるためだ。残余財産がない場合は含み益を引き継ぐことがないため，やはり使用制限がないのだ。この点でも適格合併が不利になる。

Q54 事業承継のための会社分割

事業承継のための組織再編成の事例と注意点を教えてください。

《1》 相続に先だって行う会社分割

継ぐべき事業部門を経営者の生前に切り分けておく。このような事業承継対策として会社分割が利用できる。分割型分割で2つに切り分けておいた会社を2人の後継者が各々承継するのだ。たとえば製造業や不動産賃貸業など複数の事業部門があり，共同経営よりも，長男と次男がそれぞれの部門を別会社にして承継することを計画する場合に活用できる組織再編手法だ。

先代経営者が生前に分割型分割を実行して事業部門を別会社として切り離しておき，それぞれの会社の株式を兄弟に遺言で取得させる。相続時精算課税で生前贈与することも可能だ。特に後継者となる兄弟の不仲が予測され，共同経営に難があるような会社には有効な手法だろう。主力事業の経営を次男に託し，収益不動産の賃貸部門を長男に残すというような分割も考えられる。

生前の事業承継のための組織再編成であり，適格組織再編成の要件を満たすので含み益のある不動産を移転する場合に法人税や所得税負担が生じない。

これを先代経営者の相続開始後実行すると非適格分割になってしまう。按分型の分割型分割が適格分割の要件だからだ。つまり適格分割にするためには，兄弟に対して持株に応じた株式の交付をしなければならず，兄弟それぞれが両方の会社の株主になってしまう。会社分割後に経営を担当しない会社の株式をお互いに交換し合っても良いのだが（親族内の移動は継続保有要件に抵触しない），しかしそれだと株式の譲渡所得が生じてしまう。

【相続に先だって行う会社分割の事例】

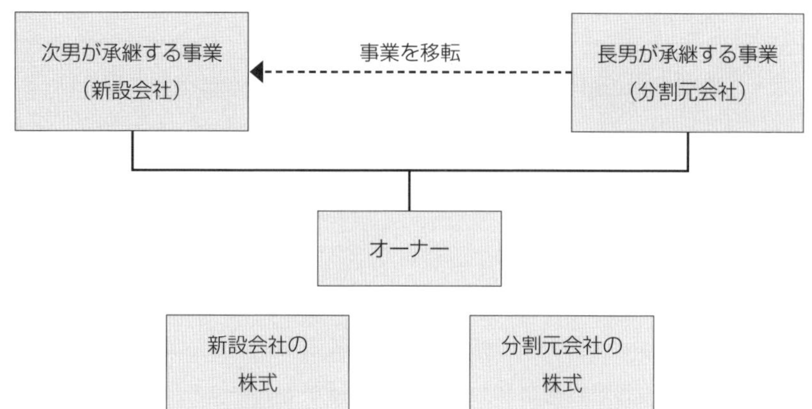

《２》 相続後の会社分割でも会社ごとの承継が可能

会社分割を先代経営者の相続開始後に実行し，非按分型にすると非適格分割になってしまうと書いたが，相続後の実行でも有効になる場面がある。オーナーに相続が発生した後，分割型分割を行い，分割後の各々の会社の株式を遺産分割の対象にしてしまうのだ。

たとえばＡ社株式を100％保有する先代の父が死亡した場合に，Ａ社が分割元会社になって会社分割を実施しＢ社を新設する。遺産分割でＡ社株式を長男に，Ｂ社株式を次男に分割するのだ。これだと按分型要件に抵触することなく適格要件を満たすはずだ。

相続直後に会社分割を実行すれば，Ａ社株式とＢ社株式が遺産になるのだから，相続人が遺産分割協議をして自由に取得できる。この場合は親族内で100％支配を継続しているのだから継続保有要件にも抵触しない。では，事実上の非按分型の会社分割だと認定される恐れはあるだろうか。それはないだろう。共同相続した資産なのだから自由に分割できるし，税法上も，自由な分割が可能な遺産共有であることが認められている。相続人が残した株式が，会社分割でＡ社とＢ社の株式に分割されたら遺産分割の対象ではなくなる，そのような理屈はないはずだ。

《３》 組織再編成は株式評価に注意が必要

組織再編成を行うとその後数年間は株価について平常の評価ができない場合がある。

たとえば，合併があると，配当・利益・純資産の３つの比準要素が，合併後の会社の実態を反映せず，合併後は適切な数値が把握できないことがあり得るからだ。両社の比準要素を合算しての評価には限界があり，類似業種比準方式は採用できないという考え方だ（「国税速報」第5528号）。

ただし，合併の前後を通じて合併法人の会社実態に変化がない場合には，比準要素を合算して，類似業種比準方式を採用することも合理性があると説明されている。経営上不要になった小規模な子会社を吸収合併するようなケースであれば，類似業種比準方式で評価することに問題はないだろう。実際に，合併直後の相続について類似業種比準方式が否認されたという事例は聞かない。

また，配当還元価額にも影響が出る。適格合併や分割型分割などの組織再編成を行うと，資本金等の額を引き継ぐので，実際の配当金は変わらなくても評価額に増減が生じる。このような評価額の増減に合理性があるとは思えないが，配当還元価額で評価できる株主が多数存在するような会社だとその影響は無視できない。

《４》 適格会社分割を行った場合の株式評価の検討

株価が不利益に上昇してしまう問題は会社分割でも生じる。

（１） 引き継いだ資産が３年以内取得資産として実勢価格での評価が求められる

（2） 新設分割の場合に分割承継法人が開業後3年未満の会社として類似業種比準方式が採用できなくなる

上記（1）について，純資産価額で評価する場合に，課税時期前3年以内に取得した土地及び家屋等については，課税時期の通常の取引価額によって評価することになる（評基通185）。この場合の「取得」には，公的な見解はないが，購入したものだけでなく，吸収分割による取得も含まれると考えられる。上記（2）については，新設分割が行われると，分割先の法人は新設法人に該当することから，開業後3年未満の特定の評価会社に該当し，設立後3年間は分割先の新会社は純資産方式のみで評価しなければならない。

つまり，《1》の事例では，弟が承継する新会社に評価のリスクが生じることになる。これを避けるため，含み益のある不動産を保有する事業を分割元会社とし，資産の少ない事業を移転事業とするように工夫すると良い。贈与や相続に先だって，充分な時間的ゆとりをもって計画，実行することも肝要だ。

《5》 節税のための組織再編成

たとえば高収益企業の株価評価対策として株式移転が実行されることがある。単独株式移転を実行して，事業会社と株主との間に完全親会社を作っておく。あるいは分社型分割で利益を生む事業を完全子会社化する。組織再編実行後の完全子会社が蓄えた内部留保は，親会社における子会社株式の含み益として反映される。しかし評価差額に対する法人税の37％控除によって株価の上昇を抑えるという効果が生まれるというわけだ。

しかし，株価評価対策のみが目的で，経営目的のない組織再編成には慎重であるべきだろう。不必要に分社化された会社の経営は非効率になる。事業活動や会社の組織，機関設計，雇用など，あるべき法人形態とズレが生じたまま経営しないといけない。将来のM&Aなどにも支障が出るかも知れない。株価引下げのみを目的に組織再編成を実行して後悔している経営者は多い。

Q55 株式交付制度の利用価値

株式交付とはどのような制度ですか。また実務での利用価値と注意点を教えてください。

《1》 株式交付制度とは何か

令和元年改正による改正会社法では，株式を対価とするM&A手法として新たに「株式交付制度」が創設され，令和3年3月から施行されている。

株式交付を使えば，B社を買収しようとするA社は，自社の株式を対価としてB社を子会社にすることができる。

他社を子会社にするためのよく似た手法としては株式交換がある。大きな違いとして，株式交換は買収対象の会社を100%子会社にするのに対し，株式交付制度は100%にする必要はなく50%超支配を確保すればよい。

仮に，トヨタ自動車が下請け会社を買収するため株式交付制度を利用すれば，下請け会社の株式をオーナーから取得し，対価としてトヨタ自動車株を交付することになる。100%取得する必要はないので，一部の株式は旧オーナーに引き続き保有してもらい80%超をトヨタが支配するといったことも可能だ。

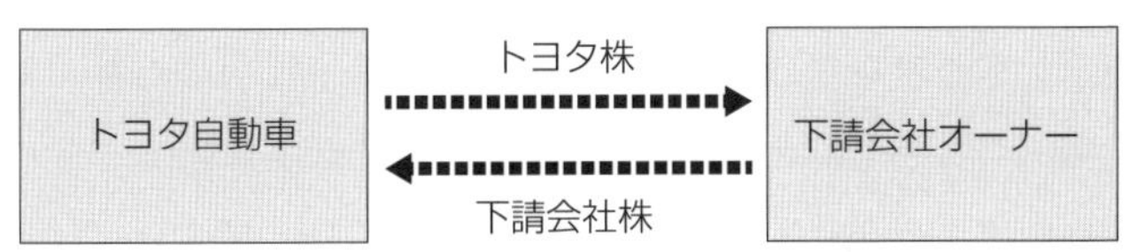

株式交換は，完全親会社・子会社の双方にとって組織行為だが，株式交付制度においては，親会社では組織行為（多数決で決定）だが，子会社側ではあくまで個別取引と位置づけられる。株式交付に応じるか否かを株主が自由に選択できるためだ。したがって株主総会の特別決議などが必要なのは親会社のみだ。なお簡易手続きも認められており，交付する対価が親会社の純資産額の5分の

1を超えない株式交付では株主総会が不要だ。

親会社では債権者保護手続きが必要だ。ただし，親会社株式に加え対価総額の５％以上の現金等が子会社の株主に交付される場合のみとされている（会社法816の８）。また，株式交付制度に反対する親会社の株主は公正な価格での買取りを請求することができる。

これに対し株式交換では，親会社・子会社とも債権債務に変動はないことから債権者保護手続きは基本的に必要ない。ただし，子会社の新株予約権付き社債を承継するときは親会社に債務の承継があるため債権者保護手続きが必要になる。

なお，これらに近い制度としては現物出資があるが，現物出資だと個人株主において譲渡所得課税を繰り延べる税制上の手当てがないことや，検査役調査などが必要となるため手続き的にも大変だ。

税制上も令和３年度税制改正で手当てが行われ，株式交付に応じた子会社の株主は譲渡損益の計上が繰り延べられることになった。法人株主でも個人株主でも同様だ。

《２》 税制の取扱い

株式交付における課税の繰延べは租税特別措置法で認められている。法人税法の組織再編税制として条文化されなかった。課税繰延べの要件は非常に緩やかで，対価として交付を受けた資産の価額のうち株式交付親会社の株式の価額が80％以上であることのみだ。つまり株式の交付とともに20％までは金銭を交付しても課税の繰延べが認められる。逆に見れば，あえて金銭交付をセットにすることで譲渡損を計上するような節税はできないという意味でもある。

買収される会社の株主は譲渡所得課税を繰り延べられるので，旧株の取得費を新株に付け替える。交付する対価のうち金銭の割合を20％以下にすればよいのであるが，金銭交付があると，その部分のみ譲渡所得課税が行われることになる。一方，親会社における子会社株の受入れ処理は，子会社の株主が50人未満だと株主の取得費を引き継ぎ，50人以上だと子会社の簿価純資産によって受け入れる。

これに対し株式交換は組織再編税制の１つである。完全支配要件，支配要件，共同事業要件を満たさなければ適格組織再編には該当しない。要件の１つに株式の継続保有要件があるため，たとえば，共同事業要件の適格株式交換によって上場会社に買収される会社のオーナーは，交付された上場株式を継続保有する必要がある。これに抵触して非適格株式交換になると子会社の資産の時価評価が必要になり法人税負担が生じてしまう。その点，株式交付では継続保有要件がそもそも課されないので，たとえば株式交付を使って上場会社に買収された同族会社のオーナーは，交付を受けた上場株をいつでも売却することができるというわけだ。

株式交付制度は，基本的に上場企業が中小企業を買収する手法として作られた制度だが，たとえばオーナーが支配する兄弟会社を親子関係にする等の手段として，株式交換に比べ手続きが簡易な株式交付制度が利用された。具体的にはオーナーがＡ社とＢ社の２社を支配する場合に，これを親子関係に組み替えたい場合は，今まで利用してきた株式交換や現物出資の代わりに株式交付が使える。また，子供が支配する会社が，父親の支配する会社を子会社にするために株式交付を利用することもできる。今後は親子関係に組み替える手法としては株式交換よりも株式交付制度が積極的に使われることが期待された。しかしこれは大判振る舞いに思える。そこで令和５年度税制年改正が行われた。

《３》　令和５年度税制改正で同族会社の利用が規制

課税繰延べが認められる要件が株式交付ではフリーパスに近いのがそもそも問題だった。

令和５年度税制改正によって，同族会社が親会社になる株式交付については，子会社側の株主の課税繰延べが適用できないことになった。令和５年10月１日以後に行われる株式交付については，課税繰延べが認められる対象から，株式交付後に株式交付親会社が同族会社に該当する場合が除外される。ただし，非同族の同族会社が株式交付親会社になる場合は除かれる。法人税も所得税も同様である。つまり，改正後は同族会社が株式交付を使って他社を買収する場合には，買収される側の株主は課税繰延べ措置が適用できなくなる。

節税事例として，創業家が過半数を支配するような上場企業が株式交付を利用して，オーナーが持つ上場株を資産管理会社に移動させる事例があったようだ。改正はこのような手法を禁止するためのものだろう。

株式交換の実行がそもそも難しいケースもある。たとえば反対株主から買取請求されるような場合だ。高額な買取が必要になると大変なのでこれを避けるために株式交付が重宝された。すでに説明したように株式交付では100％子会社にする必要はなく，子会社側の株主が株式交付に応じるかどうかは自由に選択できる。そういう場面で株式交付が使えなくなるのは痛い。

組織再編税制の否認事例が相次いでいる。過去（＝5年50％超の支配）・現在（適格要件）・未来（継続保有要件）を満たしているにもかかわらず，青色欠損金の承継のみを目的にした合併等の再編だとして青色欠損金の承継が否認されている。令和3年に上告不受理となり納税者敗訴が確定したTPR事件があるが同様の事例も登場している。いずれも事業譲渡や会社分割で事業を切り出しておき，空っぽになった会社を青色欠損金の承継を目的に合併している。節税だけが動機だと判断される組織再編が否定される流れは固まったと認識せざるを得ない。

Q56 子会社からの配当金は難解税制

資産管理会社を作り，私が持つ事業会社の株式を買い取らせようようと思います。買取資金は銀行借入で調達するので，返済資金のために配当を実施したいのですが。

《1》 難解になった受取配当等の益金不算入

受取配当等の益金不算入制度については，近年の改正にグループ法人税制が影響したこともあり，条文が難しくなっている。

たとえば，銀行借入金で資金調達して会社を買収すると，返済資金を得るためにすぐに配当を受けることが必要になる。受取配当の益金不算入は法人税法の処理だが，むしろ事業承継や資産税の分野で必要な知識だ。

配当についての税理士の誤ったアドバイスが原因で受取配当の益金不算入が受けられないとなると，そのミスは取り返しがつかない。

現行の益金不算入割合は，完全法人株式（持株割合100％）と関連法人株式（持株割合３分の１超）が100％だ。関連法人株式には負債利子控除が必要になる点が完全法人株式と異なる。その他株式（持株割合５％超３分の１未満）が50％，非支配目的株式（持株割合５％以下）が20％というのが現行の取扱いだ。

買収した100％子会社から配当を受けたいと相談されたら，まずは配当までの保有期間を確認する必要がある。というのも完全支配株式や関連法人株式は，配当の計算期間について継続して100％あるいは３分の１超の保有があることが要求されるためだ。ただし関連法人株式については最低６か月保有すれば良いことになっている（法令22の２③一）。

仮に買収してから１か月しかたっていない100％子会社の株式は，完全法人株式には該当せず，その他株式に該当する。したがってその時点で配当を受けても益金不算入は50％だ。買収から６か月を経過すれば関連法人株式に該当する。そして配当計算期間を通じて保有してはじめて完全支配株式になるというわけだ。とくにM&Aで買収した100％子会社から買収直後に受ける配当については十分な注意が必要だ。また，配当を行っていない法人が会社法に定める中間配当を行う場合は，計算期間は半年ではなく１年となることにも注意が必要だ（法令22の２②一）。

ミスをした場合に税理士賠償責任保険の対象になるかが気になるところだが，益金不算入が受けられないことが発覚し修正申告をしたとしてもそれは過少申告を是正しただけの話であって損害は生じていないのだから基本的には保険の対象にはならない。税理士が，受取配当金は非課税になると説明したがゆえに配当を実行したのであり，益金不算入が受けられないとわかっていたら配当はしなかった。これが客観的に確認できる場合には，税理士のアドバイスと追徴税額の負担に因果関係が生じるため税理士の責任が認められ保険の対象になる。

一方，益金不算入になることを失念し過大申告してしまうミスも考えられる。この場合は救済がある。平成23年度税制改正以前は当初申告要件があったのでミスは救済されなかった。しかし，このときの改正により当初申告要件が廃止されているため更正の請求が可能となっている。なお，源泉所得税の税額控除も当初申告要件が廃止されており更正の請求が可能だ。

《２》 平成２年度税制改正でグループによる保有概念を採用

完全法人株式はグループ法人税制の概念を採用しているため，従来から直接・間接の保有割合で判定するが，その概念を受けて改正が行われている。それ以外の区分は直接の保有割合のみで判定していたが改正が行われた。

令和２年度税制改正では，関連法人株式（３分の１超）および非支配目的株式（５％以下）の持株判定について，間接保有を含める改正があった。令和４年４月１日以後開始する事業年度からは，100％グループ内の法人全体の保有株式数により３分の１超または５％以下の持株判定を行う。たとえば100％親子関係にある親会社と子会社が，合わせて３分の１超の株式を保有する孫会社株式は，親会社にとっても子会社にとっても関連法人株式に該当することになった。

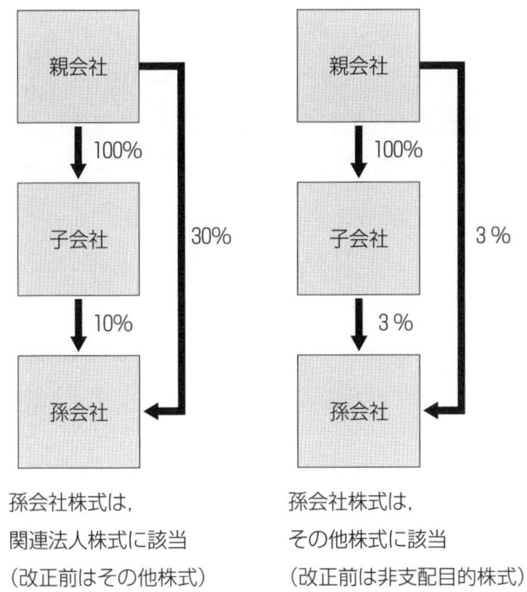

孫会社株式は，
関連法人株式に該当
（改正前はその他株式）

孫会社株式は，
その他株式に該当
（改正前は非支配目的株式）

《3》　どのみち控除される源泉徴収は不要に

令和４年度税制改正では一定の配当に源泉徴収を不要とする改正があった。会計検査院から，受取配当金が益金不算入であるにもかかわらず源泉徴収が行われ還付金等の支払や税務署での事務負担が生じているとの指摘があったことによるものだ。源泉徴収が不要になるのは，完全子法人株式と，法人株主が配当基準日に３分の１超を直接保有する場合の配当だ。令和５年10月１日以後に支払を受けるべき配当等について適用されているので注意が必要だ。

改正後は受取配当の益金不算入と源泉徴収の要否とでは区分が異なる場合があり得る。つまり，益金不算入割合については，保有期間と100％グループによる間接保有による判定が必要だが，源泉徴収が必要か否かは配当時点の直接保有株のみで判定する。

益金不算入は株主法人側の処理であるため，株主同士で資本関係を把握することは可能だ。これに対し源泉徴収の要否は配当を支払う側の会社で判定する必要がある。配当する子会社の経理担当者が株主法人同士の資本関係や子会社の株式を保有している期間を正確に把握することは難しい。これが受取配当等の益金不算入と，源泉徴収が不要となる関連法人株式の判定基準が異なる理由だ。

たとえばＡ社が，Ｂ社株の３分の１超を取得するに至ったとする。取得後すぐに配当を受ける場合，受取配当の益金不算入の取扱いについては，保有期間の要件を満たさないことから，関連法人株式に該当せず，その他株式として益金不算入割合は50％になる。一方源泉徴収の有無に関しては，配当時点の持株割合のみで判定するので源泉徴収は不要というのが答えになる。

Chapter 15

グループ法人税制

Q57 グループ法人税制の各制度はどこまで整合的か

グループ法人税制とはどのような制度ですか。連結納税（現在はグループ通算制度）を模した制度と説明されますが，なぜそのような制度が必要なのでしょうか。

《1》 グループ法人税制はハイブリッドな制度

グループ法人税制について，1つの立法趣旨を見出すのは難しい。連結納税のような特定の制度ではなく，いくつもの個別規定の総称だからだ。

グループ法人税制はハイブリッドな趣旨を持つ制度と考える必要がある。グループ法人税制の思想を実現する要件と，個別規定としての独自の要件が折り重なっており，両者は本来相容れない。グループ内の取引には課税しないというのが前者の扱いだが，それぞれの規定には独自の要件がありグループ法人税制には合わせきれない。そのため選択する手法によって課税関係の違いを作り出してしまう。つまり租税回避を許しているのだ。

グループ法人税制の具体的な条文は，現物配当や子会社の解散・自己株式の取引・寄附金の損金益金不算入・固定資産（譲渡損益調整資産）の譲渡損益の繰延べ・子会社から受け取った配当金の益金不算入などだ。これらの規定は各々の制度の立法趣旨を維持したまま，グループ法人税制としての統一を図っている。

グループ内の取引に課税しないといっても，各制度でそれをどのように実現しようとしているのか。それぞれの制度でどのような課税の差異が生じるのかに着目して帰納法的に理解するしかない。グループを一体とみてグループ内の取引に課税しないとの演繹的な理解では個々の制度が説明できないのだ。

《2》 グループ内での資産の移転と課税の整合性

組織再編税制の存在がグループ法人税制の創設に繋がったことは間違いない。

組織再編税制で認めた簿価承継を資本取引にまで広げる必要があったのだ。適格組織再編成が簿価承継で，現物配当が時価承継だと課税関係が選択できてしまう。含み益があれば簿価承継で課税を繰り延べ，含み損があれば譲渡損を実現させる選択が許されてしまう。

そこでまず，現物配当に簿価承継を強制することにした。適格現物分配だ。そうすると簿価承継で取り込んだ含み損・含み益と，親会社（株主）の利益あるいは損失との相殺を禁止しないといけない。したがって５年50％超の支配関係がない場合，青色欠損金や含み損の利用を制限する。まさに組織再編税制そのものだ。

では，固定資産の売買だとどうか。こちらは売主で譲渡損益を繰り延べる制度を導入した。買主は時価で取得する。組織再編税制や適格現分配のような簿価承継とは毛色が違う。譲渡損益のかわりに繰延勘定を資産・負債として計上し，買い手が再譲渡したときや減価償却で費用化されたとき，さらに売買当事者同士に完全支配関係がなくなったときに譲渡損益が実現する仕組みだ。

次に問題になるのは，繰延勘定と適格再編の関係だ。たとえば，親会社が，値下がりした土地を子会社に譲渡して繰延勘定を計上した後，その子会社を合併すれば実現するというのでは簡単に節税を許してしまう。そこで売買当事者に適格組織再編成があっても繰延勘定は実現しないことにした。つまり親会社（売主）が他のグループ会社に合併で吸収されても子会社の繰延勘定は実現しないし，子会社（買主）に合併があっても合併存続会社が繰延勘定を承継する。要するに売主あるいは買主の地位は組織再編成で承継される。親会社が土地を子会社に譲渡した後にその子会社を合併したら，親会社では土地と繰延勘定が両建計上されることになるのだ。

《３》 解散には異なる思想が同居

子会社の解散になるとどうも矛盾が出てくる。値下がりした土地を親会社から子会社に譲渡して繰延勘定を計上する。子会社を解散するとどうなるか。繰延勘定は実現するのだ。

グループ会社の解散には２つの思想が重なる。１つは残余財産を簿価承継にする組織再編税制の側面だ。これについてはQ53で検討した。現物の残余財産の分配は適格現物分配の範疇に位置づけられる。もう１つは含み損益に課税して企業の一生の所得を清算する資本の部税制としての側面だ。

前者は《２》で検討したとおり他の簿価承継の制度との整合性であり，もし解散による残余財産の分配を時価譲渡とすれば，解散前に現物配当（適格現物分配）を実行して簿価承継にする選択を許す。一方，後者は，解散によって繰延勘定が実現する場面であり，これは資本の部税制の表れだ。

《４》 子会社株式の簿価は操作可能

組織再編税制では資本の部が無税で移動する。グループ法人税制でも同様の効果とするためにグループ内の受取配当には負債利子控除を不要とし，さらに寄附は損金・益金ともに不算入とする。これで利益積立金が無税で移動する。組織再編税制でも資本取引でも資本の部の自由な移動を認めたということだ。

そのため，会社分割，資本剰余金や利益剰余金の配当，寄附のいずれを採用しても資産の移転に法人税は生じない。しかしそれだけで課税の問題は解決しない。親会社（株主）が保有する子会社株式の簿価の取扱いには差違が生じるのだ。

その他資本剰余金を配当した場合や自己株式を買い取った場合，分割型分割を実行する場合だと株主である親会社では，純資産の減少を反映して保有する子会社株式の簿価を切り下げる。これに対し，金銭配当や土地の現物配当であれば簿価切下げは不要だ。つまり，子会社株式をM&Aで譲渡するのに先立って配当で子会社の純資産を減じておけば，子会社株式に含み損が生じるので譲渡損が計上できる。適格現物分配には継続保有要件が存在しないので，子会社株式の売却に先立って含み益のある土地を適格現物分配で引き上げておくこともできる。

寄附金を使うとどうだろうか。規定はシンプルだ。寄附金については支出法人と受贈法人はいずれの損金・益金不算入とする（法法37②，法法25の２）。

そして親会社（株主）は，寄附によって生じる子会社株式の含み損益を反映して寄附修正を行う（法令９七，119の３⑨)。しかし寄附金税制にも矛盾がある。寄附修正を行うのは直接の株主のみとされているためだ。つまり，孫会社から子会社への寄附であれば，親会社が保有する子会社株式に含み益が生じないのに寄附修正で増額を行う。逆に孫会社同士の寄附では親会社には寄附修正の必要がなく子会社のみが寄附修正を行う。

子会社株式に含み損を作ることも含み益を作ることも，さらには増減を生じないようにすることも自由にできる。これを実現させて節税する余地が残る。

グループ法人税制の趣旨は，組織再編税制が簿価承継を認めたがゆえの制度であり，配当や解散，自己株式にも手を付ける必要がでてきた。そして制度を導入したことで問題が生じ，例外を新たに設ける必要が生じ，手法によって課税関係が異なるという結果を新たに生んでいる。課税問題の解決が新たな矛盾を生んでいるのだ。

Q58 事業承継のためのグループ法人税制

グループ法人税制が株価評価に与える影響はありますか。

《1》 租税回避事例から理解するグループ法人税制

グループ内における資産の移転に課税関係を生じさせないようにすることで節税を防止するのがグループ法人税制の趣旨だ。たとえば含み損のある土地をグループ会社に譲渡する節税の防止だ。租税回避事案を考えてみることで制度の輪郭が見えてくる。

譲渡損益調整資産に該当する土地の含み損を実現させるためにグループ内の別会社に譲渡しても譲渡損益は繰り延べられる。ところが買い戻せば譲渡損は実現してしまう。仮に叔父さんが経営する会社に含み損を抱えた土地を譲渡し，同額で買い戻せば繰延勘定は実現することになるのだ。

法人税の節税だけではなく株価にも影響する。多額の譲渡損を作り出して実現すれば類似業種比準価額を引き下げることができる。さらに以下では，含み損益を作り出して株価を引き下げることの是非を検討してみよう。

《2》 グループ法人税制を使えば株価圧縮が可能

グループ法人税制での寄附金や自己株式の取引を使えば親会社が保有する子会社株式の簿価に増減が生じる。もちろんそれには法人税法の理屈があるのだが，グループ法人税制には常に限界がある。そこに節税の余地が生じ，結果として親会社の株価引下げ要因にもなっている。

寄附修正という規定がある。子会社が寄附をするとその株主（親会社）は子会社株式の簿価を切り下げる。逆に寄附を受け入れるときは子会社株式を増額する。ここで親会社，子会社，孫会社のグループを考える。子会社から孫会社へ1億円を寄附する。これだけでは親会社が所有する子会社の評価額に目減りは生じないはずだ。にもかかわらず，子会社が寄附による出金をしたとして，親会社は寄附修正で子会社株式を１億円切り下げる。これで含み益が作り出されることになるのだ。つまり，純資産価額評価では，作られた含み益に法人税相当額の控除が可能になるのだ。

【子会社から孫会社に寄附が行われた場合】

子会社株式の寄附修正

利益積立金　１億円　／　子会社株式　１億円　……　子会社株式簿価に含み益が発生

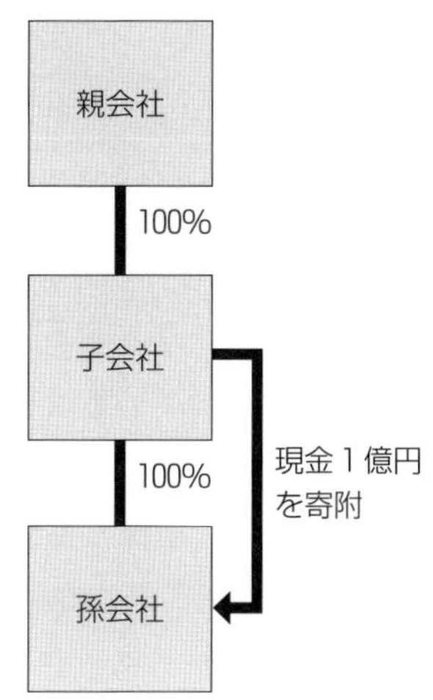

同様の効果は親会社から孫会社への寄附でも生じる。この場合だと，親会社は子会社株式の簿価について寄附修正を行わない。子会社は寄附をしたわけでも贈与を受けたわけでもないからだ。そのため子会社株式にはやはり含み益が生じることになる。

要するに寄附あるいは贈与を受けた会社の直接の株主のみが寄附修正を行うことになっているがゆえの矛盾だ。個人が完全支配するグループに寄附金税制が適用されないのは，個人株主に寄附修正を要求できないからだが，法人株主であっても寄附修正が機能しない場合があるのだ。

同様のことは自己株式を使っても可能だ。仮に，子会社に自己株式を買い取らせる場合に，99％の発行済株式を極端に低額で買い取らせるとどうなるか。

わずかな譲渡代金しか親会社は受け取らないのだが，子会社株式は株数プロラタで99％分を減少させるので，子会社株式の簿価が目減りし，親会社の簿価純資産が減少するから，結果として親会社株式には含み益が生じることになる。やはり，法人税相当額の控除が生じて株価が低下する。

【自己株式を低額で買い取らせたときの親会社の処理】

現金	10	／	みなし配当	0	……	譲渡対価は少額
資本金等の額	990	／	子会社株式	1,000	……	子会社株の簿価が減少

低額での現物出資等で含み益を作り出して株価を圧縮するという昭和の時代に流行した手法は禁止されたが（評基通186－２），グループ法人税制を使えば可能なのだ。

グループ法人税制で最も大きなインパクトがあるのは寄附金税制かもしれない。子会社へ寄附をすれば出資に代替するし，親会社への寄附なら配当だ。子会社同士の寄附なら会社分割に似ている。では，出資や配当，会社分割に代えて積極的に寄附を活用してもよいのか。「組織再編税制を使えば資産と利益積立金は自由に移転できる。だからグループ内の寄附を否定する理由はない」，それが寄附金税制の立法趣旨と見ることもできるだろう。しかし，寄附金税制を使って節税ができたら，そうともいえなくなってくる。最近，組織再編に対する包括否認が相次いで登場していることからも経営目的が説明できない節税行為は否認の対象になる。積極的な利用には抑制的であるべきだろう。

《３》 グループ法人税制が活用できるのはどのような場面か

ではグループ法人税制を活用するのはどのような場面だろうか。それは節税を目指すのではなく課税上の無用なリスクを避ける手段としての利用だ。

たとえば株式保有特定会社を避けるための資産の組替えは容易だ。譲渡損益調整資産の売買や適格現物分配が利用できる。ただし，資産の組替えが「株特外し」と判断されると否認されるリスクがある（財基通189なお書）。通達のなお書では課税時期前において合理的な理由もなく評価会社の資産構成に変動があり，その変動が株式保有特定会社と判定されることを免れるためのものと認められるときは，その変動はなかったものとして当該判定を行うものとされている（**Q11《4》**参照）。

適格現物分配は，組織再編成に比べて法務的な手続が簡単なだけでなく，継続保有要件が課されないメリットがある。したがって子会社を譲渡あるいは解散することが想定される場合でも非適格になるおそれがない。さらに，親子に5年50％超の支配関係がないために親会社に青色欠損金や含み損の使用制限が生じる場合であっても適格現物分配ではこれを緩和する特例がある。親会社の青色欠損金の使用制限は，受入資産の含み益相当額に限定されるのだ（法令113⑤二，123の9⑧）。

事業承継前に，債務超過会社を整理しておきたいという場合もグループ法人税制が適用できれば安心だ。債務超過の子会社を合併したら，親会社の純資産が減少するので株価の圧縮効果もある。しかし債務超過会社の合併には債務消滅益課税のリスクがある。仮に資産100万円で銀行借入金が1億円ある子会社を合併したら子会社の最後事業年度に債務消滅益が計上されるはずだ。親会社が10億円の債務引受けをしているからだ。グループ法人税制が適用されるとリスクがなくなる。受贈益を益金不算入とする寄附金税制が発動するからだ（法法25の2）。寄附で債務超過を解消してから適格合併を実行するのと同じだ。したがって法人による完全支配がある会社なら可能だ。

子会社を適格合併するなら簿価承継だから債務消滅益課税はないという見解があるがそれは違う。仮に課税されないのであれば，親会社が子会社債務を引き受けたい場合，課税を避けるツールとして適格合併が利用できることになってしまう。債務免除益の計上は適格組織再編税制の解釈ではなくそれ以前の法人税法の基本原理としての解釈の問題なのだ。条文にダメと書いていないから実行してよいという理屈はない。

ただ，リスクがないわけではない。たとえばグループ法人税制を適用する目的で，仮に90％支配の債務超過子会社を100％支配にしてから吸収合併するという手法にリスクがあるのか否かはわからない。寄附金税制を積極的に利用してもよいのかという疑問に結局行き着いてしまう。

著名な味噌会社の高額役員報酬の否認事件があった（東京地裁令和５年３月23日判決）。ベトナム事業に役員である弟を担当させ平成27年12月から４か月で月額２億5,000万円，計10億円を払った。社長自身も27年10月から１年間，月額5,000万円，年間６億円の役員報酬を得た。これに対し国税当局は平成30年に税務調査を実施し，平成25年から平成28年の４年間で２人に支払われた役員報酬21億5,100万円のうち，約18億3,956万円分を「不相当に高額」と認定した。追徴課税は約３億8,500万円に上る。

近年，代表者への高額否認はほとんどないといってよい。昔はそれなりの否認件数があったように思うが，最近は家族への所得分散を否認する趣旨の過大役員報酬の否認がほとんどだろう。

ベトナム事業については収益は生じていないことが問題視され，弟のベトナムへの赴任が具体化していない状況でこれだけの役員報酬を支払うことはおかしいと認定した。また多額の投資有価証券売却益が生じていたようだ。

しかしそれ以上に，非居住者である弟に払った役員報酬は20.42%源泉分離課税で済んでしまうことだと思う。これが否認の最も大きな理由ではないだろうか。

Chapter 16

事業承継税制

Q59 コロナ禍とその後の社会における事業承継税制の存在価値

事業承継税制について教えてください。

《1》 自社株納税猶予制度が利用できる会社は限られる

事業承継税制は，事業承継の際の相続税負担による廃業のリスクをなくすことが制度趣旨だと説明される。そもそも高収益であったり内部留保が蓄えられているから株価が高額になるわけであって，相続税負担が原因で廃業せざるを得ないことはあり得ない。

事業承継税制の前に検討すべき制度はいくつもある。会社に自己株式を買い取らせる自己株式の特例制度（措法９の７）が便利だ。後継者が自社株を相続した後，相続税の申告期限後３年以内に会社が自己株式として買い取る。譲渡代金には総合課税たる配当課税ではなく，譲渡所得課税のみで済ませられるうえに取得費加算も使える（措法39)。資金が潤沢な会社のオーナーの相続で，相続した預金で相続税が納税できない場合，ほとんどこの制度が利用されていると思う。

優良企業であれば子供への承継にこだわる時代ではないため，可能ならM&Aという第三者への事業承継が理想だ。

《2》 納税猶予制度が活用できる会社とは

では結局どのような会社が事業承継税制を利用するのだろうか。

規模の大きな同族会社で株式にかかる相続税が数十億円になり，会社財産の多くが不動産や設備投資で占めるような場合だ。役員退職慰労金や自己株式の特例だけでは相続税が賄えない。仮に猶予額が10億円になるのであれば，打切りリスクを想定しても利用価値がある。ただし事業承継税制が利用できるのは中小企業者に限られる。仮にサービス業であれば，資本金５千万円以下であるか従業員100人以下であることが要件だ。ただし従業員数又は資本金のどちらかの基準を充たせばよい。そうすると減資さえすれば従業員が仮に1,000人いても中小企業者になれる。このような抜け道があるのも問題だと思うが。

事業承継税制の利用価値があるのは，景気に影響されにくく雇用が安定している業種で，同族経営が数世代に渡って安定的に続くことが想定され，かつ，中規模以下の非上場を維持するという方針をもつ会社だ。たとえば，地域の老舗和菓子会社のような事業を止めることが想定されず，M&A も想定されないというような会社だろう。広大な土地に事業用定期借地権を設定して Amazon などの物流センターを建築して，数十年間の賃料収入が確保されているような会社は不動産を処分して相続税の資金を作るわけにいかない。事業承継税制を利用する価値があるだろう。

《３》 事業承継税制は隠居制度

平成30年度税制改正によって，従来の要件を大幅に緩和する10年間の特例が設けられている。恒久措置も存続しているが，現在活用すべきは10年特例のほうだ。

1　自主廃業時の打切りによる納税額が減免
2　対象株数の上限撤廃，猶予割合が100％に
3　８割の雇用要件が事実上廃止に
4　先代経営者以外からの贈与が納税猶予対象になり，かつ後継者は最大３人に

10年特例を利用するには令和６年３月31日までに特例承継計画を都道府県知事に提出することが必要で，令和９年12月31日までに株式の相続・贈与を実施することが必要だから，生前贈与が前提になる。なお，特例承継計画の期限については延長の方向で改正の調整が進められているようだ。

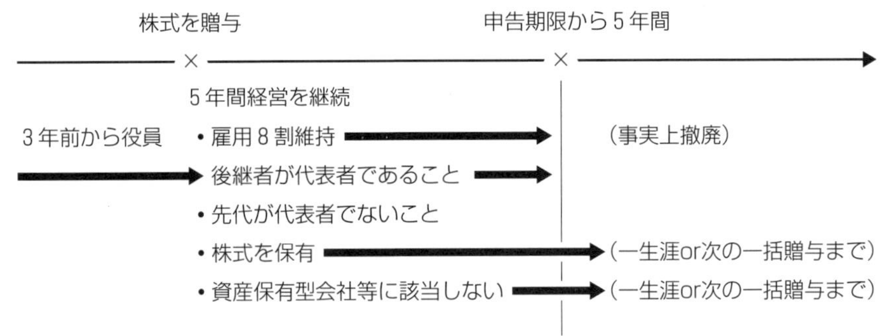

先代経営者は代表を引退しなければならないが，役員に残ることは許される。役員報酬の支給も許される。

【贈与税の自社株納税猶予】

① 先代経営者と後継者は同族で50％超の株式を保有すること
② 先代経営者と後継者は共に筆頭株主であった（ある）こと
③ 贈与株全株について評価額の100％を納税猶予
④ 先代社長は代表者を退任し，後継者が社長に就任すること
⑤ 後継者は18歳以上で，役員経験が３年以上であること
⑥ ５年間は経営を継続すること（代表者継続・雇用８割維持・全株式保有）
⑦ ５年経過後も株式を継続保有すること
⑧ ５年経過後も資産保有型会社等に該当しないこと
⑨ 担保提供が必要。対象株式をすべて提供すれば足りる（みなす充足）

しかし，打切りリスクがなくなったわけではない。意外な打切り要件もある。たとえば資本金の額又は準備金の額を減少した場合は打切り事由に該当するとされている。会社法の改正で資本金の減額が容易になった。経営判断や地方税均等割の節約のための資本金等の減少が打切り事由になってしまうのだ。組織

再編成なども基本的に打切り事由になる。これは贈与後5年について要求される経営期間だけでなく，その後も抵触してはならない要件だ。

《4》 経営承継円滑化法との組合せ

贈与税の納税猶予は一括贈与が要件だ。そうすると遺留分を侵害する可能性がある。さらに遺留分の算定は相続時の時価によるため，仮に事業承継後に後継者が経営努力で株式の価値を高めると，価値増加部分は遺留分に含まれてしまうことになる。経営承継円滑化法によって，事業経営者に限って，民法の例外となる遺留分の特例が準備された。

相続人が合意すれば，後継者については，株式を遺留分の対象から除外する合意（除外合意），遺留分の計算に含める株式の評価額を固定する合意（固定合意），会社敷地など株式以外の財産を遺留分の対象から除外する，という3つの合意だ。さらに，後継者以外の推定相続人も，その他の財産を遺留分の対象から除外する合意ができる。

しかしこの制度の問題は，推定相続人が認知症になったり孫を新たに養子にすると，合意の前提が崩れたとして遺留分の合意が消滅する点だ。予測可能性に欠ける制度なのだ。従来から存在する遺留分の放棄を利用するほうがよいだろう。

《5》 変化が加速する時代に経営を固定化する制度

本当の猶予打切りリスクは会社内部にあるのかもしれない。最近では著名な老舗同族企業で親子の内紛が発生し，後継者である子供が親から代表者を解任されるという報道も増えている。長寿化社会になり引退した先代経営者が元気なのだ。経営を継続すべき5年の間に代表者の解任が起きると納税猶予は打切りになってしまう。

時代の流れで事業がビジネスモデルとして成立しなくなったときや，事件・事故で会社の存続が難しくなったとき，資金繰りが行き詰まったとき，後継者に経営能力がなかったときなど，事業が存続できなくなる要因はいくらでもある。廃業すれば納税猶予は打切りだ。中小企業の経営が30年間続くというのはむしろ珍しい。

ましてやコロナ禍とその後の社会は，それまでの連続性が分断され価値観や理屈が目まぐるしく変化する時代だ。後継者に一生涯の経営を要求する制度は酷だと思う。

芸能ニュースを騒がせた事業承継税制。旧ジャニーズ事務所社長のジュリー氏は「事業承継税制」による納税猶予の打切りを避けるために，代表取締役に留まる必要があったという話題だ。事業承継税制を利用すると5年間の経営継続と相続した全株の保有が必要だ。納税猶予額は数百億円にのぼるという。

納税猶予打切りのリスクは業績悪化だけでないのだ。お家騒動による内紛や会社が事件を起こすなどのトラブルで，後継者が辞任せざるを得なくなる。外部環境よりも企業の内にこそ打切りリスクはあるのだ。

しかし事業承継税制に再発見があった。経営悪化による自主廃業時の差額免除の特例だ。これも5年の経営期間が経過していることが要件なのだが，申請をすれば廃業時の株価評価による納税額の再計算と差額免除が認められるのだ。

もしジュリー氏が事業承継税制を使わず相続税を納税していれば，相続後の株価の毀損は救済されない。廃業リスクを内在する会社では，事業承継税制の活用は，最悪の場合にむしろ相続税負担の軽減が期待できることになる。

事業承継が成功するかどうか。それははじめから決まっていると思う。

後継者に経営の資質があるか否かは，父親の会社で従業員として働いているときにわかるはずだ。もちろん，後継者は多様な経験や失敗をし，そこから学ぶことは重要だが，先を読む能力や対人関係を上手に築くことができる能力，経営に対する意欲・好奇心，失敗に対する耐性，環境の変化に沿って価値観の修正ができるかなど，経営に必要な資質は事業承継をする前からわかるはずだ。

Q60 事業承継税制のリスク

事業承継税制には具体的にどのようなリスクがあるのですか。

《1》 雇用維持要件

事業承継税制において，納税猶予が打ち切られる要件のうち，落とし穴となり得る場面について具体的に検討しておこう。

10年間の特例制度では，8割の雇用維持を守ることができなかった場合でも理由報告をすれば猶予継続が可能だ。また，経営悪化が原因の場合は認定支援機関による指導助言が必要とされている。これをもって雇用維持要件は事実上の廃止と考えてよいのだろうか。たとえば従業員との関係が悪化した経営者，正当な理由なく従業員を解雇したような場合はどうだろう。無条件に従業員の減少が認められるとは思えないところだ。完全に廃止されたといい切るべきではなさそうだ。

《2》 資本金・資本準備金の減少

事業税の外形標準課税の適用を外すために資本金の減少を行うことがある。欠損の填補のために資本金を減少することもある。地方税均等割の節約のために実施する場合もある。これらは中小企業における基本的な資本政策だ。しかし資本金と資本準備金の減少は納税猶予の打切り事由だ。

資本金や資本準備金を配当財源にすることは経営を維持していないとの趣旨だろう。そのため例外的として，減少をする資本金額の全額を資本準備金にする場合は打切りにはならない。

資本金を減少して納税猶予打切りになるリスクと同時に，資本金の減少はできないとアドバイスしたところ，全額を資本準備金にするのであれば問題がないことを失念し，納税者に不利益な税負担が生じてしまえば，それはそれで専門家の責任になり得る。いずれにしても落とし穴に違いない。

《3》 資産管理会社になったら納税猶予打切り

資産管理会社に該当するとそもそも事業承継税制は使えないのだが，納税猶予を受けている会社が資産管理会社に該当すると納税猶予の打切り事由になる。しかし，①社会保険に加入する従業員が5人以上いる，②事務所等を所有又は賃借している，③相続開始日まで3年以上商品販売等を実地している場合には，事業承継税制は適用でき，また，打切り事由にもならない。

したがって，具体的な打切り事由になるのは家族経営の不動産賃貸業に転業したときだ。事業のビジネスモデルの劣化が早い現在，内部留保を蓄えた会社は早期に見切りをつけ事業から撤退し，収益物件を購入して不動産賃貸業を営むことはある意味上手な出口戦略ともいえるし，転業による事業継続ともいえる。不動産賃貸業であればサラリーマンを選択した子供でも承継できる。しかし，事業承継税制を利用している会社は資産管理会社に該当することになってしまう。後継者は資産管理会社への転業を一生涯選択できないことになってしまうのだ。

《4》 組織再編成に制約が生じる

5年間の経営継続が義務づけられる期間内は，合併消滅会社になった場合や会社分割で事業を切り出した場合，株式交換で完全子会社になるなどが納税猶予額全額の打切り事由だ。また，5年経過後は納税猶予の要件が緩められ，移転事業割合に応じた猶予額が打ち切られたり交付金銭等に対応する部分のみが打切りになる。

組織再編成は法人税の扱いだけでも極めて難解だ。それに加え納税猶予を維持するために禁止される再編の類型，一部の納税猶予が打切りになる再編の類型に気を配ることになるから顧問税理士を務めること自体が大変な重圧になる。株式交換による持株会社化や，合併による組織のリストラ，事業承継のための会社分割などすべての再編行為に制約が生じてしまう。後継者は時代の変遷に対応する自由闊達な組織再編を実行することができなくなってしまう。

《5》 どこに落とし穴があるかわからない

事業承継税制は創設当初は今以上にリスクの高い制度として創設された。雇用の維持など5年間の経営要件や一生涯の株式保有が要求されるなど，要件に抵触した際は即打切りになっていたため，常に身近で顕在化してしまうリスクとともに，とくに贈与税の納税猶予制度の場合は打ち切られた際の贈与税がたとえ相続時精算課税を選択していても暦年課税で計算されてしまうという苛烈なものだった。

税制は本来，申告時点で課税要件を満たせば良いのだが，事業承継税制は制度を利用したところから未来の要件が課される。この点は農地の納税猶予と同じだが，安定的な経営が可能な農業経営と異なり，常に資金繰りの行き詰まりによる倒産リスクのある中小企業経営では利用が躊躇された。不確実なリスクを覚悟する経営者だけが利用できる度胸が必要な制度だったのだ。

その後は要件の緩和と打ち切られた際の税負担の軽減を図る改正が幾度となく行われていった。たとえば打切りがあった場合にも相続時精算課税への乗り換えが認められるようになった。この改正は大きく，事業承継税制に先立ち後継者が相続時精算課税を選択しておけば，経営要件等に抵触して打切りになっても打切り時の税負担は2500万円の特別控除のうえ20％ですむことになり，最終的には相続時に，贈与された株式の持戻し計算をして相続税の納税で完結することになる。それまでのように高率の暦年贈与税負担が適用されず，相続税の課税関係に持ち込めるようになったわけだ。また，8割の雇用維持を守ることができなかった場合でも理由報告をすれば猶予継続が可能になり，雇用要件が事実上廃止になったほか，自主廃業時の打切りによる納税額の減免制度も設けられた。さらに打切りの際の負担緩和として利子税が低率なものになり，5年の経営期間を乗り切ればその5年間は利子税が課されないなど大幅にリスクが軽減されていった。

平成31年度税制改正でもいくつかの改正があった。実は事業承継税制の選択に先立って相続時精算課税を選択した場合に取り返しのつかなくなるリスクが内在していることがわかった。それは後継者が先に亡くなった場合だ。猶予されていた贈与税は免除される仕組みなのだが，この点に関しては相続時精算課税を選択した場合でも暦年課税のままの場合でも同様だ。しかし問題は先代経営者（贈与者）の死亡時だ。このときに，相続時精算課税が発動してしまい，過去の贈与株が贈与時の評価額で被相続人の遺産に加算されて相続税がかかってしまうのだ。これではリスク回避として選択したはずの相続時精算課税が落とし穴になってしまう。

制度のバグだったのだが，この点については平成31年度税制改正で租税特別措置法70条の7第13項9号が改正され，後継者が贈与者より先に死亡した場合は猶予中贈与税額の全部が免除となり，相続時精算課税による贈与株式への加算は適用されなくなったことで問題は解消した。

細かい改正内容を語りたいのではない。いいたいのはこんなことは誰も気づくことができなかったということだ（もちろん誰かが気づいたのだが）。どこにリスクがあるかわからないのが事業承継税制だと嫌でも認識させられたことを覚えている。

なお平成31年度税制改正では，納税猶予適用後に資産保有型会社や資産運用型会社に該当した場合の納税猶予の取消しに関し，一瞬でも資産保有型会社等に抵触すれば即アウトという規定になっていたところ，万が一資産保有型会社や資産運用型会社に該当した場合であっても，該当した日から6月以内にこれらの状態を解消した場合は引き続き納税猶予が適用されるようになったことも付け加えておく。

【著者紹介】

白井　一馬（しらい　かずま）

税理士
昭和47年６月11日　大阪府藤井寺市生まれ
平成22年２月　　　白井税理士事務所　開設
（主な著作）
『税理士の実務に役立つクールな話題』財経詳報社（共著）
『税理士はいかにミスと向き合うべきか』清文社
『顧問税理士のための相続・事業承継業務をクリエイティブにする方法60』中央経済社
『立法趣旨で読み解く　組織再編税制・グループ法人税制』中央経済社（共著）
『「むずかしい税法条文」攻略本』中央経済社（共著）
『税理士のための相続税Ｑ＆Ａ　小規模宅地等の特例』中央経済社
『一般社団法人　一般財団法人　信託の活用と課税関係』ぎょうせい（共著）
ほか

顧問税理士のための
相続・事業承継の実務に必要な視点60

2023年12月20日　第１版第１刷発行

著　者　白　井　一　馬
発行者　山　本　　継
発行所　㈱中央経済社
発売元　㈱中央経済グループパブリッシング

〒101-0051　東京都千代田区神田神保町1-35
電　話　03（3293）3371（編集代表）
03（3293）3381（営業代表）
https://www.chuokeizai.co.jp
印刷／東光整版印刷㈱
製本／誠　製　本　㈱

ISBN 978-4-502-48041-6　C3034